Franzi von Kempis

Anleitung zum Widerspruch

mosaik

Franzi von Kempis

ANLEITUNG ZUM WIDERSPRUCH

Klare Antworten
auf populistische Parolen,
Vorurteile und Verschwörungstheorien

mosaik

Die Informationen im Buch geben den aktuellen Stand zum Redaktionsschluss Juli 2019 wieder. Mögliche spätere Änderungen können nicht ausgeschlossen werden.

FSC
www.fsc.org
MIX
Papier | Fördert gute Waldnutzung
FSC® C014496

Penguin Random House Verlagsgruppe FSC® N001967

4. Auflage
Originalausgabe September 2019

Umschlaggestaltung: *zeichenpool, München
Satz: Satzwerk Huber, Germering
Druck und Bindung: GGP Media GmbH, Pößneck
Printed in Germany
KW • Herstellung: CB
ISBN 978-3-442-39355-8

www.mosaik-verlag.de

Inhalt

Vorwort

Hass und Hilflosigkeit liegen manchmal nah beieinander. Da sind die einen, die hetzen und wüten, die liken und teilen, die beleidigen und schimpfen. Die laut sind, egal ob online oder offline. Die mit tendenziösem Halbwissen vorbereitet daherkommen. Die vernetzt und bestens ausgestattet scheinen. Die, die wir gern die laute Minderheit nennen, weil sie so lange schreien, bis alle anderen schweigen.

Und dann sind da die anderen, die vor so viel Wut erstarren, die sich über Falschinformationen ärgern und wundern, die um die besseren Worte ringen, aber oft einfach verstummen. Weil sie nicht wissen, wo sie anfangen sollen. Weil sie glauben, dass die eigenen Kenntnisse zu bestimmten Themen nicht ausreichen. Weil sie sich unsicher und hilflos fühlen. Und die deshalb oft die schweigende Mehrheit genannt werden.

Wie wir mit Hass und Hetze umgehen, wird in den Medien, in der Politik, bei Konferenzen, aber auch im eigenen Zuhause viel diskutiert. Oft geht es darum, wie und ob wir die schweigende Mehrheit zum Sprechen animieren können. Eine Frage, die sich die unterschiedlichsten Menschen in diesem Land stellen und mit der wir oft doch alleine zurückbleiben: Was kann man denn (selber) tun?

Ich gehöre zu denen, die sich oft hilflos gefühlt haben. Ich bin (leider) kein besonders geduldiger Mensch, es fällt mir schwer, darauf zu warten, dass *jemand* etwas tut. Ich will selber etwas tun. Oft hat das Schweigen der klügeren Mehrheit etwas mit Unsicherheit zu tun. Unsicherheit, weil man die richtigen Worte, die notwendigen Informationen nicht parat hat. Weil das Gefühl, sich in einem Thema nicht genügend auszukennen, überwiegt und man deshalb lieber erst mal gar nichts sagt. Dagegen lässt sich etwas tun, dachte ich. Deshalb habe ich dieses Buch geschrieben.

Ich habe sechs Themen ausgewählt, zu denen die laute Minderheit gerne besonders hasserfüllt schreit. Und ich weiß: Diese sechs Themen decken längst nicht alle Bereiche ab, die Unsicherheit auslösen und Hass erzeugen, sie sind und bleiben nur ein Ausschnitt und ein Anfang. Ich habe diese Themen recherchiert, mich mit Experten und Wissenschaftlerinnen getroffen, mit Aktivistinnen und Betroffenen gesprochen, ich habe gelesen, geredet und zugehört. Zu jedem Thema habe ich möglichst viele Hintergrundinformationen und Argumente zusammengetragen, die dabei helfen sollen, sich weniger hilflos zu fühlen. Die vielleicht dazu beitragen, dass man sicherer ist (oder zumindest einmal nachschlagen kann, was es mit einer bestimmten Sache nochmal auf sich hat). Die ermutigen, im richtigen Moment nachzufragen. Die einen darin bestärken, Widerspruch einzulegen. Die auch ein Anstoß sein können, selbst weiter zu recherchieren. Und die im besten Fall dazu führen, dass man sich hin und wieder traut, mitzureden, mitzudiskutieren, mitzustreiten: im Netz, am Küchentisch, in Kommentarforen und in öffentlichen Debatten.

Es gibt in unserer Gesellschaft eine große Mehrheit von Menschen, die für die liberale Demokratie einstehen und extreme Haltungen ablehnen. Ich möchte, dass wir lauter werden. Dass wir widersprechen, wenn jemand Hetze verbreitet, Hass sät und Grundgesetze verletzt. Wir sind nämlich mehr. Und das sollte man auch hören (und lesen).

Wie diskutiert man (richtig)?

Eine Diskussion über ein (gesellschafts-)politisches Thema ist selten einfach, oft schwer zu führen und auch nicht immer angenehm. Die Erwartungen an solche Unterhaltungen sind meist hoch: bitte reflektiert bleiben, möglichst sachlich an ein Thema herangehen, miteinander statt gegeneinander diskutieren. Und trotzdem geht einem irgendwo in der Mitte oft die Geduld aus, Emotion übernimmt, man will Recht behalten, die eigene Meinung durchsetzen und geht im schlimmsten Fall im Streit aus einem Gespräch, das eigentlich eine in sich abgeschlossene Diskussion hätte bleiben sollen. Und weil auch die besten (Sach-) Argumente noch keine Garantie für ein gelungenes Gespräch sind, eine rein fachliche Herangehensweise nicht einmal in einer Bundestagsdebatte immer eine realistische Überlebenschance hat und wir trotzdem in einer Demokratie ständig damit beschäftigt sind, andere für unsere Überzeugungen zu gewinnen, nähern wir uns doch zunächst einmal der Grundfrage: Wie kann ich überhaupt mit einer Person diskutieren, die eine andere Meinung vertritt als ich?

Den Kontext kennen und eigene Ziele definieren

Eine pauschale Garantie dafür, dass eine Diskussion gut verläuft, wenn man X oder Y tut, gibt es natürlich nicht. Das jeweilige Gegenüber und der Kontext, in dem ein Gespräch, ein Streit, eine Debatte stattfindet, bestimmen jedes Mal neu, unter welchen Bedingungen ein Gespräch abläuft. Man spricht mit Fremden auf der Straße oder an der Supermarktkasse anders als mit der Kollegin im Büro oder dem eigenen Kind zu Hause.

Die eigenen Ziele zu kennen kann helfen, eine Diskussion – egal welcher Art – vorzubereiten bzw. sich im Gespräch besser gewappnet zu fühlen. Wir landen schnell in verhärteten gegensätzlichen Positionen, weil wir uns selbst nicht klar sind, was wir von einem Gespräch wollen, ob wir es überhaupt wollen oder auch, warum wir es eigentlich führen. Der Philosoph und Argumentationstrainer David Lanius forscht zu konstruktivem Diskurs und Populismus und hält es für einen Fehler, ohne eigene Absicht in ein Gespräch zu gehen: »Oft reagieren wir einfach und haben dabei gar kein definiertes eigenes Ziel für ein Streitgespräch. Besser ist es, sich selbst bewusst zu machen, was man eigentlich mit einer Auseinandersetzung zu bestimmten Themen vorhat. Dabei hilft es, an der eigenen Haltung zu arbeiten.«[1]

Eine konstruktive Haltung einnehmen

Unsere persönliche Haltung kann den Verlauf und den Ausgang einer Diskussion stark beeinflussen. Der erste Impuls in einer Auseinandersetzung mit einer Person, die meine Meinung nicht vertritt, ist oft: Was die

Person sagt, ist falsch, das ist aus meiner Sicht unmoralisch, das muss ich richtigstellen. Wie geht man also am besten vor? Lanius empfiehlt das Prinzip des interpretativen Wohlwollens: »Das bedeutet, das Gegenüber im bestmöglichen Sinne verstehen zu wollen. Ich gehe also mit der wohlwollenden Erwartungshaltung in ein Gespräch, dass mein Gesprächspartner etwas Sinnvolles zu sagen hat.« Was nicht hilft: sich sofort auf alles zu stürzen, was nach einem möglichen Fehler aussieht. Teil der eigenen Haltung kann es nämlich auch sein, jedes Gespräch als Gelegenheit, etwas Neues zu lernen, zu sehen. Anzuerkennen, dass beide Gesprächspartner voneinander lernen können oder zumindest dass man das Gegenüber und dessen Argumente näher kennenlernen kann. Ein mögliches Ergebnis ist, dass man die andere Seite besser versteht. Das bedeutet nicht, dass man alles akzeptieren muss, was das Gegenüber sagt. Aber wenn da etwas Valides kommt, sollte man auch bereit sein, etwas dazuzulernen.

Klingt erstmal schwierig? Kann aber auch für die eigene Überzeugungsarbeit dienlich sein: Wer versteht, warum das Gegenüber auf eine bestimmte Weise argumentiert, lernt auch, was gute Gründe für die eigene Position sein könnten. Man sollte Gegenargumente also – idealerweise – nicht nur als Angriff wahrnehmen, sondern als potenzielle Lernchance, wie man die eigene Position stärken kann, um sie halten zu können. Oder: wie man sie aufgibt. Für Lanius ist klar: »Man sollte grundsätzlich bereit sein, seine eigene Position auch aufzugeben, wenn es sinnvolle Gegenargumente gibt.« Selber zu so einer Einsicht zu gelangen oder sie beim Gegenüber zu erreichen ist tatsächlich eine große Erwartung an ein Gespräch. Aber ausschließen sollte man es nicht.

Psychologische Effekte bedenken

Neue Informationen können wir alle gebrauchen. Aus der Psychologie wissen wir aber: Menschen neigen dazu, sich ihre Informationen so auszuwählen, zu gewichten und zu deuten, dass sie die eigenen Erwartungen erfüllen. Das nennt man den »confirmation bias«, zu Deutsch: »Bestätigungsfehler«. Um aber nicht ständig nur unser eigenes Weltbild weiter zu bestätigen, müssen wir uns auch anderen Meinungen und Argumenten aussetzen. Eigene Auffassungen zu hinterfragen ist nie ganz einfach. Erstmal davon auszugehen, dass das Gegenüber mit seiner Meinung nicht automatisch völlig falschliegt, kann allerdings helfen, nicht gleich in alte Denkmuster zu verfallen.

In der Realität wollen wir die Person, die eine andere Meinung vertritt, trotzdem meistens von unserer Meinung überzeugen. Das ist auch nicht erstaunlich, wir Menschen sind nämlich psychologisch darauf gepolt, Informationen, die nicht zu unseren Überzeugungen passen als Störfaktoren zu empfinden – und abzulehnen. Das nennt man »kognitive Dissonanz«. Psychotherapeutin Miriam Junge beschreibt diesen Effekt als einen Zustand, »der in uns Widerwillen hervorruft, den wir als unangenehm empfinden und aus dem wir – logischerweise – versuchen herauszukommen. Das tun wir dann, in dem wir uns Sachen schönreden, Tatsachen verdrehen, Argumente unseres Gegenübers widerlegen wollen.«[2] Sprich: Wir tun alles, damit das Gefühl der Dissonanz verschwindet. Was vornehmlich dazu führt, dass wir das Gegenüber direkt mit der eigenen Meinung konfrontieren und mit eigenen Argumenten »zuballern«. Wir haben ja so viele gute Belege für unsere Meinung und gefühlt natürlich auch Recht, also gilt doch sicher, je mehr desto besser? Nein. So eine Strategie kann nur scheitern. Reines Argumente-Pingpong hat für keine Seite einen Mehrwert. Der sogenannte »Backfire-Effekt« kann im schlimmsten Fall sogar dafür sorgen, dass Menschen ihre Überzeugungen als Reaktion auf diese vielen Gegenargumente nicht etwa ändern, sondern sogar noch verfestigen. Klar ist: Die eigene Überzeugung, das eigene Weltbild gibt niemand leichtfertig auf. Erst recht nicht, wenn man sich mit der eigenen Meinung in einem Gespräch nicht ernst genommen oder sogar abgewertet fühlt.

Was muss man bei Internetdiskussionen bedenken?[3]

Besonders für eine Diskussion im Internet hilft es, bestimmte psychologische Effekte im Hinterkopf zu haben. Denn negatives, toxisches Online-Feedback untergräbt viele unserer wichtigsten psychischen Grundbedürfnisse: Wir wollen ein positives Selbstbild haben, wir sind soziale Wesen und möchten dazugehören, wir wünschen uns Sicherheit und haben gerne die Kontrolle.

Warum schreiben Menschen überhaupt schreckliche Sachen ins Netz?

- Sie haben ein subjektives Bedrohungsgefühl (der Hass dient hier als vermeintlich notwendige Gegenwehr gegen diese Bedrohung). Menschen, die strategisch Hass schüren, setzen deshalb vorrangig auf Angst- und Katastrophenszenarien.
- Sie fühlen sich hilflos und in ihren Bedürfnissen übersehen.
- Sie wünschen sich Zugehörigkeit und übernehmen daher unreflektiert Feindbilder und Verhaltensweisen einer Gruppe. Diese belohnt sie dafür mit Anerkennung, isoliert sie von gegenteiligen Meinungen und unterdrückt eine echte Auseinandersetzung.
- Sie leben einen Machtwunsch aus, wollen ihren eigenen Selbstwert erhöhen. Es handelt sich um einen Ausdruck von Sadismus oder Psychopathie.

Psychologische Effekte können so ein Verhalten verstärken:

- Der »confirmation bias«, also die Suche nach Informationen, die nur die eigene Überzeugung bestätigen.
- Der Ingroup/Outgroup-Effekt: Man entmenschlicht als anders empfundene Gruppen und wertet diese ab.
- Dunning-Kruger-Effekt: Menschen, die eigentlich wenig Ahnung von einem Thema haben, glauben, sehr viel Ahnung zu haben. Aufgrund des mangelnden Wissens ist keine differenzierte Meinung zum Thema vorhanden.

Mediale Effekte spielen auch eine Rolle:

- Online-Enthemmung: Weil ich mein Gegenüber nicht sehe, habe ich eine größere Distanz und daher auch weniger Empathie oder Hemmung, Gewalt auszuüben – das Gegenüber wird schneller zur Projektionsfläche.
- Echokammer: Eine Situation, in der Menschen nur noch Informationen finden, die ihre bereits vorhandenen Ansichten verstärken.
- Broken-Windows-Effekt: Der besagt, dass harmlose Übertretungen wie zum Beispiel das Liegenlassen von Abfall den Boden für weit schlimmere Taten bereiten können, weil sie das Gefühl erzeugen, eine Situation sei außer Kontrolle geraten und niemand werde mehr für irgendetwas zur Rechenschaft gezogen. Das kann im schlimmsten Fall zur Verschiebung sozialer Normen führen. Im Online-Kontext bedeutet dies, dass in unmoderierten digitalen Räumen das Gefühl für bereits verhandelte soziale Normen (wie zum Beispiel Höflichkeit) verloren geht.

Zuhören und selber sachlich bleiben

Einen Ansatz, wie man sinnvoll Kritik äußert, hat der Philosoph Daniel Dennett in Anlehnung an den Sozialpsychologen Anatol Rapoport aufgestellt: Bevor man auf eine Aussage des Gegenübers mit einer eigenen Aussage reagiert, sollte man erst einmal dessen Aussage wiederholen, dann Gemeinsamkeiten finden und herausstellen und aufzeigen, was man aus der Aussage des Gegenübers gelernt hat. Erst danach kann man in einem vierten Schritt selbst Kritik an der Aussage üben.[4] Der Vorteil laut Dennett: Das Gegenüber fühlt sich gehört und ist eher bereit, einem Gehör zu schenken. Was man mit so einer Strategie auf jeden Fall vermittelt: die eigene Bereitschaft zuzuhören. Durch die Wiederholung kann man sicherstellen, dass man die Gesprächspartnerin oder den Gesprächspartner wirklich verstanden hat und nicht nur das bei einem hängenbleibt, worauf man sowieso antworten will.

Man kann auch einen Schritt weitergehen und nochmal nachfragen, ob sich die Person korrekt wiedergegeben fühlt: »Ist es das, was du meinst/was Sie meinen?« Mit der eigenen Antwort kann man sich dann auf das tatsächlich Gesagte konzentrieren und so beim Thema bleiben. Wichtig ist natürlich außerdem, die eigene Kritik sachlich zu formulieren und dabei falsche Informationen zu korrigieren oder Widersprüche aufzuzeigen. Und dabei nie vergessen: Vor Vorurteilen ist keiner von uns gefeit. Vorurteile sind vorschnelle Urteile, die wir über andere Gruppen entwickeln, positive wie negative. Wie das passiert? Der Mensch kategorisiert, das hilft dabei, sich einen Überblick zu verschaffen und Situationen einzuschätzen. Wir stecken andere Personen dementsprechend in vorgefertigte Schubladen. Das passiert automatisch, quasi auf »Autopilot«. Nach welchen Merkmalen wir diese Kategorien allerdings sortieren, ist uns nicht vorgegeben.

(Offene) Fragen stellen und nicht moralisch werden

Einen besseren Einblick, wie das Gegenüber tickt, bekommt man, wenn man ihr oder ihm konkrete, offene Fragen stellt. Warum jemand etwas so oder so sieht. Oder auch wie das Gegenüber eine bestimmte Situation beurteilt. Manchmal kann man durch eine Frage auch verhindern, selbst zum belehrenden Moralapostel zu werden. Indem man zum Beispiel umformuliert und einfach fragt: »Haben Sie schon mal selbst erlebt, dass …?« So kann man etwa auch für pauschalisierende Aussagen konkrete Beispiele einfordern. Fragen stellen kann auch beim Perspektivenwechsel helfen, denn wenn es gelingt, sich in die Situation einer anderen Person hineinzuversetzen, können wir auch leichter Empathie für deren Situation aufbringen: »Wie würden Sie sich fühlen/wie würde es Ihnen gehen, wenn …« Und: Wenn mein Gegenüber eigene, persönliche Erfahrungen in die Diskussion einbringt, sollten diese ernst genommen werden – sonst kann eine Versachlichung kaum gelingen. Grundsätzlich gilt: Wer Fragen stellt, muss natürlich mit Antworten rechnen und bereit sein, auf diese einzugehen.

Rhetorische Ausweichmanöver (er)kennen

Es gibt verschiedene Rhetorikmanöver, die ein Gespräch in eine unerwünschte Richtung laufen lassen (können). Nicht immer werden sie absichtlich eingesetzt, manchmal aber doch. In jedem Fall ist es sinnvoll, sich bewusst zu machen, dass es solche Manöver gibt, und einige davon zu kennen, damit man nicht darauf reinfällt, egal ob sie bewusst oder unbewusst eingesetzt werden. Zwei anschauliche Beispiele (einige mehr finden sich in den Folgekapiteln) für Argumentationsstrategien, die eine Diskussion ad absurdum führen können, sind das Strohmann-Argument und der sogenannte Whataboutism.

Das Strohmann-Argument

Bei Diskussionen geht es ja oft darum, die Emotionen nicht hochkochen zu lassen. Das fällt besonders schwer, wenn einem das Gegenüber einen Standpunkt unterstellt, den man so gar nicht geäußert hat. Das nennt man ein Strohmann-Argument: Man interpretiert die Argumentation seines Gesprächspartners falsch, verdreht sie vielleicht sogar absichtlich und zieht daraus dann einen falschen Schluss. Und schon stecken beide Parteien mitten in einem Streitgespräch über ein Thema, über das die eine Seite gar nicht sprechen wollte, weil sie es so nicht geäußert hat. Ein Beispiel:

> *Politiker X:* »Wir möchten an einem Tag in der Woche fleischfreies Essen in öffentlichen Kantinen anbieten.«
> *Politikerin Y:* »Wir werden bevormundet, Fleisch soll in Deutschland verboten werden!«

Das ist ein klassisches Strohmann-Argument: Nach der ursprünglichen Aussage sollte niemand bevormundet und keinem Fleisch verboten werden. Das angewandte Strohmann-Argument von Politikerin Y verändert aber das Thema. Wenn Politiker X jetzt auf dieses Argument eingeht, bestätigt er damit quasi die Darstellung des Strohmann-Arguments.

Diese Argumentationsstrategie ist auch deshalb ein Problem, weil sie zum Teil zwar bewusst verwendet wird, oft aber unabsichtlich zum Einsatz kommt, ohne dass die Verwendenden das selbst merken. Häufig sogar, ohne dass beide Parteien es merken. Die eine Person sagt etwas, das Gegenüber versteht es anders, die erste Person wiederum fühlt sich dann in der Pflicht auf das falsch Verstandene zu reagieren, obwohl es sich gar nicht auf ihre ursprüngliche Aussage bezieht. Man reagiert also in einer Gesprächssituation auf einmal auf ein neues Argument, um das es vorher gar nicht ging. Was man sich merken kann: Man kann das Argument des Gegenübers natürlich absichtlich verdrehen, um es angreifbarer zu machen. Das passiert aber auch unabsichtlich. Weil man sich gegenseitig nicht richtig zuhört. Weil man von Anfang an nur das hört, was man hören will – oder eben gar nicht zuhört und inhaltlich direkt das angeht, was man vom Gegenüber sowieso erwartet. Egal ob es gesagt wurde oder nicht. Hier muss also jeder auch bei sich selbst aufpassen, nicht rhetorisch fehlzumanövrieren.

Whataboutism

Die Strategie ist simpel: Man versucht, die Aussage des Gegenübers durch eine Gegenaussage, die vom eigentlichen Thema wegführt, zu relativieren.

> *Person 1*: »Rechtsextreme zünden Flüchtlingsheime an!«
> *Person 2*: »Ja, aber was ist mit Linksextremisten, die Autos anzünden?«

Das eigentliche Thema geht dabei unter. Aber: Nur, weil jemand anderes schlimmer handelt oder eine andere Situation ebenfalls schlimm ist, wird das eigentlich behandelte Thema nicht weniger wichtig oder die eigentlich im Vordergrund stehende kritisierte Handlung nicht legitimer. Was tun? Beim eigentlichen Thema bleiben, auf die Whataboutism-Taktik hinweisen und sich nicht ablenken lassen.

Grenzen ziehen und menschlich bleiben

Grundvoraussetzung für eine Auseinandersetzung, gerade über gesellschaftspolitische Themen, ist es, Grenzen zu ziehen, die nicht überschritten werden sollten. So weiß man, bis zu welchem Punkt ein Gespräch lohnt und es für einen selbst sinnvoll bleibt. Diese roten Linien zieht jeder für sich, sie sind personen-, kontext- und situationsabhängig. Es gibt aber auch Grenzen, die, sagen wir mal, einen gewissen Allgemeingültigkeitsanspruch erfüllen.

Eine solche Grenze ist zum Beispiel die Einhaltung der Meinungsfreiheit. Denn auch ein Klassiker wie »Das wird man ja wohl noch sagen dürfen« hat Grenzen. Diese zu erkennen ist nicht immer einfach. Nicht alles, was man sagt, ist eine Meinung. In der Regel geht es oft darum, zu unterscheiden, ob jemand wirklich seine Meinung äußert oder ob es sich um eine Tatsachenbehauptung handelt. Auch Beleidigungen und Verleumdungen von Meinungen abzugrenzen kann sich als schwierig erweisen. Nicht alles, was man selbst als Beleidigung auffasst, ist etwa vor Gericht auch eine. Eine Verleumdung kann es dann sein, wenn jemand absichtlich über andere eine unwahre, ehrverletzende Behauptung in die Welt setzt. Manche Aussagen sind aber auch klar strafbar. Volksverhetzung ist zum Beispiel in Deutschland ein Straftatbestand. Darunter fällt unter anderem die Herabwürdigung einer klar abgegrenzten Gruppe. Manche Beschränkungen der Meinungsfreiheit lassen sich wiederum sehr klar aus der deutschen Geschichte erklären: Die Verherrlichung des nationalsozialistischen Regimes ist verboten. Den Holocaust zu billigen, zu verharmlosen oder zu leugnen, fällt in Deutschland nicht unter freie Meinungsäußerung und wird bestraft. Den Hitlergruß zu zeigen, ebenso.

Es ist also nicht immer leicht, die Grenzen unseres Rechts auf Meinungsäußerung zu verstehen, oft sind sie fließend. Während die einen schon Zensur schreien, ist für andere bereits eine Grenze überschritten. Eine Grenze, die ich persönlich ziehe, findet sich im ersten Artikel des

Grundgesetzes. »Die Würde des Menschen ist unantastbar. Sie zu achten und zu schützen ist Verpflichtung aller staatlichen Gewalt.« Die Menschenwürde sollten wir immer im Hinterkopf haben und bereit sein, uns im Zweifel für sie einzusetzen. Egal ob es sich um eine Online-Diskussion handelt, in der Geflüchteten auf dem Mittelmeer oder einem Politiker der Tod gewünscht wird oder um einen (verbalen) rassistischen Angriff auf eine Person, mit der ich im gleichen U-Bahn-Wagen sitze.

Wir sollten und müssen menschlich bleiben, egal worüber wir diskutieren, egal unter welchen Bedingungen wir miteinander sprechen, egal welche Vorkenntnisse wir haben. Dazu gehört, nicht zu vergessen, dass auch im Netz (wenn es sich nicht gerade um Bots handelt) Menschen agieren. Und dazu gehört – offline wie online –, dem Gegenüber zuzuhören. Bei sich selbst Empathie für die vielleicht konträren Meinungen anderer zu wecken (und aufrechtzuerhalten) ist nicht immer einfach. Aber mit einer offenen Haltung ins gemeinsame Gespräch zu gehen, kann ein Anfang sein.

Antworten an Menschen, die den Klimawandel leugnen

- »Der Klimawandel ist eine Lüge«
- Argumente aus der Kategorie: Der Mensch sei nicht schuld am Klimawandel
- Argumente aus der Kategorie: Klimaveränderung habe es doch schon immer gegeben
- Argumente aus der Kategorie: Klimaforschung sei ungenau und unsicher
- Argumente aus der Kategorie: Der Klimawandel finde nicht statt
- Argumente aus der Kategorie: Klimaveränderung sei nicht schlimm
- Argumente aus der Kategorie: Verschwörungstheorien
- Zwei grundsätzliche Fragen zur Klimawandel-Leugnung

»Der Klimawandel ist eine Lüge«

Der Klimawandel und der Einfluss des Menschen auf das Klima sind wissenschaftlich bewiesen. Trotzdem behaupten sogar Präsidenten via Twitter das Gegenteil. Trotzdem schreiben Parteien in ihren Programmen dagegen an. Und trotzdem schlägt Schülerinnen und Schülern, die freitags für eine klimapolitische Wende auf die Straße gehen, in Deutschland und überall sonst auf der Welt Unverständnis und sogar Hass entgegen. Deswegen ist es wichtig, sich mit den tatsächlichen Fakten auszukennen, um im Zweifelsfall am Abendbrottisch, im Büro oder im Internet reagieren zu können, wenn wissenschaftlich gesicherte Erkenntnisse in Frage gestellt werden.

Klar, Fakten allein gewinnen keine Diskussion. Erkenntnisse aus der Forschung zeigen, dass man die Argumentationsstrategien der Leugnenden anschauen, erkennen und durchschauen können muss – um selbst nicht darauf reinzufallen. Ein Team um den britischen Psychologen Sander van der Linden fasst das in einem Aufsatz in der Fachzeitschrift *Global Challenges* so zusammen: »Öffentliche Einstellungen zum Klimawandel können durch ›Impfen‹ wirksam gegen Falschinformationen geschützt werden.«[1] Es geht also darum, Menschen mit Informationen über Desinformationsstrategien auszustatten und so gegen diese falschen Argumente immun zu machen.

Doch welche Argumentationsstrategien verfolgen Menschen, die den Klimawandel leugnen? Sie weigern sich, wissenschaftliche Erkenntnisse zu akzeptieren, und versuchen, mögliche Unsicherheiten in Forschungsergebnissen zu dramatisieren. Was die nächste Frage aufwirft: Wie argumentieren Menschen, die wissenschaftliche Erkenntnisse leugnen?[2] Zum Beispiel so:

- Sie berufen sich auf falsche Expertinnen oder Experten. Diese haben entweder nichts mit dem Feld Klimaforschung zu tun oder vertreten eine radikal alternative Meinung zum wissenschaftlichen Konsens.
- Sie betreiben »Rosinenpickerei« oder »cherry picking«, das heißt, sie suchen sich nur ganz bestimmte Daten heraus, die sie dann als allgemeingültige Beweise anbringen, ohne sie in einen Kontext zu setzen.
- Sie stellen unerfüllbare Anforderungen an die Forschung.
- Sie stellen Zusammenhänge falsch dar und ziehen logische Fehlschlüsse aus wissenschaftlichen Tatsachen.
- Sie vertreten Verschwörungstheorien.[3]

Wer also die Argumente analysieren will, die sich gegen die wissenschaftliche Evidenz des Klimawandels richten, sollte zunächst schauen, welches Argument aus welcher »Schublade« stammt. (Da es hier (leider) zu weit führen würde, die Vielzahl an Anti-Klimawandel-Argumenten komplett aufzugreifen, muss eine Auswahl genügen. Weitere Informationen, Literaturtipps und Links zu Seiten, die das noch viel ausführlicher machen, finden sich aber im Literaturverzeichnis.[4])

Wie diskutiert man online und zwar konstruktiv?

Nicht vergessen: Wir wissen im Netz oft nicht, mit wem wir es zu tun haben. Der erste Eindruck kann täuschen: Anfänglich aggressive Kommentatorinnen oder Kommentatoren können sich auch als umgänglich erweisen, wenn man respektvoll mit ihnen umgeht.

Fragen stellen: Wer fragt, signalisiert Interesse am Gegenüber und am Dialog. Außerdem kann man durch Nachfragen verhindern, sich gegenseitig permanent misszuverstehen: »Wie hast du das gemeint?«

Respektvoll und höflich bleiben: Ruhig bleiben, versuchen, sachlich zu bleiben, nicht beleidigen. Auch wenn man innerlich aufgewühlt ist: Es lohnt sich kurz innezuhalten, bevor man auf einen aggressiven Kommentar antwortet.

Sich nicht provozieren lassen: Beschimpfungen vergiften das Klima und verhärten die Fronten. Man rutscht schnell in eine Rechtfertigungssituation und beantwortet eine verbale Beleidigung ebenfalls mit einer Beleidigung.

Humor: Bei aller Ernsthaftigkeit ist es wichtig, sich den eigenen Humor zu bewahren. Auch mal über sich selbst lachen zu können. Dabei sollte man aber nicht vergessen, trotzdem zu versuchen, einen inhaltlichen Punkt zu setzen. So zeigt man dem Gegenüber auch, dass man ernst zu nehmen ist.

Aufgepasst bei Themenhopping: Man sollte sich immer wieder bewusst machen, was das eigentliche Thema ist und darauf zurückkehren. Sonst zerfasert die Diskussion.

Hinweis: Wer mehr zu diesem Thema wissen will, wird zum Beispiel auch beim Verein #ichbinhier fündig.[5]

Argumente aus der Kategorie: Der Mensch sei nicht schuld am Klimawandel

»Der menschliche CO_2-Ausstoß ist viel zu gering, um Einfluss auf das Klima zu nehmen.«

Wer so argumentiert, macht es sich zu einfach. Und will nicht ganz verstehen, wie der natürliche Kohlenstoffkreislauf funktioniert. Nämlich so: Was in der Natur an Kohlenstoffdioxid (CO_2) freigesetzt wird (zum Beispiel aus Böden oder den Ozeanen), wird auch wieder von ihr absorbiert. Dieser natürliche Kreislauf ist ausgeglichen.

Bei der Verbrennung von Kohle, Öl und Gas durch uns Menschen wird ebenfalls CO_2 in der Atmosphäre freigesetzt. Korrekt ist: Die Gesamtmenge des natürlich freigesetzten Kohlenstoffdioxids ist sehr groß, und der menschliche Anteil ist, im direkten Vergleich, sehr klein. Korrekt ist aber auch: Der menschliche Anteil kommt auf den natürlichen Kreislauf obendrauf. Die Natur nimmt zwar einen Teil davon auf, der Rest bleibt aber in der Atmosphäre. Deshalb reicht schon ein kleiner menschlicher Anteil an CO_2 aus, um dieses natürliche Gleichgewicht zu stören. Man kann sich das wie eine Waage vorstellen: Auf beiden Seiten liegt eine Tonne Gewicht, die Waage ist im Gleichgewicht. Wenn ich aber auf einer Seite auch nur ein Gramm mehr hinzufüge, kippt die Waage. Unsere Atmosphäre war also jahrtausendelang im CO_2-Gleichgewicht. Durch die zusätzlich verursachten CO_2-Emissionen des Menschen ist sie jetzt nicht mehr ausgeglichen.[6] Das bedeutet: Die menschlichen CO_2-Emissionen sind zwar im Vergleich zu den natürlichen klein, ihre Wirkung aber ist immens.

Wir wissen, wie viel CO_2-Emissionen die Menschen verursachen. Sie können daran berechnet werden, wie viel wir in etwa an Kohle, Öl und Gas verbrennen. Dass die Kohlendioxidkonzentration in der Atmosphäre zunimmt, zeigen Messstationen weltweit. Zu Beginn der Industrialisierung lag sie bei etwa 280 ppm (parts per million). Seit Beginn der Industrialisierung ist die Konzentration von Kohlenstoffdioxid um mehr als 44 Prozent gestiegen und liegt jetzt bei mehr als 400 ppm. Zum Vergleich: Vorher war sie knapp 10.000 Jahre konstant.[7] Dieser Anstieg ist komplett vom Menschen verursacht. Wir wissen außerdem, dass die Natur nur knapp die Hälfte der menschlich verursachten Emissionen aufnimmt und Treibhausgase wie CO_2 den natürlichen Treibhauseffekt verstärken.

Wie funktioniert nochmal dieser natürliche Treibhauseffekt (den die meisten von uns vielleicht noch aus der Schule kennen)? Das Sonnenlicht kommt durch die Erdatmosphäre auf die Erde und erwärmt sie. Ein Teil dieser Energie wird von der Erde wieder als langwelligere Strahlen zurück in die Atmosphäre abgegeben. (Wichtiger Punkt: Die langwelligen Strahlen können vom CO_2 aufgenommen werden. Das kurzwellige Sonnenlicht hingegen wird von CO_2 nicht absorbiert.) Die Atmosphäre umgibt unseren Planeten, sie besteht aus verschiedenen Gasen, unter anderem CO_2, also Kohlenstoffdioxid. Diese Schicht hält einen Teil der langwelligen Strahlung auf und schickt sie wieder zurück. Das wärmt die Erde zusätzlich.

Ohne den natürlichen Treibhauseffekt wäre die Erde von Eis überzogen. Er wirkt also wie eine Schutzschicht. Das Problem entsteht erst, wenn immer mehr CO_2 in die Atmosphäre gelangt – und genau da kommt der Mensch ins Spiel. Wir verbrennen immer mehr, produzieren immer mehr CO_2-Emissionen, die CO_2-Schicht in der Atmosphäre wird immer dichter, immer mehr Sonnenstrahlen werden »gespeichert«: Die Erde wird immer wärmer.

Ein weiterer beliebter Trick von Menschen, die den Klimawandel leugnen oder herunterspielen wollen: Sie fragen nach dem Anteil des CO_2 in der Atmosphäre. Die richtige Antwort ist: 412 ppm, das sind dann umgerechnet etwa 0,04 Prozent (4 Moleküle pro 10.000 Moleküle). So eine

Zahl nutzen Menschen, die den Klimawandel leugnen, gerne als Suggestivbeispiel: »Guck mal, wie gering diese Zahl ist, die kann doch keinen Einfluss haben.« Der Vergleich hinkt natürlich gewaltig. Der Klimawissenschaftler Stefan Rahmstorf meint dazu: »Wer dieser Logik folgt, trinkt sicher auch gerne einen Zyankali-Cocktail. Den Wissenschaftlern, die behaupten, schon 3 mg/kg Körpergewicht (also 0,0003 Prozent) Zyankali seien tödlich, ist bestimmt nicht zu trauen!«[8] Bei Blausäure sind es übrigens sogar 1,5 mg – und auch die würde ja keiner freiwillig zu sich nehmen, nur weil es sich um eine geringe Menge handelt. Oder?

Wie reagiert man, wenn jemand sagt, die menschlichen CO_2-Emissionen seien zu gering für den Klimawandel?

- Im Vergleich zu natürlichen CO_2-Emissionen sind die vom Mensch klein. Aber ihre Wirkung ist groß: Sie verschieben das natürliche Gleichgewicht.
- Ohne den natürlichen Treibhauseffekt wäre die Erde von Eis überzogen. Die menschengemachten CO_2-Emissionen verstärken aber diesen Effekt. Menschen produzieren immer mehr CO_2-Emissionen, die CO_2-Schicht in der Atmosphäre wird immer dichter und die Erde immer wärmer.

»Es gibt keine Belege, dass der menschliche CO_2-Ausstoß zum Klimawandel beiträgt.«

Das ist falsch. Ein Trick von Menschen, die den Klimawandel leugnen: Sie fordern das ultimative Experiment, das den menschlichen Einfluss beweist. Das ist natürlich Blödsinn. So ein Experiment wäre nach dem Klimatologen Stefan Rahmstorf »ja ein Experiment mit der gesamten Erde –

kein Laborexperiment kann das.«[9] Was wir hier sehen, ist ein typischer Fall von Wissenschaftsleugnung: Man stellt eine unmögliche Erwartung an wissenschaftliche Forschung, die so nicht umsetzbar ist, und sagt dann: »Seht ihr, die können das nicht beweisen.« Aber wie Rahmstorf schreibt, ist längst wissenschaftlich nachgewiesen, dass CO_2 und andere Treibhausgase Wärmestrahlen absorbieren und den Treibhauseffekt (siehe auch »Der menschliche CO_2-Ausstoß ist viel zu gering ...«, Seite 25) verstärken.

Doch auf welchem Stand ist die Wissenschaft eigentlich, und welchen Aussagen kann ich trauen? Um das transparent zu machen, gibt es seit 1988 das Intergovernmental Panel on Climate Change, das IPCC. Dessen Aufgabe ist es, die überall verstreuten Ergebnisse der Klimaforschung zusammenzutragen und in Berichten zusammenzufassen. Daran sind Tausende Wissenschaftlerinnen und Wissenschaftler beteiligt. Und die erstellten Berichte sind für jeden im Internet einsehbar.[10]

Im fünften Sachstandsbericht des IPCC von 2013/2014 steht in Bezug auf die Erderwärmung und den menschlichen Einfluss: »Anthropogene Treibhausgas-Emissionen steigen seit der vorindustriellen Ära an, verursacht vor allem durch ökonomische Faktoren und das Bevölkerungswachstum (...), und sie sind mit hoher Wahrscheinlichkeit der Hauptgrund für die seit Mitte des 20. Jahrhunderts beobachtete Erwärmung.«[11]

Wir wissen, dass sich das Klima ändert. Spannend ist, warum es das tut. Es gibt viele Faktoren, die das Klima in der Vergangenheit beeinflusst haben. Aber bis auf menschengemachte CO_2-Emissionen kann keiner davon die Erwärmung der letzten Jahrzehnte erklären. Nur weil in der Vergangenheit natürliche Ursachen das Klima beeinflusst haben, bedeutet das für die Gegenwart nicht, dass menschengemachte Faktoren keine Rolle dabei spielen.

Und trotzdem gibt es Leute, die den menschlichen Anteil am Klimawandel leugnen. Wichtig für solche Diskussionen ist das Wissen, dass der menschliche Fingerabdruck beim Klimawandel sichtbar ist und es Beobachtungen gibt, die sich zum Beispiel nicht durch einen Anstieg der Sonnenstrahlung erklären lassen. Es ist nachweisbar, dass Menschen die CO_2-Konzentration ansteigen lassen (der in der Atmosphäre gemessene Kohlenstoff stammt von fossilen Brennstoffen, die Sauerstoffkonzentration in der Atmosphäre nimmt ab, in Korallen wurde Kohlenstoff gemessen, der von fossilen Brennstoffen stammt[12]). Wie wirkt sich das aus? Es tritt weniger Wärme ins All aus, das belegen Satellitenmessungen – und zwar bei den Wellenlängen, die CO_2 absorbieren. Das Problem: Diese Wärme strahlt wieder auf unseren Planeten zurück und erwärmt ihn. Ein verstärkter Treibhauseffekt würde außerdem dazu führen, dass sich die Erde nachts stärker erwärmt als am Tag: Und genau das ist der Fall. Ein weiteres Anzeichen für den Treibhauseffekt ist die beobachtete Abkühlung der Stratosphäre, die obere Atmosphäre.[13] Es gibt also jede Menge menschliche Fingerabdrücke beim Klimawandel, die sich nur durch Treibhausgase erklären lassen.

Was antwortet man, wenn jemand Belege für den menschlichen CO_2-Anteil als Hauptfaktor fordert?

- Die Forderung nach einem ultimativen Experiment, das dies nachweist, ist eine typischer Fall von Wissenschaftsleugnung: Ein Experiment, das die ganze Erde umfasst, ist unmöglich.
- Bis auf menschengemachte Emissionen an Treibhausgasen kann kein natürlicher Faktor die Erwärmung der letzten Jahrzehnte erklären. Und ja: Das Klima wurde in der Vergangenheit von natürlichen Ursachen beeinflusst. Das bedeutet aber nicht, dass menschengemachte Faktoren in der Gegenwart keine Rolle spielen können.
- Es gibt eindeutige Indikatoren für den menschlichen Fingerabdruck in Sachen Klimawandel: Die Nachweise, dass der Kohlen-

stoff in der Atmosphäre von fossilen Brennstoffen stammt zum Beispiel. Dass sich die Erde nachts stärker erwärmt als am Tag, zeigt den verstärkten Treibhauseffekt. Und dass weniger Wärme ins All entweicht, dafür aber wieder zurückstrahlt und den Planeten erwärmt, ist ebenfalls nur durch Treibhausgase zu erklären.

»Die Sonne verursacht den Klimawandel.«

Nein, das tut sie nicht, auch wenn das noch so viele Politiker in Talkshows behaupten. Was an der Aussage stimmt: Die Sonne ist die größte Energiequelle, die wir haben und zweifellos ein wichtiger Treiber des Klimasystems. Schließlich wird unser gesamtes Klima weltweit durch ihre Sonnenstrahlen beeinflusst. Was ebenfalls richtig ist: Die Sonnenaktivität verändert sich, sie strahlt mal stärker, mal schwächer. Wird sie stärker, erwärmt sich die Erde.

Aber: Die Energie der Sonne, die auf der Erde ankommt, hat in den letzten Jahrzehnten abgenommen (das zeigen übrigens dieselben Messungen, die uns auch aufzeigen, dass die Sonne bis circa 1960 langfristig leicht an Helligkeit zunahm).[14] Während die Sonnenenergie aber nicht zunimmt, erhitzt sich die Erde trotzdem zunehmend. Die Sonne kann also nicht der treibende Faktor bei der Erderwärmung sein. »Seit Mitte des 20. Jahrhunderts hat die Leuchtkraft der Sonne abgenommen und in den letzten beiden Sonnenfleckenminima 2008 und 2018 neue Tiefststände erreicht – zeitgleich mit globalen Wärmerekorden, die ohne die schwache Sonne wahrscheinlich noch wärmer ausgefallen wären«, schreiben die beiden Klimawissenschaftler Stefan Rahmstorf und Hans-Joachim Schnellnhuber in ihrem Buch *Der Klimawandel*.[15]

Was aber ein bekannter Faktor der Erderwärmung ist: Treibhausgase. Die verhindern durch ihre Existenz in der Atmosphäre, dass die Erderwärmung ins All abstrahlt. Wie eine dicke Daunenjacke, die die Wärme am Körper hält, sorgen Treibhausgase als »Schutzschicht« dafür, dass Rückstrahlungswärme (also indirekte Sonnenwärme), in der Atmosphäre bleibt: »Die Erde nimmt seit 1960 im Mittel rund 0,4 W/m^2 [Watt pro Quadratmeter] mehr an Sonnenenergie auf, als sie wieder ins Weltall abstrahlt.«[16]

Was sagt man, wenn jemand die Sonne als Klimawandel-Faktor anbringt?

- Man kann sagen, dass die Wirkung der Sonne auf die Erderwärmung in den letzten Dekaden gering war. Diese Aussage unterstützen zahlreiche Untersuchungen. Die Sonne hat einen Einfluss auf das Klima, ihr Einfluss ist aber im Vergleich zu dem des Menschen nicht entscheidend.
- »Die Wissenschaft kennt keinen physikalischen Prozess, der erklären könnte, wie die Sonne trotz gleichbleibender oder leicht abnehmender Aktivität den in den vergangenen Jahrzehnten beobachteten Temperaturanstieg der Erde bewirkt haben soll.«[17]

Argumente aus der Kategorie: Klimaveränderung habe es doch schon immer gegeben

»Das Klima hat sich immer schon gewandelt, lange bevor es Autos oder Kraftwerke gab.«

Das ist korrekt. Die Geschichte zeigt, dass das Klima immer schon sehr sensibel auch auf kleinste Änderungen reagiert hat. Das Klimasystem ist komplex, angetrieben von der Sonne, beeinflusst unter anderem von

Vulkanen und vielen anderen natürlichen Faktoren wie der Wasserströmung in den Ozeanen. Was dieses Argument aber eigentlich suggerieren will: Das Klima habe sich immer schon verändert, und zwar aufgrund von natürlichen Einflüssen, lange bevor der Mensch überhaupt ein Faktor gewesen ist: Warum sollte dann ausgerechnet jetzt der Mensch mit seinen CO_2-Emissionen schuld sein?[18] Und genau das ist falsch – hier wird im Argument ein logischer Fehlschluss produziert. Denn nur weil es früher natürliche Ursachen für Klimaänderungen gab, schließt das nicht aus, dass der Mensch mit seinen Emissionen für den jetzigen Klimawandel verantwortlich ist. Das bestätigt auch Dr. Georg Feulner, Paläoklimatologe am Potsdam-Institut für Klimafolgenforschung (PIK): »Aus natürlichen Klimaänderungen in der Erdgeschichte folgt natürlich nicht, dass der heutige Klimawandel nicht vom Menschen verursacht werden kann. Im Gegenteil: Gerade die Klimageschichte lehrt uns, dass es einen engen Zusammenhang zwischen Kohlendioxid in der Atmosphäre und Temperatur gibt, und belegt damit, dass die Verbrennung von Kohle, Öl und Gas durch den Menschen zu einer Erwärmung führen muss.«[19]

Was wir uns zum Thema historische Erderwärmungen merken können: Das Klima reagiert heute wie früher auf externe Antriebe, und der Anstieg an menschengemachtem CO_2 ist ein solcher externer Antrieb.[20]

Was antwortet man in einer Diskussion über sich immer schon wandelndes Klima?

- Das Argument »Weil es immer schon so war« sagt überhaupt nichts darüber aus, was heute der Grund für den Klimawandel ist.
- Das Klima hat auch in der Vergangenheit immer auf große Einflüsse reagiert – und heutzutage ist das eben der Mensch.

»Der Klimawandel macht eine Pause«

Um das Argument zu widerlegen, muss man verstehen, woher es kommt: Nach 1998 zeigten einige Datenkurven zur Erderwärmung keinen oder einen langsameren Temperaturanstieg als zuvor. Wer den Klimawandel leugnet, spricht hier von einer angeblichen »Pause«. Der englische Fachbegriff dafür ist »hiatus«.

Zur Einordnung: Es ist normal, dass im Klimasystem Schwankungen entstehen, es gibt mal kühlere, mal wärmere Jahre. Genau deshalb muss man sich längere Zeiträume ansehen. Und dann sieht man, dass sich der Trend über Jahrzehnte hinweg nach oben bewegt. Sich nur bestimmte Jahre anzuschauen, ohne sie in den Langzeitkontext zu stellen, ist die erwähnte »Rosinenpickerei«. Der Blick auf ein paar Jahre ersetzt keine Auseinandersetzung mit dem Langzeittrend der Erderwärmung. Und genau auf den kommt es an.

Wieso aber gibt es die Diskussion um die vermeintliche Pause nach 1998? 1998 war ungewöhnlich warm. Warum? Das Ozeanphänomen El Niño hatte die Erdtemperatur zusätzlich erhöht. Dieser Effekt fiel in den Folgejahren weg. Wer also nur auf 1998 und die direkten Folgejahre guckt, sieht abfallende Temperaturen: die angebliche »Klimawandel-Pause«. Inzwischen hat die Klimaforschung für die auf 1998 folgenden Jahre eine Reihe von Erklärungen gefunden: Zusätzlich zum Wegfall von El Niño nahmen in diesen Jahren die Weltmeere zum Beispiel mehr Hitze aus der Atmosphäre auf, woraufhin die Lufttemperaturen vorübergehend langsamer stiegen. Der Blick auf den Langzeittrend zeigt aber: Die Erde erhitzt sich, trotz einiger »kühlerer« Jahre weiter. Übrigens: 2014, 2015, 2016 folgten Temperaturrekorde.[21]

Toralf Staud von der Wissenschaftsplattform klimafakten.de beschreibt das Klimapause-Phänomen so: »Man muss immer zwischen Langzeittrends und Kurzzeittrends unterscheiden – Klimawandelleugner gucken gerne nur auf den einen Moment, den Kurzzeittrend. Das kann man sich vorstellen wie eine Frau, die mit ihrem Hund an der Leine spazieren geht. Wer die Frau betrachtet, sieht, dass sie geradeaus die Straße entlanggeht. Schaut man aber nur kurz auf den Hund, ist das Bild ein anderes, der läuft mal vor oder zurück, bleibt an einem Baum stehen ... Die Anhänger der angeblichen ›Pause‹ haben nur mal kurz auf den Hund geguckt, anstatt auf die Besitzerin, und sie haben sich hierfür einen Moment ausgesucht, in dem ihr der Hund gerade ein Stück vorausgelaufen war.«[22]

Wie reagiert man, wenn jemand mit dem Stichwort »Pause« ankommt?

- Es gab keine »Pause« beim Klimawandel, Schwankungen bei der Temperatur einzelner Jahre sind normal. Man muss sich beim Klima immer den Langzeittrend angucken, und der zeigt trotz gelegentlich kühlerer Jahre insgesamt einen Anstieg nach oben.
- Ein paar Jahre ohne Kontext und Blick aufs Gesamtsystem als Beweis anzubringen ist »Rosinenpickerei« und kein Beweis für eine »Pause« bei der Erderwärmung.
- Für die angebliche »Pause« gibt es längst wissenschaftliche Erklärungen: Zum Beispiel haben die Weltmeere in diesen Jahren mehr Hitze aus der Atmosphäre aufgenommen, weshalb die Lufttemperaturen – vorübergehend – langsamer stiegen.

»Wir können nicht einmal genau vorhersagen, wie das Wetter in drei Tagen wird. Wie sollen wir dann das Klima in hundert Jahren voraussagen?«

Hier findet eine komplette Verwechslung von Wetter und Klima statt. Wetter ist das, was passiert, wenn ich aus dem Fenster gucke: eine Momentaufnahme. Klima misst hingegen die langfristigen Entwicklungen des Wetters. Klima ist der Durchschnitt des Wetters über mindestens 30 Jahre. Wer behauptet, Klima lasse sich genauso wenig wie Wetter vorhersagen, liegt falsch.

Ein kleiner Exkurs zum Thema Wetter und Klima

Die Lufthülle um unsere Erde, unsere Atmosphäre, ändert sich laufend. Ihren aktuellen Zustand nennen wir Wetter, ihr langfristiges Verhalten nennen wir Klima. Noch einfacher: Wetter ist das, was wir sehen, wenn wir aus dem Fenster gucken. Also der kurzfristige Zustand, den wir zu einer bestimmten Zeit an einem bestimmten Ort erleben.

Die Wetterschicht, die sogenannte Troposphäre, hat eine Höhe von circa 15 Kilometer. Hier ist fast der gesamte Wasserdampf der Atmosphäre enthalten, Wolken und Wasserkreislauf finden also hier statt. Zwischen 10 und 15 Kilometer Höhe befindet sich übrigens auch die Reiseflughöhe. Darüber liegt dann die Stratosphäre, die zweite Schicht der Erdatmosphäre (in etwa 15 bis 50 Kilometer Höhe).

Klima hingegen ist, nach Definition der Weltorganisation für Meteorologie (WMO), die Statistik des Wetters über einen Zeitraum, der lang genug ist, um statistische Eigenschaften auch bestimmen zu können. Der Zeitraum, um das Klima zu beschreiben, liegt in der Regel bei mindestens 30 Jahren.

Wetter kann sich also jeden Tag ändern, während man mit dem Begriff Klima sämtliche Wetterereignisse bezeichnet, die über einen längeren Zeitraum in einem bestimmten Gebiet gemessen werden.[23]

Ja, Wetter ist chaotisch. Und obwohl Wettervorhersagen sehr viel besser geworden sind in den letzten Jahrzehnten, kann man nicht genau sagen, wie in einer Woche die Temperatur auf der Zugspitze um 12 Uhr mittags sein wird. Aber: Das ist Wetter. Klimavorhersagen haben einen grundsätzlich anderen Anspruch. Hier geht es nicht darum, einzelne Tage vorherzusagen, sondern eine Prognose für das mittlere Klima und die Klimastatistik zu ermitteln.[24]

Was sagt man, wenn jemand Wetter und Klima verwechselt?

- Das Wetter, ob warm oder kalt, ist immer eine Momentaufnahme. Klima ist der 30-jährige Durchschnitt. Wenn es mir an einem bestimmten Tag zu heiß oder zu fröstelig ist, ist das immer noch eine ganz andere Situation, als wenn ich mir über 30 Jahre lang den Durchschnitt der Temperaturen ansehe.

Argumente aus der Kategorie: Klimaforschung sei ungenau und unsicher

»Klimaforscher sind sich doch selbst nicht einig, ob sich die Erde erwärmt.«

Was stimmt: Es ist nicht die Aufgabe der Wissenschaft, eine komplette Wahrheit zu liefern. Forscherin oder Forscher zu sein bedeutet: Belege sammeln und prüfen, hinterfragen, verifizieren. Wissenschaftlerinnen und Wissenschaftler müssen ihre Ergebnisse mit Daten belegen, ihre Studien werden von unabhängigen Fachkollegen überprüft. Und genau das findet in der Klimaforschung statt. Die Klimaforschung untersucht die Klimaschwankungen und die möglichen Einflüsse darauf seit Jahrzehnten. Die Ergebnisse weisen gebündelt darauf hin, dass die Erderwärmung nicht nur stattfindet, sondern dass wir Menschen sie mit unserem Kohlenstoffdioxid-Ausstoß rapide vorantreiben. Einsehen kann die Zusammenfassung und Bewertung dieser Forschungsergebnisse übrigens jeder in den Berichten des Weltklimarates: https://www.ipcc.ch/

Was kann ich also auf so ein Argument entgegen? Es gibt in der Klimaforschung einen wissenschaftlichen Konsens, dass der Mensch Hauptverursacher des Klimawandels ist. Diesem Konsens stimmen Wissenschaftsakademien aus 80 Ländern zu, außerdem 97 Prozent der Klimaforscherinnen und Klimaforscher. Das zeigt unter anderem eine Studie von 2013, die zu dem Schluss kommt: Von allen Fachveröffentlichungen, die zwischen 1991 und 2011 zum Thema Klimawandel erschienen, stimmten mehr als 97 Prozent mit der These überein, dass der Mensch Hauptverursacher des Klimawandels ist.[25]

Wie reagiert man, wenn jemand die Einigkeit der Klimaforschung beim Klimawandel anzweifelt?

- Über 97 Prozent der Klimaforscherinnen und Klimaforscher sind sich einig, dass der menschengemachte Klimawandel existiert.
- Es ist wissenschaftlich untersucht und belegt, dass der Mensch und seine CO_2-Emissionen der aktuelle Hauptverursacher des Klimawandels ist.

»Forscher übertreiben die Gefahren, um mehr Geld für ihre Arbeit zu bekommen.«

Das ist falsch. Wer zum Thema Klimawandel forschen will, benötigt zwar in der Tat Geld. Und »geheime Motivationen« bei Menschen hundertprozentig zu widerlegen ist natürlich unmöglich. Aber genauso divers ist eben auch die wissenschaftliche Forschung. Klimawissenschaftlerinnen und -wissenschaftler arbeiten in unterschiedlichen Bereichen, auf der ganzen Welt verteilt – sich gemeinsam zu »einer Meinung« oder gegen eine solche »zu verschwören« wäre quasi unmöglich.

Außerdem: Wer Fördermittel beantragt, hat ein Interesse daran, dass seine Ergebnisse stimmen – denn wenn sich diese als falsch oder manipuliert herausstellen, sinken wiederum die Chancen auf neue Fördermittel.[26] Paläoklimatologe Georg Feulner weist außerdem darauf hin, dass nicht alle Förderungen monothematisch seien: »Es gibt zwar durchaus Förderprogramme, über die gezielt Forschung zu einem Thema (etwa zum Klimawandel) finanziert wird, der überwiegende Teil der Forschungsförderung wird aber unabhängig von Themen ausgeschrieben. Das heißt, Klimaforscher konkurrieren mit Forschern aus anderen Fachgebieten um die Mittel, wobei die Begutachtung vor allem die wissenschaftliche Qualität der Anträge bewertet.«

Und mal ganz logisch überlegt: Wenn ich in meiner wissenschaftlichen Rolle wirklich berühmt werden will, was wäre die wirkliche Sensationsnachricht? Genau: »Es gibt keinen Klimawandel.« Oder: »Der Mensch ist DOCH nicht schuld.« Oder gar: »Der »menschengemachte Einfluss ist kein Problem.« Das wären doch die Schlagzeilen, die jemanden berühmt machen würden. Forschungsarbeiten, die einem Klimawandel, der vom Menschen verursacht wird, widersprechen, wurden in der Vergangenheit übrigens tatsächlich finanziell von der Mineralölindustrie entlohnt.[27] Es gäbe also – sehr theoretisch – einen viel größeren Anreiz in der Forschung Anti-Klimawandel-Ergebnisse zu erzielen, als die, die tatsächlich stattfinden und für welche die Klimaforschung ständig kritisiert wird.

Was antwortet man, wenn Klimaforschende angezweifelt werden?

- Es gibt nicht die eine organisierte Klimaforschungsgemeinde, die sich verschwört, um mehr Gelder zu bekommen. Jede Klimaforscherin, jeder Klimaforscher hat ein Interesse daran, dass die eigenen Ergebnisse stimmen – wenn nicht, sinken unter anderem die Chancen auf weitere Fördergelder.
- Wer herausfindet, dass der Klimawandel nicht menschengemacht ist, dem winken sicherlich Ruhm und Ehre. Denn: Niemand *will* diese Ergebnisse wieder und wieder produzieren. Sie sind aber nun mal Fakt.

Argumente aus der Kategorie: Der Klimawandel finde nicht statt

»Die Gletscher nehmen an Eismasse zu, deshalb gibt es keine globale Erderwärmung«

Die These: Gletscher gewinnen an Eismasse. Das wiederum zeige: Die globale Erderwärmung sei vollkommener Humbug. Denn wie sollen Gletscher wachsen, wenn es wärmer wird auf der Welt? Problem: Wissenschaftliche Erkenntnisse können nicht nachweisen, dass eine globale Erderwärmung immer und überall zur gleichen Zeit an allen Orten im gleichen Tempo stattfindet. Globale Erderwärmung bedeutet nämlich mitnichten, dass sich jeder Ort auf der Welt im gleichen Maß und Tempo »erwärmt«.[28] Indem man diesen Anspruch impliziert, werden wissenschaftliche Erkenntnisse delegitimiert. Gut, wenn man diese Argumentationskette von Anfang an erkennt – auch wenn das Gegenüber sie nicht direkt ausspricht.

Was an der Aussage stimmt: *Manche* Gletscher nehmen an Eismasse zu. Das ist allerdings ein lokales Phänomen. Denn Wachsen und Schrumpfen von Gletschereis sind abhängig von unterschiedlichen Faktoren, wie zum Beispiel der jeweiligen Temperatur vor Ort oder der Schneefallmenge. Während also manche Gletscher aufgrund lokaler Bedingungen an Eismasse zulegen können, schrumpfen die Gletscher weltweit trotzdem. Zu diesem Schluss kommt auch das IPCC in seinem fünften Sachstandsbericht von 2013: »Insgesamt besteht sehr große Sicherheit darüber, dass die Gletscher weltweit schrumpfen (...) Die wenigen Ausnahmen sind regional und zeitlich begrenzt.«[29] Und Schweizer Forschende kamen 2019 zu der Erkenntnis: Sollte die Erderwärmung bis zum Ende des Jahrhunderts auf weniger als zwei Grad verglichen zur vorindustriellen Zeit begrenzt werden können, verlieren die Alpen zwischen 2017 und 2100 etwa zwei Drittel der Gletscher.[30] Dazu kommt: Im Himalayagebirge schmelzen die Gletscher inzwischen doppelt so schnell wie zwischen 1975 und 2000 – die dortigen Gletscher haben in den letzten 50 Jahren allein ein Viertel ihres Eises verloren. Und das hat konkrete Folgen: In den Nachbarländern sind Millionen Menschen auf das Wasser aus dem Gebirge angewiesen, zum Beispiel für Trinkwasser oder Feldbewässerung.[31]

Was sagt man, wenn jemand mit der wachsenden Eismasse von Gletschern ankommt?

- Globale Erwärmung bedeutet nicht, dass sich alle Orte auf der Welt im gleichen Tempo zur gleichen Zeit im gleichen Maße erwärmen.
- Es stimmt, dass manche Gletscher an Eismasse zunehmen. Das ist aber ein lokales Phänomen. Weltweit nimmt die Eismasse der Gletscher laut IPCC und vielen anderen Forschungsergebnissen eindeutig ab.

»Wieso Erderwärmung – es ist doch kalt draußen?«

Die Behauptung: Manchmal ist es aktuell ungewöhnlich bzw. extrem kalt. Daraus folgern Klimawandelleugnerinnen und -leugner: »Es ist kalt, die Erde erwärmt sich also nicht.« Was hier nicht gesagt, aber mitgemeint wird: Wenn sich die Erde tatsächlich erwärmen würde, dürfte es ja keine Gegenden geben, in denen es noch kalt ist. Von wegen »Erwärmung« und so. Das ist falsch.

Dass sich die Erde erwärmt, bedeutet nicht, dass es nicht auch noch kalte Gegenden gibt. Hier werden wieder unmögliche Erwartungen an wissenschaftliche Erkenntnisse gestellt. Natürlich kann es noch kühle Winter geben, sie werden nur im Laufe der Zeit weniger.

Außerdem liegt auch hier wieder eine komplette Verwechslung von Wetter und Klima vor. Nur weil es draußen schneit oder ein Eissturm über die Stadt fegt, bedeutet das nicht, dass die Erderwärmung nicht stattfindet. Denn Wetter ist das, was passiert, während ich aus dem Fenster gucke: eine Momentaufnahme. Klima misst hingegen die langfristigen Entwicklungen.[32] Und diese Entwicklungen zeigen, dass sich die Erde langfristig erwärmt. Wenn also ein Präsident, eine Abgeordnete oder die eigene Nachbarin einen Winterschneefall als Beweis dafür anführen, dass es keine globale Erderwärmung gibt, sollte man sie an den Erdkundeunterricht in der Schule erinnern. Da lernt man nämlich den Unterschied zwischen Klima und Wetter.

Wie kontert man, wenn jemand mit der aktuellen Temperatur argumentiert?

- Wer kalte Wintertage anführt, um den Klimawandel zu leugnen, hat vor allem eins nicht verstanden: den Unterschied zwischen Klima und Wetter.
- Wetter ist das, was aktuell vor meinem Fenster passiert, Der Begriff Klima bezeichnet sämtliche Wetterereignisse, die über einen längeren Zeitraum in einem bestimmten Gebiet gemessen werden.

»In der Antarktis nimmt die Eismasse zu!«

Was eine Klimawandelleugnerin mit dieser Aussage sagen will: Das Eis wird mehr, also gibt es keine Erderwärmung. Das ist natürlich falsch. Denn was sich im Argument versteckt, ist wieder die Behauptung, bei einer Erderwärmung müssten sich alle Regionen der Welt gleichzeitig und im gleichen Maße aufheizen. Doch wie gesagt: Dass sich die Erde erhitzt, bedeutet natürlich nicht, dass jeder Ort auf der Welt in gleichem Maße und Tempo wärmer wird.[33]

Was an dem Argument stimmt: Das Eis in der Antarktis nimmt zu. Wer aber dieses Argument so ohne Einordnung stehen lässt, verheimlicht eine wichtige Information: den Unterschied zwischen Land- und Meereis. Das antarktische Meereis dehnt sich in der Tat aus, das zeigen auch Satellitenaufnahmen. Doch beeinflussen nicht nur Temperaturschwankungen die Meereis-Ausdehnung. Stärkere Winde etwa treiben das Meereis auseinander, weg vom Land. In der Folge entsteht mehr offene Wasserfläche, dadurch bildet sich wiederum mehr Meereis.[34] Das passiert, obwohl sich die Antarktis erwärmt. Die Westantarktis gehört zum Beispiel zu den Weltregionen, in denen die Temperaturen am stärksten gestiegen sind.[35] Das Landeis in der Antarktis nimmt hingegen ab. Und gerade das ist die Krux an der Geschichte: Wenn Meereis schmilzt, hat das kaum einen Einfluss auf den Meeresspiegel. Wenn aber das Landeis, das sich über Jahrtausende gebildet hat, schmilzt, droht ein hoher Anstieg. Und der Schwund dieser Masse geht immer schneller voran.[36]

Was antwortet man, wenn jemand mit der zunehmenden Eismasse in der Antarktis argumentiert?

- Nein, die globale Erderwärmung findet nicht überall zur gleichen Zeit im gleichen Maße mit den gleichen Konsequenzen statt. Das ist eine absichtlich genutzte falsche Erwartungshaltung an wissenschaftliche Erkenntnisse – klassische Klimawandel-Leugnungstaktik.
- Das Eis in der Antarktis nimmt zu, aber der Unterschied zwischen Land- und Meereis muss bedacht werden. Meereis dehnt sich aus, das hat aber kaum einen Einfluss auf den Meeresspiegel. Das Landeis nimmt ab, da wiederum droht hoher Meeresspiegelanstieg.

Argumente aus der Kategorie: Klimaveränderung sei nicht schlimm

»Manche Regionen könnten von einem Klimawandel profitieren.«

Richtig ist: Der Klimawandel wirkt sich überall anders aus. Einige Regionen, wie zum Beispiel das eisige Sibirien, könnten in der Tat davon profitieren, dass dort der Permafrost auftaut. So wären in einer Region, die eigentlich für Landwirtschaft ungeeignet ist, unter Umständen auf einmal bessere Bedingungen für Ackerbau vorhanden. Wer dieses Argument verwendet, will damit aber eigentlich sagen: Wenn wir uns positive und negative Effekte des Klimawandels angucken, überwiegen die positiven. Doch indem man sich auf diese eine, kleine, möglicherweise positive Tatsache konzentriert, ignoriert man die weltweiten langfristigen negativen Auswirkungen des Klimawandels. Dieses »cherry picking« ist ebenfalls eine beliebte Methode in der Wissenschaftsleugnung: Man pickt sich eine klitzekleine wissenschaftliche Information heraus und verwendet diese ohne relevanten Kontext.

Hier also der relevante Kontext:

- Einige Gegenden könnten von der Erderwärmung profitieren. Zugleich wird es aber in anderen Regionen viel schwieriger bis unmöglich, Nahrungsmittel zu produzieren.
- Durch den Klimawandel drohen Dürren, Trockenheit, extreme Wettersituationen: Alles sehr schwierige Voraussetzungen für die weltweite Nahrungsmittelproduktion.
- Bei genauerer Betrachtung von Prognosen sieht es übrigens auch für Sibirien nicht gut aus: Damit Pflanzen wachsen können, brauchen sie nämlich neben vernünftiger Temperatur auch vernünftige Bodenqualität. Und genau die Flächen, die durch Erderwärmung neu erschlossen werden könnten, sollen laut Studien keine besonders gute Qualität haben. Zudem droht in genau dieser Region – dank Klimawandel – große Trockenheit.[37]

Wie reagiert man, wenn jemand den Klimawandel als etwas Positives sieht?

- Durch den Klimawandel drohen Dürren, Trockenheit, extreme Wettersituationen: Sehr schwierige Voraussetzungen für die weltweite Nahrungsmittelproduktion.
- Einige Gegenden könnten *vielleicht* von der Erderwärmung profitieren. Doch selbst das ist nicht sicher. Sicher dagegen ist: In fast allen anderen Regionen wird es weltweit schwieriger bis unmöglich, Nahrungsmittel zu produzieren.

»Dann steigen die Temperaturen eben um ein paar Grad. Ist das wirklich so schlimm?«

Das Argument suggeriert, es sei ziemlich egal welches Klima auf der Erde herrscht. Und klar: Für die Erde ist die Erderwärmung tatsächlich kein Problem. Ihr ist es schnuppe, wie warm es ist. Sie kommt mit allem klar. Für die Menschen ist die Erderwärmung aber ein Problem. Blöderweise hat sich die menschliche Zivilisation nämlich in einem ziemlich stabilen Klima entwickelt. Der Mensch kennt die Erde so: Es gibt eine globale Verteilung von wärmeren und kühleren Zonen, eine bestimmte Menge Wasser befindet sich in den Ozeanen, welche bestimmte Küstenlinien bilden. Wenn wegen des Klimawandels die Küstenlinien versinken bzw. die Meeresspiegel um einige Meter steigen, ist das den Ozeanen und der Erde egal. Wem es nicht egal ist? Dem Menschen, der seine Städte an die Küsten der Ozeane gebaut hat. Wenn dank Klimawandel die weltweite Temperatur ansteigt, kommt die Erde damit klar. Wer das nicht tut? Wir Menschen, weil unsere Ackerfrüchte, die wir seit Jahrhunderten anbauen, in diesem Klima nicht mehr gedeihen können. Unsere gesamten Infrastrukturen sind auf dieses Klima eingerichtet.

Mit Bezug auf den heutigen Tag kann ich natürlich sagen: Gestern war es vier Grad kälter als heute. Unser Klima ist aber der 30-jährige Durchschnitt des Wetters. Und wenn sich dieser Durchschnitt um vier Grad verschiebt, ist das etwas ganz anderes, als wenn sich eine Momentantemperatur verschiebt. Toralf Staud von der Wissenschaftsplattform klimafakten.de fasst es so zusammen: »Man kann natürlich sagen, das sei halt ein Problem, auf das man sich eben einstellen müsse. Aber dieses Sich-drauf-Einstellen ist so teuer und an so vielen Stellen notwendig, dass der Mensch zusammengenommen dann doch tatsächlich ein Problem bekommt.«

»Tiere und Pflanzen können sich dem Klimawandel anpassen.«

Sehen wir uns den Aufbau dieses Arguments einmal an. Was stimmt: Tiere und Pflanzen können sich grundsätzlich an Veränderungen anpassen. Was die Klimawandelleugnerin daraus folgert: Sie können sich auch an jeden Klimawandel anpassen. Das ist aber nicht korrekt. Ja, Flora und Fauna sind an Klimaveränderungen gewöhnt und haben sich – zu Teilen – in der Vergangenheit damit arrangiert. Was dieses Argument aber voraussetzt: Der Klimawandel findet in einem Tempo statt, das Tiere und Pflanzen für ihre Anpassung brauchen. Und genau da liegt das Problem. Der Klimawandel findet nämlich im Vergleich zu früheren Klimaveränderungen deutlich schneller statt. Viel zu schnell, als dass sich Flora und Fauna anpassen könnten.

Wenn die Arten mit dem zu erwartenden Tempo der Erderwärmung mithalten wollten, müssten sie sich bis Ende des Jahrhunderts mehrere tausendmal schneller anpassen, als sie das in der bisherigen Weltgeschichte tun mussten, besagt eine Studie aus dem Jahr 2013.[38] Und eine Studie von 2015 kommt zu dem Ergebnis, dass eine von sechs Tierarten aussterben könnte, wenn sich das Klima so weiterentwickelt, wie bislang prognostiziert.[39] Wie und ob Arten aussterben, ist natürlich schwer festzulegen, da man nicht vorhersehen kann, wie sich unsere Emissionen entwickeln. Aber auch das IPCC kommt in einem Bericht von 2014 zu dem Schluss, dass ein großer Teil der Arten durch den Klimawandel im 21. Jahrhundert von einem hohen Aussterberisiko bedroht sei.[40]

In jedem Fall kann man schon jetzt sehen, dass Tiere und Pflanzen versuchen, sich an den Klimawandel anzupassen: Pflanzen blühen früher, weil der Winter früher endet, Tiere bekommen früher ihren Nachwuchs, und bei beiden sind Wanderungsbewegungen aufgrund höherer Temperaturen in bestimmten Regionen zu beobachten.[41]

Nicht zu vergessen: Viele Tiere und Pflanzen stehen sowieso schon unter Stress. Sie haben bereits jetzt durch Landwirtschaft und bloße menschliche Anwesenheit weniger Lebensraum. Ein großer Teil der Tiere und Pflanzen ist deshalb schon vom Aussterben bedroht. Der Klimawandel ist ein zusätzlicher Stressfaktor. Folglich werden viele Tiere und Pflanzen eher aussterben, als dass sie sich anpassen können.

Was sagt man, wenn jemand findet, Tiere und Pflanzen kämen mit dem Klimawandel klar?

- Ja, Tiere und Pflanzen können sich an veränderte Klimabedingungen anpassen. Allerdings nicht in dem Tempo, in dem der aktuelle Klimawandel voranschreitet. Der findet nämlich für eine Anpassung viel zu schnell statt.
- Keiner kann final festlegen, wie und in welchem Maße Arten vom Aussterben bedroht sein werden. Aber dass sie durch den aktuellen Klimawandel bedroht sind und dies in hohem Maße weiterhin sein werden, wenn dieser so weitergeht: Das steht fest.

»Grönland war auch mal eine grüne Insel«

Was hier unausgesprochen suggeriert wird: Wenn es in Grönland doch mal eine Zeit ohne Eis und dafür mit grünen Wiesen gab, dann muss es dort einmal wärmer gewesen sein als heute. Deshalb ist das, was heute passiert, nichts Ungewöhnliches. Davon ist aber nur ein sehr kleiner Teil wahr: Ja, es gab eine Phase im Mittelalter, in der es auf Grönland zwar nicht warm war, aber in der mildere Temperaturen herrschten als heute. In dieser Zeit konnte in Randbereichen von Grönland Landwirtschaft betrieben werden. Aber: Dabei handelte es sich um eine Phase, die sich auf eine ganz bestimmte Region beschränkte. Weltweit war es damals in anderen Gegenden kühler, die Erde war also mitnichten wärmer als heute.

Was antwortet man auf das »Grönland war mal eine grüne Insel«-Argument?

- Was wir in Grönland gesehen haben, war eine regionale milde Phase, die gab und gibt es immer wieder im Rahmen der allgemeinen Klimavariabilität.
- Heutzutage findet eine weltweite Erwärmung statt, das ist mit einer regionalen Phase in keiner Weise vergleichbar.

Argumente aus der Kategorie: Verschwörungstheorien

»Das IPCC ist nur politisch motiviert«

Dieses Argument wird gerne angebracht, um den IPCC-Berichten die Glaubwürdigkeit abzusprechen. Um es einzuordnen, muss man sich ansehen, was das Intergovernmental Panel on Climate Change eigentlich ist. Gegründet wurde es, das stimmt, 1988 auf Initiative zweier Institutionen mit politischem Hintergrund, und zwar der Weltorganisation für Meteorologie (WMO) und dem UN-Umweltprogramm (UNEP). Seitdem veröffentlicht der Weltklimarat IPCC – 1990, 1995, 2001, 2007, 2013/14 – sogenannte »Sachstandsberichte« zum Erdklima.

Dem Ausschuss gehören Fachleute an, die die Berichte schreiben, aktuell sind etwa 195 Regierungen Mitglied, sowie circa 150 Beobachterorganisationen. Die IPCC Assessment Reports beinhalten den jeweils aktuellen Stand zur Forschung, sie tragen die Ergebnisse Tausender Wissenschaftlerinnen und Wissenschaftler zusammen und treffen auf dieser Grundlage eine Bewertung, wie gesichert die einzelnen Aussagen sind. Ziel der IPCC-Berichte ist es, Regierungen und politisch Entscheidenden die Informationen zu geben, die sie brauchen, um klimapolitische Beschlüsse zu fällen. Für jeden Bericht werden neue Autorenteams zusammengestellt. Regierungen und NGOs können zwar Autorinnen und Autoren für die Berichte vorschlagen, letztendlich wählt aber das IPCC die an seinem Bericht Beteiligten aus. Ein Regierungsvorschlag heißt nicht, dass die Autorin oder der Autor die Meinung der jeweiligen Regierung vertritt oder dass diese sie bezahlen.[42] Das IPCC selbst betreibt keine Forschung, sondern es trägt nur Ergebnisse zusammen und bewertet ihre Verlässlichkeit. Was es also nicht gibt: »IPCC-Klimamodelle« oder »IPCC-Forscherinnen und -Forscher«.

Was es auch nicht gibt: eine politische Institution, die die Arbeit des IPCC kontrolliert. Auf die Berichte und die sogenannten »technical summaries« hat die Politik keinerlei Einfluss. Die Politik kommt erst ins Spiel, wenn die Berichte geschrieben sind. Denn dann entsteht die »Zusammenfassung für politische Entscheidungsträger« (englisch: »summary for policy makers«). Über diese entscheiden die Regierungen bei einer mehrtägigen Plenumssitzung Satz für Satz mit. Und ja, hier werden Sachen angepasst. Die wissenschaftlichen Autorinnen und Autoren aber dürfen in letzter Instanz entscheiden, ob die Formulierungsvorschläge der Regierungen korrekt sind. Tatsächlich werden hier Formulierungen verändert. Aber: nicht unbedingt, um die Dramatik des Klimawandels hervorzutun. So hat zum Beispiel die US-Delegation 2007 in den Sitzungen in Brüssel versucht, die Formulierung von »wird geschehen« in »wird voraussichtlich geschehen« zu ändern.[43] Beim Klimagipfel in Paris 2018 lehnten Russland, Saudi-Arabien, die USA und China es ab, den 1,5-Grad-Bericht des IPCC »zu begrüßen«, sie wollten ihn lediglich »zur Kenntnis nehmen«. Um das in einen Kontext zu stellen: Alle vier Länder sind Mitglied des IPCC-Ausschusses, hatten diesen Bericht selbst bestellt und dessen Veröffentlichung Monate vorher auch angenommen.[44]

Politische Einflussnahme gibt es also, allerdings nicht unbedingt dahingehend, der aktuellen Klimaforschung und ihren Ergebnissen Vorteile zu verschaffen, sondern eher Nachteile. Und genau das ist ja wiederum das, was Menschen, die dem IPCC politische Einflussnahme vorwerfen, behaupten wollen: Das IPCC würde den Klimawandel dramatisieren oder übertrieben darstellen. Fakt ist: Die IPCC-Berichte selbst stellen den aktuellen Stand der Klimaforschung dar. Politische Einflussnahme gibt es nicht auf die Berichte selbst, sondern wenn überhaupt auf das zusammenfassende »summary for policy makers«.

Wie kontert man, wenn jemand die politische Unbefangenheit des IPCC in Frage stellt?

- Ja, das IPCC hat Regierungen als Mitglieder und wurde von zwei politischen Institutionen gegründet.
- Nein, politische Instanzen haben weder Einfluss auf das Zusammentragen der Forschungsergebnisse noch auf die daraus entstehenden Berichte.

- Regierungen nehmen Einfluss im »summary for policy makers«. Das tun sie aber eher, um das Thema zu entdramatisieren – und nicht um das Gegenteil zu erreichen.

Zwei grundsätzliche Fragen zur Klimawandel-Leugnung

Wenn der Klimawandel doch bewiesen ist, wieso tun wir nicht alles, was geht, um ihn aufzuhalten?

Erschreckend und faszinierend zugleich ist beim Thema »Klimawandel« ja die Tatsache, dass wir hier von wissenschaftlichen Fakten sprechen. Und trotzdem wird nichts bis viel zu wenig getan, um dessen Konsequenzen aufzuhalten. Natürlich spielen politische und wirtschaftliche Interessen dabei die wichtigste Rolle. Aber auch persönliche. Denn es ist Tatsache, dass die Konsequenzen aus einem notwendigen Klimaschutz stark in unseren persönlichen Lebensstil eingreifen.

Ein wichtiger Hinweis: Anzweifeln ist beim Thema Klimawandel nicht nur salonfähig, sondern wird auch gerne gefördert, zum Beispiel von bestimmten Lobbygruppen. Die Wissenschaftshistorikerin Naomi Oreskes zeigt in ihrem Buch *Die Machiavellis der Wissenschaft* auf, wie verschiedene Lobbygruppen systematisch über Jahre hinweg Netzwerke aufgebaut haben, deren Ziel es war, Zweifel an bestimmten wissenschaftlichen Erkenntnissen zu streuen. Zuerst war es die Tabakindustrie mit dem Ziel, wissenschaftliche Fakten über die Schädlichkeit des Rauchens zu torpedieren. Später wurden diese Methoden, teils von den oder mit Hilfe der gleichen Akteure gegen Themen wie das Ozonloch oder den (menschengemachten) Klimawandel eingesetzt.

Und ein letzter Gedanke: Wie wir über das Thema sprechen, ist von Bedeutung. Der Begriff Klimawandel suggeriert, es handele sich hier um einen Wandel aufgrund natürlicher Prozesse. Tatsache ist aber, dass wir uns in einer menschengemachten Klimakrise befinden, verursacht durch massenhaft ausgestoßene CO_2-Emissionen. Die Erde erhitzt sich nicht einfach »irgendwie«, sie wird immer heißer. Renommierte Medien, Wissenschaftlerinnen und Wissenschaftler sprechen daher, um der Realität gerecht zu werden, vermehrt von Klimakrise statt Klimawandel und Erderhitzung statt Erderwärmung.

Warum bezweifeln und leugnen Menschen den Klimawandel?

Wie schaffen es Väter und Mütter, Großmütter und Großväter, die an politischen und wirtschaftlichen Hebeln sitzen, die Gefahren für ihre Kinder zu ignorieren? Wieso fällt das gesamtgesellschaftliche Umdenken nicht nur schwer, sondern wird von uns auch noch boykottiert? Eine eindrückliche Erklärung hat der Glücksforscher Daniel Gilbert schon 2006 in einem Essay (den ich jedem zu diesem Thema sehr empfehle) geliefert: »Würde der Klimawandel durch das Abschlachten niedlicher Hundewelpen verursacht, würden Millionen von Amerikanern auf die Straße gehen.«[45]

Was wir Menschen gut können: auf eine Bedrohung reagieren, die jetzt, gerade im Moment stattfindet. Einen Überfall zum Beispiel. Der Klimawandel hingegen findet schrittweise statt, ist für den Laien schwer zu beobachten und wirkt, was die letztendlichen Konsequenzen angeht, nicht klar definiert. Menschen haben im Laufe ihrer Evolution aber vor allem eines gelernt: auf Bedrohungen zu reagieren, wenn sie plötzlich auftreten, aus unmoralischen Gründen passieren oder von einer bestimmten Person ausgehen. Anders ausgedrückt: Würde ein Diktator irgendwo auf der Welt den Klimawandel verursachen, hätte der UN-Sicherheitsrat wahrscheinlich längst alle möglichen Maßnahmen getroffen. Auch das von Gilbert versinnbildlichte Welpen-Abschlachten brächte uns eher zum Handeln als die langfristige Gletscherschmelze. Würde CO_2 flächendeckend Hautkrebs verursachen, wäre der Umschwung wahrscheinlich bereits da.

Doch am Klimawandel ist jeder Mensch selbst mit schuld, jeder trägt seinen Teil der Verantwortung: ich selbst. Meine Partnerin. Mein Nachbar. Es dient also unserem eigenen Interesse, wenn wir die Gefahren des Klimawandels herunterspielen. Wir stehlen uns so aus der Verantwortung. Grundsätzlich gilt jedoch: Es gibt nicht den einen Grund, weshalb Menschen sich mit dem Klimawandel als Bedrohung so schwertun, es gibt mehrere. Doch in erster Linie wollen wir die Sorge und Unsicherheit, die das Thema in uns auslöst, und vor allem die umfassenden Änderungen, die es von uns fordert, umgehen.[46]

Aber es gibt auch gute Neuigkeiten: David Marshall, der Gründer des Think-Tanks Climate Outreach, sieht im Menschen zwar einerseits die Veranlagung den Klimawandel zu ignorieren, ebenso seien wir aber veranlagt, ihm entgegenzutreten. Klimawandel sei zwar eine Bedrohung der Zukunft. Aber der Mensch sei in der Lage, auch zukünftige Bedrohungen anzupacken, indem er sie in kulturelle Narrative verpackt. Nur so gehe der Mensch ja auch mit der Angst vor dem eigenen Tod um, indem er den Tod in seine Kultur integriere. Der Mensch sei außerdem absolut in der Lage, Dinge zu verstehen, die eigentlich zu komplex sind. Was es dafür brauche: ein gemeinsamer Konsens über diese Dinge, soziale Normen, die diese Dinge bestätigen, und eine Kommunikation darüber, die die uns »heiligen Werte« anspricht.[47]

Fakt ist: Der Klimawandel ist kein plötzlich aufgekommenes Modethema, die Erderhitzung ist kein Fake, und die Konsequenzen der Klimakrise sind real. Schmelzende Gletschermassen stellen Menschen vor Trinkwasserversorgungsnöte. Allein zwei Grad Temperaturanstieg können für den Menschen den Unterschied zwischen bewohnbar oder eben nicht bewohnbar ausmachen. Darüber sprechen und für wissenschaftliche Fakten einstehen, ersetzt natürlich kein (persönliches oder politisches) Handeln. Die Klimakrise betrifft uns aber nun einmal alle als Gesellschaft, als Menschheit. Da dürfen fundierte Diskussionen und Widerspruch gegen falsche Fakten nicht fehlen.

Antworten an Menschen, die Antisemitismus verbreiten

- Was ist Antisemitismus?
- »Antisemitismus ist eine Erfindung der Nazis«
- »Juden haben etwas mit Geld zu tun«
- »Kindermörder und Brunnenvergifter«
- »Juden sind Fremde«
- »Den Holocaust gab es nicht«
- »Der Holocaust hat mit mir nichts mehr zu tun«
- »Wir müssen einen Schlussstrich ziehen«
- »Man darf Israel ja nicht kritisieren, sonst ist man gleich Antisemit«

Was ist Antisemitismus?

Judenfeindlichkeit, Diskriminierung von Juden – warum werden Juden (von manchen Menschen) gehasst? Warum immer gegen »die Juden«? »Das ist doch diese Sache aus dem Zweiten Weltkrieg, das haben die Nazis erfunden.« Man könnte meinen, dass wir hierüber nicht mehr diskutieren müssten. Dass Antisemitismus in Deutschland, gerade wegen des Holocaust und einer großen wissenschaftlichen und gesellschaftlichen Auseinandersetzung dazu, kein Thema mehr ist. Aber: Juden werden immer noch diskriminiert, jeden Tag, überall auf der Welt. Trotz Beweislast wird der Holocaust relativiert. Und, es werden historische Schlussstriche gefordert. Darum müssen wir uns mit Antisemitismus beschäftigen. Weil es ihn immer noch gibt. Weil er eher zu- als abnimmt.

Laut einer Studie der TU Berlin hat die Hetze gegen Juden allein im Netz in den letzten Jahren massiv zugenommen. Die Untersuchung zeigt, dass antisemitische Äußerungen zwischen 2007 und 2017 von 7,5 Prozent auf über 30 Prozent stiegen (untersucht wurden mehrere Hunderttausend Texte und Kommentare im Netz). 12 Prozent der Fälle relativieren den Holocaust oder zweifeln ihn an.[1]

Judenfeindlichkeit ist alt. Wirklich sehr alt. Wer den Antisemitismus von heute verstehen will, muss verstehen, wie weit er zurückgeht. Wie lange es ihn schon gibt. Und was er alles überdauert hat, weil Menschen immer wieder neue Wege fanden und finden, ihn ins nächste Jahr, Jahrzehnt, Jahrhundert zu übersetzen. Hier sind sehr alte Mechanismen am Start, die unter anderem etwas mit den Römern, einer kleinen jüdischen Sekte und ganz bestimmten Berufsgruppen zu tun haben. Warum sind immer die Juden dieser Diskriminierung, diesen Vorurteilen ausgesetzt? Es kann keine finale Antwort auf diese Frage geben, wir können aber lernen, sie besser einzuordnen – um uns und andere mit diesem Wissen zu schützen.

Wer in Deutschland an Antisemitismus denkt, der denkt meist zuerst an Nazis, das »Dritte Reich«, Adolf Hitler. Verständlich, doch das erklärt nicht, was Antisemitismus genau ist. »Antisemitismus ist eine bestimmte Wahrnehmung von Juden, die sich als Hass gegenüber Juden ausdrücken kann. Der Antisemitismus richtet sich in Wort oder Tat gegen jüdische oder nichtjüdische Einzelpersonen und/oder deren Eigentum, sowie gegen jüdische Gemeindeinstitutionen oder religiöse Einrichtungen.«[2] Das ist die Definition der Bundesregierung aus dem Jahr 2017.

Antisemitismus bedeutet also: Hass bzw. Feindschaft gegenüber vermeintlich jüdischen Personen. »Vermeintlich« ist deshalb wichtig, weil dem Antisemitismus eine Sache sehr eigen ist: Antisemitinnen und Antisemiten bestimmen, wer oder was für sie jüdisch ist. Denn: Man sieht es Menschen jüdischen Glaubens ja nicht an, dass sie jüdisch sind – diese Art der Rassenlehre ist längst abgeschafft und strafbar, falls sie dennoch angewendet wird. Antisemitinnen und Antisemiten haben bestimmte Vorstellungen, was »typisch jüdisch« ist oder wie für sie »typisch jüdisch« auszusehen hat. Sie ordnen Personen bestimmte Stereotype zu und legen für sich selbst fest, was »jüdisch« ist.

Der Begriff »Antisemitismus« existiert erst seit dem 19. Jahrhundert. Ihm ging über Jahrhunderte und Jahrtausende hinweg der religiös motivierte Judenhass, der sogenannte Antijudaismus, voraus. Bis im 19. Jahrhundert das Konzept der Rasse und damit des Rassismus entwickelt wurde und der Begriff »Antisemitismus« entstand. Übrigens: Der Begriff hat mit Semiten sehr wenig zu tun. Wer so etwas sagt, fällt auf ein grundlegendes Missverständnis herein, was mit dem Begriff eigentlich gemeint ist bzw. war. Der Ausdruck »Antisemitismus« entstand im Umkreis des Publizisten Wilhelm Marr um das Jahr 1879.[3] Kurz und knapp: Antisemitismus bedeutet quasi »Semitengegnerschaft«, mit den »Semiten« meinte man damals aber letztlich nur Jüdinnen und Juden. Eigentlich ist »semitisch« ein Begriff aus der Sprachwissenschaft, mit Semiten sind Angehörige einer gemeinsamen Sprachfamilie aus Nordostafrika bzw. Vorderasien gemeint: Araber, Äthiopier, Akkader, Kanaanäer, Aramäer.[4] Im Begriff Antisemitismus sind aber mit Semiten tatsächlich nur Menschen jüdischen Glaubens gemeint.

Jüdische Menschen wurden im 19. Jahrhundert also nicht mehr einzig über ihre Religionszugehörigkeit definiert, sondern als Volk, als Nation oder als eigene »Rasse«.[5] Ziel war es, die bis dato zumeist religiös verwurzelte Judenfeindschaft mit einem »wissenschaftlichen« Anspruch zu versehen, das Ganze also quasi etwas eleganter zu verpacken. Im religiös begründeten Antijudaismus spielte dagegen eine potenzielle Bekehrung der Juden immer noch eine Rolle. Jetzt ging es aber darum, antijüdische Vorurteile angeblich wissenschaftlich zu begründen. Das war natürlich völliger Quatsch, den aber leider sehr viele Menschen glaubten.

Und auf genau diesem Antisemitismus des 19. Jahrhunderts bauten die Nationalsozialisten einen wesentlichen Teil des ideologischen Konstrukts des »Dritten Reichs« auf. Nach dem Zweiten Weltkrieg entwickelte sich in Deutschland dann der sogenannte sekundäre Antisemitismus, das Ressentiment gegen das Holocaust-Gedenken. Oftmals wird der sekundäre Antisemitismus mit der absurden Unterstellung verbunden, Jüdinnen und Juden wollten von diesem Gedenken profitieren.

Das Absurde und zugleich Bemerkenswerte an Antisemitismus: Er ist unglaublich flexibel. Er hat eine sehr alte Geschichte, ist wie ein kulturelles Wissen, das von Generation zu Generation weitergegeben wird. Jeder von uns ist imstande, wenn er es wollte aus einem großen historischen Fundus an antisemitischen Stereotypen zu schöpfen, weil der Antisemitismus so alt und divers ist. Er ist, wie der Historiker und Antisemitismusforscher Uffa Jensen es ausdrückt, »Teil der Grundentwicklung unserer Kultur. Da das Christentum mit dem Judentum als Mutterreligion verbunden gewesen ist, gab es von Anfang an die Tendenz der Ablehnung gegenüber Juden. So haben sich die Menschen daran gewöhnt, dass sie die Juden für alles verantwortlich machen können.«[6]

Bei Antisemitismus gilt: Widerspruch ist möglich

Dabei ist grundsätzlich zu beachten: Es ist immer besser, selbst zu verstehen, worauf eine Beleidigung abzielt bzw. worauf sie eigentlich basiert. Warum jemand sie ausspricht oder schreibt. Welche Motivation hinter der Äußerung steckt. Und welches Bild sie damit eigentlich bedient. Vielen Leuten ist gar nicht klar, was hinter bestimmten »Codes«, also Aussagen, die eigentlich etwas anderes meinen, steckt. Man meint »die Juden«, schreibt oder sagt aber etwas anderes. Wer sich absichtlich antisemitisch äußern will, ist seit 1945 klüger geworden. Etwas »den Juden« vorzuwerfen ist verpönt, versteckte Vorwürfe sind beliebter geworden. Man hat gelernt, dass es gesellschaftlich nicht akzeptabel ist, Jüdinnen und Juden öffentlich abzuwerten, denn dann gilt man als Antisemit – also warnt man zum Beispiel vor Zionismus. Nicht immer sind bestimmte Codewörter leicht zu erkennen, oft sind sie versteckt, meistens uralt, und natürlich sind sich nicht alle, die sie verwenden, dessen überhaupt bewusst.

Wie reagiert man auf Antisemitismus?

Konfrontation

Wenn man mitbekommt, dass jemand etwas Antisemitisches sagt, sollte man die Person damit konfrontieren. Man sollte immer klarstellen, dass man antisemitische Äußerungen nicht toleriert. Sich zu äußern ist besser, als bestimmte Aussagen stillschweigend im Raum stehen zu lassen.

Sich selbst schützen

Man sollte immer bedenken, wer das Gegenüber ist. Will ich mit der Person diskutieren? Oder will ich einfach nur meine Meinung kundtun, dass mir eine Aussage zu weit geht?

Widerspruch ist wichtig
Es reicht, auch einfach »Stopp, bis hierhin und nicht weiter« zu sagen. Es genügt zu sagen: »Ich bin anderer Meinung, ich sehe das nicht so.« Man kann auch ohne direkte Gegenargumente einen Punkt setzen und gegenhalten.

Kritische Nachfrage
»Was war mit dieser Äußerung wirklich gemeint?«, »Woher hast du diese Information?«, »Was meinst du damit genau?«, »Warum ist dir dieser Punkt so wichtig?«

Antisemitismus an der Schule: Reagieren und schützen

Was mache ich, wenn es einen antisemitischen Vorfall an (m)einer Schule gibt? Wie reagiert man auf »Du Jude« als Beschimpfung? »Der erste Schritt wäre anzuerkennen, dass es einen antisemitischen Vorfall wirklich gegeben hat, und sich mit dem betroffenen Kind, mit dem oder der betroffenen Jugendlichen zu solidarisieren. Oft suchen wir gleich nach geeigneten Antworten auf der Täterseite und vergessen jene, die adressiert wurden. Veränderungen im Denken und Handeln können nicht ohne Reflexion und Veränderungsmotivation geschehen. Dabei sind die Erwachsenen – die Eltern, das Kollegium, die Schulleitung – dran. Sie sollten umgehend informiert werden. Man muss dann über Interventionsmaßnahmen sprechen. Und natürlich muss auch Kindern und Jugendlichen bewusst gemacht werden, dass sie für ihr Handeln, für das, was sie sagen, verantwortlich sind. Man muss darüber sprechen, was da gesagt wurde, warum das verletzend ist, woher das kommt«, sagt Psychologin Marina Chernivsky, Leiterin des Berliner Kompetenzzentrums für Prävention und Empowerment (ZWST).[7]

»Antisemitismus ist eine Erfindung der Nazis«

Nein. Ob Antijudaismus oder Antisemitismus – was wir uns grundsätzlich merken können: Feindschaft gegenüber Jüdinnen und Juden ist kein neues Phänomen. Antisemitismus ist auch keine »Erfindung der Nationalsozialisten«. Menschen jüdischen Glaubens wurden über Jahrtausende ausgegrenzt, verfolgt und getötet. Der Antisemitismus, auf den die Nazis damals aufbauten, fiel nicht vom Himmel. Er war nicht »auf einmal« da, er hat sich über Jahrhunderte entwickelt. Wer sich also nicht erklären kann, warum sich Antisemitismus so hartnäckig hält, braucht nur in die Geschichte zurückzublicken. Warum immer (gegen) Jüdinnen und Juden? Weil der vor Jahrtausenden entstandene Judenhass ständig weiterentwickelt und in bestimmten Vorurteilen, Theorien und Verhaltensweisen bis in die heutige Zeit mitgetragen wurde.

Jahrtausende bedeutet: bis zurück in die Antike. Denn schon zwischen Römern und Juden gab es große Konflikte. Für die Römer war klar, es gibt mehrere Götter. Das Judentum hatte nur einen Gott, es war und ist eine monotheistische Religion. Eine Quelle des Konflikts bestand also darin, dass, wer dem Judentum anhing, nicht dem als Gott verehrten römischen Kaiser huldigen konnte. Die Römer nahmen 63 v. Chr. den jüdischen Staat ein und machten ihn zu einer römischen Provinz. Die Folge: hohe Steuern, Zwangsarbeit, aber immerhin eine gewisse Autonomie für die jüdischen Institutionen. 70 und 135 n. Chr. kam es aufgrund der Diskriminierungen zu Aufständen der Juden gegen die Römer. Der jüdische Tempel in Jerusalem wurde zerstört – die Römer gewannen den Krieg. Damals legten die Römer den Grundstein für den Konflikt, der die Welt bis heute beschäftigt: Die Provinz Judäa wurde mit Syria/Palästina zusammengelegt. Und die meisten der dort lebenden Jüdinnen und Juden vertrieben. Die Tempelzerstörung führte zu einer Vereinheitlichung des Judentums. Wo es vorher viele unterschiedliche Sekten/Auslegungen gab, einigte man sich nun auf eine gemeinsame Fassung der Gesetzesauslegung. An Stelle der Tempelpriester traten die Rabbiner, die Schriftgelehrten.

Aber das Judentum hatte damals noch ein ganz anderes Thema: Jesus wurde geboren (der Bibel zufolge, zumindest). Auftritt einer erstmal kleinen jüdischen Sekte, dem Christentum. Für die einen war Jesus Christus der Messias, der Auserwählte. Für die anderen: nicht. Und diese kleine Sekte wuchs. Sie wurde zur dominierenden Religion in Europa. Und hatte ein immer größer werdendes Interesse daran, ihre Konkurrenzreligion, das Judentum, kleinzuhalten. Denn die wollten Jesus nicht als ihren Messias anerkennen. Hierin begründet sich der christliche Antijudaismus, die religiöse Feindschaft des Christentums gegenüber dem Judentum. Die christliche Kirche sah sich ja als Vollendung der göttlichen Offenbarung. Will heißen: Das auserwählte Volk sollte christlich sein, das Christentum hatte sozusagen die Glaubenserwartung des Judentums, das ein Messias kommen wird, mit Jesus Christus als Messias und Gottes Sohn erfüllt. Dass die Jüdinnen und Juden jetzt diesen Jesus weder als Gottes Sohn noch als Messias anerkannten, trotzdem weiterhin an ihrem Glauben, sie seien im Besitz der göttlichen Offenbarung, festhielten und sich nicht missionieren ließen: Das passte da so gar nicht ins Bild. Paul Spiegel beschreibt das in seinem Buch *Was ist koscher?* als »unglaubliche Herausforderung, geradezu eine Provokation, denn damit stellen die Juden den allein selig machenden Wahrheitsanspruch der Kirche in Zweifel.«[8] Ob angebliche Kindermörder, Hostienfrevler, Brunnenvergifter oder »der Ewige Jude«: Viele dieser bekannten antjüdischen Bilder sind christlich-historisch bedingt. Das Judentum sollte als Konkurrenzreligion ausgeschaltet werden, und um Misstrauen ihnen gegenüber zu säen, entwickelten sich im Christentum jede Menge Mythen, Legenden und Theorien rund um Menschen jüdischen Glaubens.

Von Anfang an gab es den Vorwurf, »die Juden« sollten Christus umgebracht haben und seien generell Feinde des Christentums (wobei an dieser Stelle zu sagen ist, dass die Art seiner Bestrafung zeigt, dass Jesus Christus nach römischem Recht verurteilt wurde, denn im jüdischen Recht gab es keine Kreuzigung[9]). Zahlreiche Verschwörungstheorien untermauerten über die Jahrhunderte diesen Vorwurf: Der angebliche Mord an Jesus Christus sollte sogar regelmäßig wiederholt werden, indem Jüdinnen und Juden vermeintlich christliche Hostien schändeten. Das war damals deshalb so wirksam, da laut katholisch-christlicher Lehre seit dem 13. Jahrhundert bestimmt war, dass sich beim Abendmahl Brot und Wein tatsächlich in den Leib und das Blut Christi verwandeln. Mit der Behauptung, »die Juden« würden als »Feinde Christi« die Hostien mit Gegenständen (zum Beispiel mit Messern) durchbohren, um damit den Leib Jesu erneut zu verletzen, zielte man also direkt auf den christlichen Glauben ab.[10] Mit dem Ziel bei seinen Gläubigen Empörung und Hass hervorzurufen.

Wenn wir uns also fragen, woher viele negative Vorstellungen kommen, die Menschen von Jüdinnen und Juden haben: von ganz, ganz früher. Viele stammen zum Beispiel aus der Zeit, als sie als antichristliche Feinde angesehen und Verschwörungstheorien über sie in die Welt gesetzt wurden.

Und wie sieht es mit dem Islam aus? Im Vergleich zum Christentum mit seiner Anklage des Gottesmordes gab es im Islam den Vorwurf des Prophetenmordes nicht. Was es gibt: Islamische Quellentexte, die sich antijüdisch auslegen lassen: »(...) im Qur'ān wie in dem ḥadīṯ finden sich bereits umfangreiche antijüdische Äußerungen, die auch mit Vernichtungsabsichten verbunden werden: Juden werden im Qur'ān als ›Schweine und Affen‹ (Sure 5:60) bezeichnet, die zu ›ausgestoßenen Affen‹ (Sure 2:65) bzw. ›verstoßenen Affen‹ (Sure 7:166) werden sollten, Juden hätten Allahs Zeichen verleugnet, die Propheten ermordet und sich deshalb ›Allahs Zorn‹ zugezogen (Sure 2:61; auch 2:91, 4:155), Juden hätten Teile der Heiligen Schriften verheimlicht (Sure 2:76; 5:15) und würden sie verfälschen (Sure 3:78; Sure 4:46), Juden seien ungläubig, wortbrüchig (Sure 2:100) (...)«, schreibt Antisemitismusforscher Samuel Salzborn vom Zentrum für Antisemitismusforschung in Berlin.[11] Es gibt auch Suren, in denen das Judentum ganz anders gesehen wird. Wie zum Beispiel in Sure 29:46: »Und setzt euch mit den Leuten der Schrift nie anders auseinander als auf eine möglichst feine Art.« Oder die Sure 2:62: »Siehe, diejenigen, die sich zum Judentum bekennen, die Christen und die Sabier - wer an Gott glaubt und an den jüngsten Tag und rechtschaffen handelt, die haben ihren Lohn beim Herren, sie brauchen keine Furcht zu haben und brauchen nicht traurig sein.«[12]

Wer islamische Quellen studiert, stößt also durchaus auf pro- wie auf antijüdische Passagen. Islamwissenschaftler Michael Kiefer von der Universität Osnabrück erklärt das so: »Der Islam ist eine Interpretationsreligion. Man muss sich also die islamischen Traditionsquellen in Bezug auf Juden und Christen genau anschauen. Sie sind widersprüchlich und müssen immer unter Berücksichtigung des jeweiligen historischen Kontextes ausgelegt werden.«[13] Zum historischen Kontext müsse man zum Beispiel wissen, dass viele der als antijüdisch auslegbaren Texte aus der Zeit stammten, in der Mohammed in einen Konflikt mit den jüdischen Stämmen Medinas verstrickt war. »Dieser Konflikt hat sich auch im Koran niedergeschlagen. Aber das war vor allem eine politische und weniger eine religiöse Auseinandersetzung. Man findet auch andere Stellen, in denen die Juden in positivem Licht dastehen.« Der Blick auf die Schriften zeige das eigentliche Problem: »Man muss den Koran immer anlassbezogen lesen und den jeweiligen historischen Kontext mit einbeziehen. Normalerweise ist es auch so, dass die Gelehrten genau diesen berücksichtigen. Allerdings gibt es auch Islamisten, die das nicht tun. Die legen den Koran wortwörtlich aus. Wer das absichtlich tun will, kann dann auch fragliche Stellen finden«, sagt Kiefer. Von großer Bedeutung ist also die Auslegung der Quellentexte und die Verantwortung der Auslegenden: Insofern liege, schreibt Salzborn, ein immenses Potenzial für die Verbreitung von Antisemitismus gerade bei den islamischen Organisationen und den Imāmen, »die eine deutlich größere Macht bei der Auslegung und Interpretation haben (als die christlichen Pfarrer/innen und Pastor/innen), aber damit eben auch das Potenzial, die antijüdischen Passagen des Qur'ān zu kritisieren und für die Gegenwart zu verwerfen (...)«.[14]

Wer die Lage von Jüdinnen und Juden unter muslimischer Herrschaft historisch betrachten will, stößt oft auf zwei Mythen: den der völligen Harmonie und Toleranz gegenüber dem Judentum und den Gegenmythos einer stetigen Verfolgung. Was stimmt: Historisch betrachtet lebten die Menschen beider Religionen im Mittelalter und in der Frühen Neuzeit oft weitgehend ohne größere Konflikte zusammen. Menschen jüdischen Glaubens galten im Islam als ein Volk der »Besitzer der Schriften« und waren damit Schutzbefohlene, »dhimmi« auf Arabisch. So heißt es im Koran: »Wer einen dhimmi verletzt, hat mich verletzt, und wer mich verletzt, hat Allah verletzt.«[15] Als Gegenleistung mussten Dhimmis eine Kopfsteuer zahlen. Den Musliminnen und Muslimen gleichgestellt waren sie nicht: »Aufgrund der teilweise diskriminierenden Regelungen, die je nach Herrschaft und Region unterschiedlich streng gehandhabt wurden, waren die Juden marginalisiert, zum Teil verachtet und zu keinem Zeitpunkt den Muslimen gleichgestellt, jedoch als Minderheit mit eigenen Rechten und Pflichten anerkannt.«[16] Je nach Herrschaft wurden sie also eher gesellschaftlich integriert oder stärker diskriminiert und teilweise auch verfolgt (so kam es zum Beispiel 1066 zum Pogrom in Granada, bei dem etwa 4000 der dort lebenden jüdischen Menschen ermordet wurden).

Wenn man auf die heutige Zeit blickt, verweist Islamwissenschaftler Kiefer auf die Notwendigkeit zu überprüfen, »ob wirklich alle von Muslimen verwendeten antisemitischen Narrationen muslimischen Ursprungs sind.«[17] Natürlich sei unter Muslimen Antisemitismus vorhanden, das sei unbestritten. (An dieser Stelle der Hinweis für eine Diskussion: Wer davon spricht, dass »die Muslime antisemitisch« seien, äußert eine gefährliche Generalisierung. Sowieso kann man »die Muslime« nicht als eine so klar abgegrenzte Gruppe definieren.) Aber welche Wurzeln haben diese antisemitischen Erzählungen? Kiefer beschreibt das Phänomen als »islamisierten Antisemitismus«, hier würden antisemitische Erzählungen aus dem europäischen Antisemitismus und christlichen Antijudaismus übernommen und quasi islamisiert: »Den Erzählern ist die Herkunft der Stereotype oft nicht bekannt oder wird falsch verortet (zum Beispiel ›Die Juden haben unseren Propheten Mohammed umgebracht‹. Gerade dies kann bei muslimischen Jugendlichen beobachtet werden, die in einer wilden Collage Narrationen aus dem Islam mit antisemitischen Klischees verbinden, die nachweislich zum Beispiel aus säkularen europäischen Kontexten stammen.«[18] Diese mögliche Fusionierung vieler unterschiedlicher antisemitischer Erzählungen bestätigt auch Saba-Nur Cheema, pädagogische Leitung der Bildungsstätte Anne Frank in Frankfurt: »In deutschen muslimischen Milieus spielen aus meiner Erfahrung vor allem diese drei Aspekte eine Rolle: israelbezogener Antisemitismus, antisemitische Verschwörungstheorien und typisch deutsche Narrative des sekundären Antisemitismus (›Wir müssen einen Schlussstrich ziehen‹). Das kann dann gerade von Jugendlichen miteinander vermischt werden.«[19]

Es bleibt festzuhalten: Der Judenhass existierte bereits lange vor dem Nationalsozialismus – die Nationalsozialisten konnten ihn aufgreifen und für ihre Ziele nutzen. Hitler machte ihn zum Staatsziel, Antisemitismus war jetzt also mehr als »nur gesellschaftsfähig«, er wurde von Regierungsseite forciert. Nach Hitlers Machtübernahme folgten der Bau von Konzentrationslagern, die Nürnberger Gesetze, die Einführung der Judensterne, gesetzlich legitimierte Pogrome wie die Reichskristallnacht, die Entscheidung, alle Jüdinnen und Juden zu vernichten, unter anderem in speziell errichteten Vernichtungslagern. Das Ergebnis: ein beispielloser

Völkermord an bis zu sechs Millionen jüdischen Menschen (zur Schätzung der Opferzahlen siehe »Den Holocaust gab es nicht«, Seiten 75ff.), ausgeführt von den Deutschen.

Was erwidert man auf die Behauptung »Antisemitismus ist eine Erfindung der Nazis«?

- Nein, Antisemitismus ist keine »Erfindung der Nationalsozialisten«. Menschen jüdischen Glaubens wurden über Jahrtausende von unterschiedlichsten Gruppen und Religionen verfolgt.
- Viele negative antijüdische Vorstellungen stammen aus der Zeit, als Christinnen und Christen jüdische Menschen als Feinde ansahen und Verschwörungstheorien über sie in die Welt setzten. Man nennt das: christlich motivierten Antijudaismus.
- Auch in islamischen Schriften gibt es antijüdische Stellen. Hier kommt es sehr auf die Auslegung an, wie auch bei antisemitischen Aussagen in christlichen Schriften sollten diese nicht ohne historischen Kontext und schon gar nicht wortwörtlich ausgelegt werden.

»Juden haben etwas mit Geld zu tun«

Dass Menschen jüdischen Glaubens heute noch oft mit Geld, Wucher oder gar Geldgier verbunden werden, hat historische Gründe. Gesetzliche Einschränkungen aus dem Mittelalter hatten eine ökonomische Judenfeindschaft zur Folge, in der Jüdinnen und Juden als Wucherer, später als ausbeuterische Kapitalisten oder Spekulantinnen gebrandmarkt wurden – Bilder, die bis heute in unseren Köpfen überlebt haben. Bilder, die nichts mit der Realität zu tun haben. Jüdinnen und Juden sind arm, sind reich, sind Bankerin oder Koch, schlicht: Es gibt kein »Die Juden sind so oder so.«[20]

Jüdische Menschen wurden im Mittelalter von bestimmten Berufen ausgeschlossen. Sie durften nicht Mitglied der handwerklichen Zünfte sein oder dem Staatsdienst beitreten und keinen Grundbesitz erwerben. Deshalb spezialisierten sie sich auf den Finanz- und Handelssektor (Geldverleih). Viele Berufe in diesem Bereich waren wiederum christlichen Gläubigen verboten - zum Beispiel der Zinshandel gegen Geld. Dieser als »jüdischer Wucher« verschriene Geldhandel wurde im Laufe des 14. Jahrhunderts gerade von Päpsten und Konzilien der katholischen Kirche stark verurteilt. (Viele wollten jüdischen Verleihern das Geld ungern zurückgeben, da passte es natürlich ins Bild, wenn man diesen als »Wucherer« anklagen konnte.) Das half dem Verhältnis zwischen jüdischen Gläubigern und christlichen Schuldnern gar nicht: »Dadurch kristallisierte sich immer mehr das Stereotyp vom verstockten und geldgierigen Juden heraus, der die Notlage seiner christlichen Umwelt erbarmungslos ausnutzt. Dieses Bild drang durch Legende und Sage, Volksroman und Karikatur tief in das Weltbild der Menschen ein (...)«.[21]

Auf verschiedenen Konzilien wurde außerdem beschlossen: Jüdinnen und Juden sollten in abgeschlossenen Vierteln, getrennt von der restlichen Bevölkerung leben, also in Ghettos, und bestimmte Kleidung tragen.[22] Sie waren also nicht nur theologisch, sondern auch optisch und real und damit sehr wirkungsmächtig vom Christentum getrennt - ganz im Sinne vieler Christinnen und Christen.

Wie geht man vor, wenn klischeehafte Behauptungen über Jüdinnen und Juden und Geld auftauchen?

- Das ist falsch. Jüdinnen und Juden durften historisch bedingt lange Zeit nur bestimmte Berufe ergreifen. Deshalb spezialisierten sie sich unter anderem auf den Finanz- und Handelssektor (Geldverleih). Fakt ist: Das wurde ihnen aufgezwungen.
- Gesetzliche Einschränkungen aus dem Mittelalter haben Vorurteile und Bilder ausgelöst, die bis heute in unseren Köpfen überleben. Solche Vorstellungen haben nichts mit der Realität zu tun. Es gibt kein »Die Juden sind so oder so.«[23]

»Kindermörder und Brunnenvergifter«

Im 12. Jahrhundert verbreitete sich die Legende, jüdische Menschen seien »Kindermörder«. Ein Mythos, der später (und bis heute) als sogenannte Ritualmord-Legende bekannt ist. Diese Legende besagt, dass jüdische Menschen christliche Kinder fangen und dann ausbluten lassen würden, um das Blut für ihre Rituale zu nutzen. Zum Beispiel um Matzen zu backen. Die Geschichte ist komplett ausgedacht und vermutlich auf die Quelle eines einzigen Mönchs zurückzuführen[24], dennoch hält sie sich bis heute hartnäckig und findet sich als Vorwurf im etwas neuen Anstrich »Kindermörder Israel« wieder im Netz, auf Demonstrationen, im Sprachgebrauch. Ja, so alte Ursprünge können »moderne« Plakatsprüche und Internetkommentare manchmal haben, und genau deshalb sollte man vorsichtig sein, wenn man einfach bestimmte Aussagen übernimmt, ohne zu wissen, was es damit auf sich hat.

Aber wie kommt es eigentlich, dass sich solche Theorien bis heute halten können? Anders gefragt: Wie stellt man sicher, dass sich bestimmte Gerüchte verbreiten? Indem man sie immer wieder erzählt. Antijüdische Mythen wurden im Mittelalter auf Festen, Wallfahrten, in Predigten, in bestimmten Volkserzählungen oder zum Beispiel bei Theateraufführungen aufgegriffen, verbreitet und so an das jeweilige Publikum weitergegeben. Man muss sich das einmal konkret vorstellen: Je öfter einem im Alltag eine bestimmte Theorie über »Ritualmorde« oder »Christusmörder« erzählt wird, desto eher fängt man an, sie zu glauben. So entwickelten sich aus Mythen sehr wirkungsvolle reale Vorstellungen über »die Juden«, die bis ins 20. Jahrhundert hineinwirkten und immer wieder Gewaltausbrüche gegenüber jüdischen Menschen auslösten.[25]

Als im 14. Jahrhundert die Pest ausbrach, bekamen Jüdinnen und Juden die Feindschaft ihrer nichtjüdischen Mitmenschen noch deutlicher zu spüren: Man warf ihnen vor, die Brunnen vergiftet und somit die Krankheit ausgelöst und verbreitet zu haben. Was man heute weiß: Die Pest wurde über bestimmte Floharten verbreitet. Dieses Wissen war damals noch nicht vorhanden. Also suchte man nach anderen Ursachen. Manchmal wurde die jüdische Bevölkerung weniger von Epidemien betroffen, da sie aufgrund religiöser Vorschriften eine gewisse Hygiene pflegten – im Vergleich zur restlichen Mittelaltergesellschaft, in der die hygienischen Zustände desaströs waren.

Man beschuldigte die Juden der Brunnenvergiftung und machte sie so für den Ausbruch und die Verbreitung der Seuche verantwortlich. Die Folge waren Pogrome (gewalttätige Verfolgungen) mit Hunderttausenden Toten. Hier begann auch die Vorstellung, Jüdinnen und Juden hätten sich als Kollektiv gegen das Christentum verschworen. Wichtig: Es ging nicht mehr um rein christliche antijüdische Mythen wie bei dem Vorwurf des Ritualmords und Hostienfrevels aus dem 12./13. Jahrhundert. Menschen jüdischen Glaubens wurden vermehrt von Gottesfeinden zu Menschenfeinden erklärt.

Judenhass und Judenverfolgung sind also keine »Erfindung der Nazis«. Wer in der Geschichte einen Sündenbock brauchte, für den waren jüdische Menschen oft an erster Stelle. Der Antisemitismus-Experte Johannes Baldauf beschreibt dieses sogenannte Judenmuster oder auch Hexenmuster so: »Gerade im Mittelalter brauchte ich, wenn etwas Unvorhergesehenes passierte, einen Schuldigen. Meine Ernte ist ausgefallen: Wer hat das zu verschulden? Dann sucht man sich einen Sündenbock. Das hat auch viel mit der christlichen Religion zu tun, dem sogenannten Theodizee-Problem: Wenn diese Welt, in der wir leben, von Gott geschaffen wurde und der Gott, wie es die Christen glauben, ein guter Gott ist, woher kommt dann das Böse in der Welt? Die Lösung: Am Bösen müssen der Teufel und seine Helfer schuld sein. Dafür kommen nur die infrage, die in einer mittelalterlichen Struktur herausstechen, also alle, die anders sind. So wurden Juden zu Kindermördern oder Brunnenvergiftern deklariert, Frauen zu Hexen. Dieses Sündenbock-Prinzip hat wunderbar funktioniert, weil es etwas erklärte, was sich der gläubige Christ sonst nicht erklären konnte.«[26]

Insgesamt lässt sich sagen: Kirche, Adel, Kaufleute und überhaupt die Gesellschaft haben es im Mittelalter geschafft, eine als christliche Konkurrenz erachtete Religion deutlich abzuhängen, Misstrauen zu säen und Judenfeindschaft zum Teil der Volksfrömmigkeit zu machen. Viele jüdische Menschen mussten fliehen oder wurden umgebracht. Die Diskriminierungen waren weitreichend und grausam. Auch in der Reformationszeit (1517 bis 1648) galten Angehörige der jüdischen Gemeinschaft als der religiöse Feind. Warum? Der Katholizismus hatte noch auf ihre Bekehrung gehofft, auch Martin Luther setzte sich in seinen Anfängen noch für einen freundlicheren Umgang mit Jüdinnen und Juden ein. Doch das änderte sich, als er merkte, dass diese sich nicht im Sinne des Protestantismus missionieren ließen. In seiner Schrift »Von den Juden und ihren Lügen« forderte er die Verbrennung ihrer Häuser und Synagogen.

Erst im Laufe des 19. Jahrhunderts veränderte sich das in Deutschland und dem Rest Europas – zu Teilen. Im Zuge der Französischen Revolution und der Liberalisierung in einigen Staaten Europas wurde auch für jüdische Menschen rechtliche Gleichberechtigung gefordert, was auch teilweise verwirklicht wurde.[27] Nicht mehr rückgängig zu machen war aber das vorhandene große Misstrauen ihnen gegenüber. Juden hatten, aufgrund der beschriebenen beruflichen Einschränkungen, jahrelang in finanziellen Bereichen gearbeitet, viele waren wirtschaftlich gut aufgestellt. Zahlreiche Juden, aber natürlich nicht alle, waren gesellschaftlich erfolgreich, arbeiteten in angesehenen Berufen, etwa als Ärzte, Bankiers oder Rechtsanwälte, und verfügten teils über beträchtliche Geldmittel. Diese Situation spiegelt natürlich eher die deutsche Situation wider, in Osteuropa (und im Russischen Reich in dem es ab 1880 zu heftigen Pogromen kam) sah das in großen Teilen anders aus.

Mit dem Inkrafttreten der Reichsverfassung 1871 wurden Jüdinnen und Juden im Deutschen Reich juristisch gleichgestellt. Auch das passte Antisemitinnen und Antisemiten nicht. Man entwickelte eine neue Rassenlehre, die besagte, dass jüdische Menschen eigentlich einer »minderwertigen Rasse« zugehören sollten: Wenn sich die »arische« und die jüdische »Rasse« weiter »vermischten«, sei das schlecht für die »arische Rasse« – weshalb die jüdische beseitigt werden müsse. Wo also vorher ein über Jahrhunderte religiös motivierter Antijudaismus geherrscht hatte, trat jetzt der rassentheoretisch motivierte Judenhass auf die Bühne.

Wie reagiert man, wenn Begriffe wie »Kindermörder« und »Brunnenvergifter« fallen?

- Die Behauptung, dass Jüdinnen und Juden Kinder ermorden, um deren Blut für ihre Rituale zu nutzen, ist komplett erfunden. Es gibt keine Beweise dafür.

▸ Während des Ausbruchs der Pest im 14. Jahrhundert wurden jüdische Menschen verdächtigt, die Brunnen ihrer nichtjüdischen Mitbürger vergiftet zu haben, während sie selbst weniger betroffen waren. Das ist falsch. Wie man heute weiß, wurde die Pest über Flohbisse verbreitet.

»Juden sind Fremde«

Ich halte fest: Jüdinnen und Juden sind nicht fremd. Sie wurden zu »Fremden« gemacht, in bestimmte Berufe gedrängt, verfolgt, vertrieben, umgebracht. Antisemitismus ist kein »gottgegebenes Naturgesetz«, das man nicht verhindern kann. Antisemitische Entwicklungen sind durch den jeweiligen historischen Kontext nachvollziehbar: von gezieltem christlichem Antijudaismus, gespickt mit Verschwörungstheorien und Legenden von Christusmord oder Brunnenvergiftungen, über ökonomische Feindbilder bis zu Verschwörungstheorien, dass sie angeblich die Welt beherrschen wollten.

Judith Rahner von der Amadeu Antonio Stiftung nennt solche Bilder »das gesellschaftliche Grundrauschen – antisemitisches Wissen, das wir abrufen können, wenn nötig. Wenn zum Beispiel eine Finanzkrise stattfindet, tauchen diese Bilder wieder auf. Wir haben nicht wirklich verlernt, diese antisemitischen Stereotype aus unseren Köpfen, aus unseren Kulturgütern oder sogar aus unseren Straßennamen rauszukriegen«.[28] Umso wichtiger ist es, sich bewusst zu werden, woher solche Stereotype kommen und wie wir sie einordnen können. Denn: »Antisemitismus ist auch ein verinnerlichter Wissensbestand, Menschen entscheiden sich also nicht unbedingt bewusst, antisemitische Ressentiments einzusetzen. Wir werden oftmals hineingeboren, in ein System, in eine Gesellschaft, in der solche Theorien bereits existieren. Bei manchen sind sie aber auch stärker ausgeprägt und kommen als Hass zum Tragen«, erläutert Psychologin Marina Chernivsky.

Klar ist: Das Judentum ist eine eigene Religion. Und klar ist auch, dass andere Religionen damit konkurrier(t)en. Sowohl das Christentum als auch der Islam bauen auf dem Judentum auf, haben aber den Anspruch, die dem jüdischen Glauben zugrundeliegende Suche nach Gott bereits »erfüllt« zu haben; im Christentum ist es der Messias Jesus Christus, im Islam der Prophet Mohammed. Die Suche müsste sich nach ihrer Definition erledigt haben – Jüdinnen und Juden hielten und halten aber dennoch natürlich an ihrer Religion fest. Dies war immer eine Herausforderung für die anderen beiden monotheistischen Weltreligionen. Sowohl im Christentum als auch im Islam manifestierten sich immer wieder bestimmte Vorstellungen und Theorien, Menschen jüdischen Glaubens könnten nur mittels einer »geheimen Macht« ihren jeweiligen göttlichen Heilsplänen widerstehen. Denn wieso ließen sie sich sonst nicht von ihnen missionieren? Antisemitismusforscher Salzborn beschreibt das Phänomen so: »(...) im Akt der religiösen Missionsbemühungen von Christentum und Islam liegt unbewusst auch die panische Sorge, dass man mit seinem Glauben doch unrecht haben könnte, da man andere (...) permanent vom eigenen Glauben überzeugen muss. Wer Recht hat, muss aber nicht missionieren.«[29]

Auch ein »Problem« für viele: Jüdische Menschen sind seit Jahrtausenden in der gesamten Welt präsent. Warum? Weil das alte jüdische Königreich in eine römische Provinz umgewandelt wurde, viele der dort Lebenden vertrieben wurden. Dennoch haben sie sich einen Zusammenhalt bewahrt. Das hat unter anderem mit der gemeinsamen Gesetzesauslegung und dem einheitlichen Festhalten an der Thora zu tun, was ortsunabhängig ist. Leider wurde oft genau an diesen bestehenden Zusammenhalt die Fantasie geknüpft, jüdische Menschen müssten »geborene Verräter« der Nationen sein, in denen sie leben. Die krude Theorie dahinter: Menschen, die überall verstreut leben und sich dennoch zueinander zugehörig fühlen, könnten ja dem Staat, in dem sie gerade leben, gegenüber nicht hundertprozentig loyal sein, egal wie oft sie Loyalität beweisen. Aus solchen Theorien wurden dann folgenreiche antisemitische Vorurteile.[30]

Was antwortet man auf »Die sind fremd«?

- Jüdinnen und Juden sind nicht fremd. Sie wurden zu »Fremden« gemacht, in bestimmte Berufe gedrängt, verfolgt, vertrieben, umgebracht.
- Theorien, nach denen Menschen jüdischen Glaubens anderen göttlichen Heilsversprechen nur mithilfe geheimer Mächte widerstehen können, sind erfunden und falsch.
- Jüdische Menschen lebten aufgrund historischer Bedingungen verstreut. Politische Gesetzgebungen, die ihnen vorschrieben, was und wie sie zu arbeiten hatten, führten dazu, dass sie zum Beispiel »reisende« Berufe wie Handel aufnahmen oder nicht sesshaft werden durften, weil ihnen Grundbesitz verboten war. Verstreut leben und trotzdem miteinander verbunden sein war eine Notwendigkeit, keine absichtliche Nicht-Integration in die später entstehenden Nationalstaaten.

»Den Holocaust gab es nicht«

Der Holocaust ist bewiesen. Millionenfach. Alle Versuche, ihn zu widerlegen oder gar pseudowissenschaftlich (und ich schreibe hier bewusst »pseudo«) einzuordnen, sind längst wissenschaftlich widerlegt. Wer es trotzdem versucht, will bewusst provozieren, will lügen, verschließt sich historischen, wissenschaftlichen Realitäten.

Wie reagiert man auf Holocaust-Leugnung?

Widerspruch ist wichtig

Man sollte sich einsetzen, und zwar mit einem deutlichen »Das kann ich so nicht stehen lassen«. Somit macht man klar, dass nur, weil jemand etwas behauptet, es nicht der Wahrheit entsprechen muss. Und dass solche Aussagen nicht legitim sind. Ebenso wichtig wie Widerspruch ist es aber auch, direkt eine eindeutige Quelle mitzuliefern.

Es bringt in diesem Fall leider überhaupt nichts zu diskutieren – es besteht die Gefahr, derartige Positionen implizit zu legitimieren, wenn man sie als Gegenposition in einer gleichberechtigten Diskussion zulässt. Es gilt also sofort zu widersprechen und diesen Widerspruch mit anerkannten, wissenschaftlichen Quellen zu unterfüttern. Aber: Die meisten von uns sind keine Fachforschenden. Wir werden keine formvollendete wissenschaftliche Diskussion führen können (und sollten es auch gar nicht erst versuchen). Menschen, die eine als allgemein anerkannt geltende historische Tatsache umkehren wollen, sogenannte Revisionistinnen und Revisionisten, haben gerade, was den Holocaust angeht, viele »Tatsachen« im Gepäck. Wichtig ist es hier zu wissen, dass es viele wissenschaftliche Quellen gibt, um solche Behauptungen zu widerlegen.

Argumente helfen nicht immer weiter

»Wer so etwas behauptet wie ›Den Holocaust gab es nie‹, ist für einen großen Teil der modernen Gesellschaft, für politische Bildung nicht zugänglich«, sagt Antisemitismusforscher Prof. Samuel Salzborn.[31] Konkret bedeutet das: Meistens handelt es sich bei Holocaust-Leugnern um Menschen, die man argumentativ nicht mehr erreicht, weil sie in ihrem Weltbild bereits beschlossen haben, historische Fakten und Realitäten nicht mehr zu akzeptieren. Das klingt jetzt erstmal demotivierend. Warum trotzdem widersprechen und gegenhalten? Für das eigene Gefühl, dass hier jemand etwas sehr Falsches sagt und damit sonst durchkommt. Für die Umgebung. Die anderen Personen am Tisch, die zuhören. Die S-Bahn-Mitfahrenden, die den Ausbruch ebenfalls erleben. Die vielen stummen Mitlesenden im Internet, für die so eine Aussage dann unwidersprochen als »Tatsache« bestehen bleibt. Warum man immer widersprechen KANN, zeigt der nächste Punkt.

Holocaustleugnung ist in Deutschland strafbar

Sie fällt nicht unter die Meinungsfreiheit. Damit sind Argumente wie »Ich habe aber gehört, dass es so ist, und deshalb ist das jetzt meine Meinung, und die werde ich ja wohl noch äußern dürfen« irrelevant und vor allem falsch. Man muss den Menschen bewusst machen, dass es einen strafrechtlichen Raum gibt, in dem sie potenziell angezeigt werden können. Es ist in Deutschland verboten, den nationalsozialistischen Völkermord an den europäischen Jüdinnen und Juden öffentlich zu billigen, zu verharmlosen oder zu leugnen – siehe dazu auch § 130 Abs. 3 des Strafgesetzbuches.[32]

Bevor wir uns aber überlegen, wie man eine Antwort formulieren könnte, sollte man sich Strategie und Argumente sogenannter Revisionistinnen und Revisionisten ansehen. Wer den Holocaust leugnet, spielt nämlich sehr gerne mit Halbwahrheiten. Was sie meist nicht leugnen: dass Hitler oder Nationalsozialisten jüdische Menschen hassten, sie leugnen nicht einmal die Existenz der Konzentrationslager. Was sie leugnen: erstens die absichtliche, zielgerichtete Politik, das europäische Judentum auszurotten; zweitens eine Vernichtung, die in einem straff organisierten, europäisch umgesetzten Programm unter anderem in Form von Gaskammern und Vernichtungslagern, aber auch vielen Massenerschießungen, stattfand; und drittens, dass bis zu sechs Millionen Jüdinnen und Juden ermordet wurden.[33]

Revisionistinnen und Revisionisten behaupten also, es habe keine systematische Völkermord-Planung der nationalsozialistischen Führung gegeben. Stattdessen hätten hier nur bestimmte Einzelpersonen gehandelt, die ganz ohne Befehl von oberster Führungsriege vorgingen. Warum wird so etwas behauptet? »Eine solche Argumentation, die direkt an die NS-Propaganda anknüpft, gibt den Juden oftmals selbst die Schuld an den an ihnen begangenen Verbrechen. Sie hätten durch ihr Handeln einen ›Volkszorn‹ provoziert, der sich in derartigen spontanen Taten widerspiegelt«, schreibt Christoph Egenberger in dem Essay »Holocaustleugnung« für die Bundeszentrale für politische Bildung.[34] Man schiebt also die Schuld den Opfern, den Jüdinnen und Juden, zu und will so die Täterseite entlasten.

Tatsächlich sind weder die Rolle Hitlers noch die seiner Führungsriege in der Planung und Umsetzung des Holocaust umstritten. Nehmen wir nur als ein Beispiel das Protokoll der Wannseekonferenz. Hier beschlossen und hielten die beteiligten Nazigrößen am 20. Januar 1942 die Vernichtung des europäischen Judentums schriftlich fest.[35] Und dass gerade Hitler nichts vom Holocaust gewusst oder diesen nicht beabsichtigt haben soll, ist allein anhand der Quellenlage unter anderem mit seinen eigenen Aussagen dazu, widerlegbar. Hier nur drei von zahlreichen Beispielen, in denen Hitler über die Endlösung spricht:[36]

> *»Wenn wir diese Pest ausrotten, so vollbringen wir eine Tat für die Menschheit, von der sich unsere Männer draußen noch gar keine Vorstellung machen können.« (21. Oktober 1941)*

> *»Es ist gut, wenn uns der Schrecken vorausgeht, daß wir das Judentum ausrotten.« (25. Oktober 1941)*

> *»Es ist das die größte Revolution, die es je gegeben hat in der Welt. Der Jude wird erkannt werden! Der gleiche Kampf, den Pasteur und Koch*

haben kämpfen müssen, muß heute von uns geführt werden. Zahllose Erkrankungen haben die Ursache in einem Bazillus: dem Juden! [...] Wir werden gesund, wenn wir den Juden eliminieren.« (22. Februar 1942)

Revisionistinnen und Revisionisten behaupten auch, die Ausrottung der jüdischen Menschen habe nicht in Form einer (für die Zeit) hochtechnologischen Vernichtungsmaschinerie stattgefunden. Ich mache es kurz: Das ist falsch. Aber: Holocaust-Leugnende arbeiten gerne mit Halbwahrheiten und verschweigen relevante Fakten. Deshalb sollte man die Argumente kennen. Eine wichtige Anmerkung an dieser Stelle: Es gibt leider sehr viele revisionistische Behauptungen und Lügen. Nicht alle haben hier Platz gefunden. In den Fußnoten finden sich weiterführende Literaturempfehlungen.[37]

»Die Gaskammern waren nicht beheizbar, und es gab kaum Rückstände von Zyklon B«

Revisionistinnen und Revisionisten behaupten, die Gaskammern in Auschwitz hätten gar nicht verwendet werden können, weil sie nicht beheizbar gewesen wären – denn Zyklon B zerfällt erst bei 26 Grad. Oder: Sie sagen, in den Gaskammern von Auschwitz-Birkenau habe man kaum Rückstände von Blausäure (Zyklon B) gefunden, was ja beweise, dass dort kein Giftgas eingeleitet worden sei bzw. viel zu wenig, um so viele Menschen zu vergasen.

Was stimmt: Die Gaskammern waren nicht beheizbar, und Zyklon B zerfällt erst bei 26 Grad zu Gas. Was tunlichst nicht erwähnt wird: »In den Gaskammern, wo infolge der Körperwärme der zusammengepferchten Menschen eine hohe Temperatur herrschte, genügte eine nach Minuten zu bemessende Einwirkungszeit, um den Tod herbeizuführen.«[38] Was auch die geringe Menge an Blausäure in den Wänden erklärt, denn das Besondere an Atemgiften ist ja gerade, dass sie vom menschlichen Körper absorbiert werden. Sprich: Die vielen Menschen atmeten viel Blausäure ein, und ihre Körper nahmen viel davon auf – in in Auschwitz gefundenen Haaren konnte Blausäure auch noch nach Kriegsende nachgewiesen werden.[39] Dazu kommt: Es gab ein effizientes Be- und Entlüftungssystem (Blausäuregas ist leichter als Luft und hätte sich sonst an der Decke gesammelt), das eine schnelle Entlüftung ermöglichte. Außerdem wurden die Gaskammern nach ihrer Verwendung für die Ermordung der Menschen gereinigt, wobei das Wasser auch mögliche Reste fortspülte.[40]

»Die Gaskammern waren zu klein für so einen Massenmord« – »Es gab viel zu wenige davon«

Die Behauptung, die Gaskammern seien »viel zu klein« gewesen für eine Massenvernichtung, da dort ja »nur« 93 Personen hineingepasst hätten, ist eine Falschinformation. Ja, offiziell waren sie vielleicht für 93 Personen konzipiert. Die Nazis pferchten die Menschen aber ohne jegliche Rücksicht zusammen. Menschen wurden gezwungen, mit hoch erhobenen Armen in die Kammer zu gehen, damit möglichst viele darin Platz hatten, Säuglinge und Kleinkinder wurden dann auf die bereits stehenden Menschen geworfen.[41]

Revisionistinnen und Revisionisten nutzen auch gerne Pläne des Stammlagers in Auschwitz, in denen der Keller eingezeichnet ist, in dem damals die erste Probevergasung stattfand, um den Eindruck zu erwecken, es habe »nur« die eine Gaskammer gegeben, und dass dort nicht genug Platz für eine Massenvernichtung gewesen sei. Was sie verschweigen: Tatsächlich gab es alleine in Auschwitz-Birkenau sechs Gaskammern, vier Krematorien wurden 1943 fertig gestellt. Platz war also genug da. Ebenso legen sie als »Beweis« für die Nicht-Existenz von Gaskammern gerne einen Grundriss des Stammlagers Auschwitz (Auschwitz I) im Ausbauzustand von 1940 vor. Was sie nicht sagen: Auschwitz diente sowohl als Arbeits- und Konzentrationslager als auch als Vernichtungslager, war also in mehrere Lager unterteilt. Die Vernichtungszentrale fand sich im Lager Auschwitz-Birkenau (Auschwitz II).[42]

Grundsätzlich kann man sagen, dass über kein KZ so viele Gerüchte und Falschinformationen bestehen, wie über Auschwitz-Birkenau. Die »Auschwitz-Lüge«, also die Leugnung, dass hier Menschen massenhaft zu Tode gekommen sind, ist nicht nur in Deutschland strafbar, sondern man sollte sie auch auf das Allerschärfe als falsch und strafrechtlich relevant benennen, wenn sie einem begegnet.

Für Argumente wie die oben genannten gibt es übrigens auch viele gefälschte »Beweise«, die angeblich erklären, dass der Holocaust in Vernichtungslagern wie Auschwitz nicht stattgefunden haben könne. Das nennt man: »professionellen Revisionismus«. Gemeint sind Menschen, die mit pseudowissenschaftlichen Argumenten und Untersuchungen ankommen und diese als historische Wahrheiten verkaufen.

Eines der bekanntesten Beispiele eines sogenannten Gutachtens für professionellen Revisionismus ist der Leuchter-Report. Der Leuchter-Report stammt vom selbsternannten Hinrichtungs- und Gaskammer-Experten Fred A. Leuchter. Darin findet sich unter anderem die weiter oben widerlegte Theorie mit den fehlenden Rückständen von Zyklon B in den Gaskammern. Solche »Untersuchungen« sind inhaltlich widerlegt und voller Falschaussagen.[43] Dabei war Leuchter kein Experte für die von ihm behandelte Thematik: Seine Arbeit war kein neutrales Gutachten, sondern mit dem Ziel in Auftrag gegeben worden, Revisionisten vor Gericht zu entlasten. Was nicht funktioniert hat.[44]

Kommen wir zum dritten Bereich, den Holocaust-Leugnende nicht müde werden zu diskutieren: die Zahlen. Während Historikerinnen und Historiker die Zahl der jüdischen NS-Opfer auf bis zu sechs Millionen schätzen, heißt es von revisionistischer Seite, diese Zahl sei übertrieben hoch. Es hätten ja gar nicht so viele Juden im deutschen Machtbereich gelebt.[45]

Diese Behauptung ist falsch.

»Es gab damals gar nicht so viele Juden im Reich«

Berücksichtigt man die von den Nazis eroberten Territorien, wie zum Beispiel die Gebiete der Sowjetunion, lebten Millionen Juden im deutschen Machtbereich. Und in den neu eroberten Gebieten konnten die Nationalsozialisten mitten im Krieg die »Lösung der Judenfrage« angehen: mit systematischer Vernichtung unter anderem in speziellen Lagern.[46] Zu diesen Lagern zählen: Auschwitz-Birkenau, Treblinka, Sobibor, Belzec, Chelmo/Kulmhof, Majdanek.[47]

»In Auschwitz gab es gar nicht so viele Häftlinge – schaut euch mal die Häftlingsnummern an«

Viele Revisionistinnen und Revisionisten argumentieren auch am Beispiel Auschwitz-Birkenau, es habe ja gar nicht genug Häftlingsnummern gegeben, um die hohe Opferzahl »gegenzurechnen«. Am 18. Januar 1945 erhielt der letzte eingelieferte Häftling Engelbert Marketsch die Seriennummer 202.499. Demzufolge sind laut revisionistischen Eiferern nur maximal 202.499 Tote möglich. Was sie natürlich verschweigen: Es gab verschiedene Nummernserien, eben um die hohe Häftlingsanzahl zu verschleiern. Was sie außerdem bequem übersehen: Wer direkt von der Rampe in Auschwitz am Bahnhof in die Gaskammer gehen musste, bekam erst gar keine Häftlingsnummer eintätowiert. Das gilt auch für alle Menschen, die bereits während des Transports ins Lager umkamen.

»Die Zahl aller KZ-Opfer passt nicht mit den sechs Millionen zusammen«

Manche verweisen auf die Zahl der in Konzentrationslagern ums Leben Gekommenen – 3 894 305[48] – und hinterfragen, wie das denn mit sechs Millionen Opfern zusammenpassen solle? Diese »Gegenrechnung« ist besonders zynisch, denn diese Argumentation unterschlägt unter anderem die Opfer vor und während der Reichspogromnacht, die vielen Toten, die während der Transporte in die Lager umkamen, die, die Suizid begingen, diejenigen, die in den Konzentrationslagern durch Zwangsarbeit, Unterernährung, Schikanen, Folter, Misshandlungen, Krankheiten umgebracht wurden, die Toten in den Ghettos, die während Sondereinsätzen oder Massenerschießungen ihr Leben lassen mussten, die Opfer im Generalgouvernement (den besetzten polnischen Gebieten während des Zweiten Weltkriegs), die, die den Einsatzgruppen der SS zum Opfer fielen. Man schätzt unter anderem, dass etwa 25 Prozent der Holocaust-Opfer erschossen worden sind.[49] Und, nur um das hier nicht ungesagt zu lassen: Wieso sind weniger Opfer eigentlich in irgendeiner Art und Weise besser?

Zum Thema Zahlen ist grundsätzlich festzuhalten: Die genaue Zahl der Opfer ist und bleibt unbekannt – eine Festlegung auf eine genaue Zahl ist, aus begreiflichen Gründen, schwierig. Auf der Seite von Yad Vashem, der israelischen Holocaust-Gedenkstätte in Jerusalem, findet sich folgende Aussage dazu: »Die Zahl von sechs Millionen wurde ursprünglich von Adolf Eichmann angegeben. Die Forschung bestätigt zumeist, dass die Zahl der Opfer zwischen fünf und sechs Millionen liegt. Die Zahlen beruhen hauptsächlich auf Vergleichen zwischen den Ergebnissen von Volkszählungen vor dem Krieg mit entsprechenden Nachkriegszahlen und Schätzungen sowie der Auswertung von Zeitdokumenten, zum Beispiel Berichten von Tötungskommandos oder Deportationslisten und dergleichen.«[50]

Wer mit Holocaust-Leugnung punkten will, muss – einfach ausgedrückt – lügen. Man muss historische Fakten absichtlich vernachlässigen und auf gefälschtes Beweismaterial zurückgreifen. Denn nur so lassen sich die eindeutigen Beweise dafür ignorieren, dass die Nationalsozialisten Millionen von Jüdinnen und Juden vertrieben und getötet haben. Die Masse an Beweisen für den Holocaust ist riesig. Es gibt Briefe, Berichte, tonnenweise Akten. Allein das Sitzungsprotokoll der Nürnberger Prozesse umfasst vier Millionen Wörter und 16.000 Papierseiten.[51] Wir haben außerdem das Protokoll der Wannseekonferenz, auf der die Vernichtung aller europäischen Juden am 20. Januar 1942 beschlossen und festgehalten wurde.[52]

Es existieren Berichte der Überlebenden, auch aus den Konzentrationslagern: Primo Levi mit *Ist das ein Mensch* und Ruth Klüger mit *weiter leben*, um nur zwei zu nennen, erzählen uns in ihren Büchern ihre Geschichten. Es gibt eine Vielzahl historischer Dokumente in Archiven, auch von Zeitzeuginnen und Zeitzeugen – und auch von Täterseite.

Neben Berichten, Akten, Täterzeugnissen, Überlebenden-Berichten gibt es die Orte. Erinnerungsorte, aber auch Täterorte. Das Memorial Center im ehemaligen KZ Auschwitz-Birkenau zeigt Berge von Schuhen und Haaren der Opfer. Das Forschungsinstitut der israelischen Holocaust-Gedenkstätte Yad Vashem konnte bis 2014 mehr als vier Millionen jüdische Opfer namentlich erfassen.[53]

Es gibt keinen Anlass, an dieser Vielzahl von Beweisen, Quellen und Dokumenten zu zweifeln. Wieso sollte diese Masse an Beweismaterial gefälscht sein? Deutschland hatte einen Weltkrieg zu verantworten. Eine weitere Diskreditierung in Form eines Lügenkonstrukts dieser Größe war 1945 komplett unnötig. Und vor allem: Wer hätte es tun sollen? Dokumente fälschen (über alle Jahre des Krieges hinweg, übrigens), Filme nachdrehen, falsche Fotos machen und diese Beweise gleichzeitig über ganz Europa verteilen: In Europa war gerade ein Weltkrieg beendet worden, die Zeit, das Personal, das Interesse und vor allem die Notwendigkeit waren schlicht nicht da, um riesige Massen an falschen Dokumenten rückwirkend zu erstellen.

Ganz abgesehen davon: Allein Filmdokumente zu fälschen, wie es bestimmte Personen behaupten, hätte nicht funktioniert. Woher hätte man Darsteller bekommen, die, wie bei den Filmaufnahmen der Befreiung des KZ Dachau gut erkennbar, körperlich gezeichnet und nah am Hungertod standen? Wie hätte man die fürchterliche Darstellung, die in diesem Filmdokument festgehalten ist, nämlich die Bulldozer, die Leichenberge zusammenschieben, fälschen sollen? Eine Diskussion führt hier ad absurdum.[54]

Wie formuliert man Widerspruch, wenn jemand den Holocaust leugnet? Ein Vorschlag.

»Wie ich aus Ihrem Kommentar (Ihrer Aussage, Ihrem Nebensatz) schließe, suchen Sie ›Beweise‹ für den Holocaust, den Sie anzweifeln. Es gibt in der Tat sehr viele solcher Beweise. Eine schnelle Möglichkeit, festzustellen, dass Ihre Behauptungen widerlegbar sind, wäre, die wissenschaftliche Literatur zum Thema zu lesen.[55] Dort finden sich die Nachweise dafür, dass die revisionistischen Argumente, die Sie vorbringen entweder auf gefälschten Dokumenten und Beweisen oder einfach falschen Informationen beruhen. Ich würde das ›lügen‹ nennen. Vielleicht besuchen Sie auch die Seiten des Holocaust History Project, auf denen weitere Widerlegungen veröffentlicht sind. Schließlich würde ich Ihnen noch vorschlagen, vielleicht das ein oder andere Buch einer/s Überlebenden zu lesen.

Sie werden vielleicht nicht erkennen wollen, dass Ihre Argumente falsch sind. Aber vielleicht liest/hört das hier jemand, der oder die sich nicht, wie Sie, den historischen Realitäten verschließen will. Wichtig ist: Es fehlt nicht an Beweisen für den Holocaust. Es fehlt höchstens an

Bereitschaft, sich mit historischen Quellen zu beschäftigen und die Scheuklappen abzulegen.«[56]

»Der Holocaust hat mit mir nichts mehr zu tun«

Die zweite, dritte Generation nach dem Weltkrieg ist natürlich nicht schuld an dem, was damals passiert ist. Es geht nicht um kollektive Schuld, sondern um Verantwortung für die gemeinsame gesellschaftliche Zukunft.

Was sagt man also, wenn jemand konkret fragt, warum man sich damit beschäftigen soll? Wenn man nicht versteht, was damals geschehen ist, wer zum Beispiel in der eigenen Familie damals was eigentlich gemacht hat, dann wird man auch nicht eine Zukunft mitgestalten können, in der solche Taten und Handlungen ausgeschlossen werden können. Weniger »Was hat das mit mir zu tun« und mehr Verständnis dafür, dass es darum geht, Verantwortung für die Zukunft zu übernehmen.

Warum ist es auch heute noch sinnvoll, sich mit dem Holocaust zu beschäftigen?

Weil die Erinnerung daran schwindet.

Laut einer Studie des US-Fernsehsenders CNN von 2018 haben viele junge Deutsche kaum Wissen über die systematische Vernichtung der Jüdinnen und Juden durch die Nationalsozialisten. Von den 18- bis 34-Jährigen schätzen rund 40 Prozent, dass sie wenig oder gar nichts darüber wissen. Auch ein Drittel der befragten Europäer insgesamt (33 Prozent) schätzte seinen Kenntnisstand entsprechend ein. Etwa jede 20. Europäerin/jeder 20. Europäer hat demnach noch nie etwas vom Holocaust gehört.[57]

Weil wir beim Erinnern falschliegen.

Der Blick der Deutschen auf die NS-Zeit hat sich im Laufe der Jahre verändert. In einer Studie von 2018 fragten Forschende über 1.000 Personen »nach deren Meinung über Täter, Opfer und Helfer während des Zweiten Weltkriegs«.[58] Etwa 17,6 Prozent hatten demnach während des Zweiten Weltkriegs Täter oder Täterinnen in ihrer Familie. Fast dieselbe Anzahl (18 Prozent) gab an, ihre Verwandten hätten damals Opfern geholfen. Über die Hälfte der Befragten (54,4 Prozent) geht davon aus, dass es in ihrer Familie Opfer gegeben hat.

Allerdings: Unter 0,1 Prozent der Deutschen waren im tatsächlichen Widerstand.[59] Die Erinnerungskultur, so ein Fazit der Autoren, werde also trügerischer. Anscheinend werden es im Laufe der Erinnerungsjahre eben immer weniger Täterinnen oder Täter, während die Zahl der »guten Deutschen« steigt. (Allerdings: In der Befragung wurde nicht genauer definiert, wer zur Täterseite und wer zu den Opfern gehört, wie die Forschenden auf Nachfrage der *Berliner Zeitung* einräumten. Dies blieb den Befragten selbst überlassen.[60])

Weil man dann potenzielle Falschbehauptungen selber besser erkennen kann

Sich mit Wissen um den Holocaust zu beschäftigen ist nicht sinnlos oder nur auf die Schulzeit beschränkt. Denn, wer sich der Verantwortung bewusst werden will, sollte zumindest ein bisschen was darüber wissen. Aber wo bekommen wir heutzutage oft unsere erste Information her, wenn wir etwas nicht wissen? Richtig, aus dem Netz. Und gerade hier finden sich in den Suchergebnissen viele Falschinformationen, Halbwahrheiten und Ungenauigkeiten, die neben klaren historischen Fakten stehen. Und wer sich selbst mit dem Thema beschäftigt hat, kann potenzielle Falschinformationen besser erkennen und einordnen. Sonst fällt man leichter auf falsche Fakten von Holocaust-Leugnerinnen oder -Leugner herein.

Beim Bewahren einer Erinnerungskultur kann und sollte man auch jene Menschen einbeziehen, deren eigene Familienwurzeln nicht in Deutschland liegen. Der Politiker Cem Özdemir beschreibt das so: »In der Einwanderungsgesellschaft müssen wir diese Erinnerungskultur allerdings neu betrachten, denn sie unterliegt einem Wandel: Die Zeitzeugen werden immer weniger, während die Zahl der Menschen mit Migrationshintergrund, die keinen familiären Bezug zum Nationalsozialismus und zum Holocaust haben, wächst. Für Deutschland entsteht damit nicht nur die besondere Herausforderung, die Erinnerung an die Katastrophe wachzuhalten und daraus moralische und politische Konsequenzen für unser Handeln zu ziehen – es muss uns auch darum gehen, die ›neuen Inländer‹ mitzunehmen. Viele Kinder in unserer ethnisch vielfältigen Gesellschaft kennen das Thema von zu Hause aus nicht oder bringen andere nationale Erinnerungen mit. Die aktive Gestaltung einer Erinnerungskultur muss darauf reagieren.«[61]

Eine Möglichkeit zu einer solch aktiven Gestaltung empfiehlt die Pädagogin Judith Rahner. Sie hat jahrelang mit jungen Erwachsenen Lebensläufe von damaligen Migrantinnen und Migranten sowie von Menschen aus Einwandererfamilien nachrecherchiert, zum Beispiel die der 500 türkischen Juden, die in Berlin vor dem Zweiten Weltkrieg lebten. Denn was oft in Vergessenheit gerät: Diese Geschichten gibt es natürlich auch, die der türkisch-jüdischen und arabischen Menschen, die während der Zeit des Nationalsozialismus diskriminiert und entrechtet wurden, Widerstand leisteten oder der nationalsozialistischen Verfolgung zum Opfer fielen. Natürlich sind solche Geschichten nicht die Masse, aber es gibt sie. »Und genau darüber kann man sich ebenfalls dem Thema Holocaust annähern und zeigen: Migration ist in Deutschland kein Thema der 1960er-Jahre, es lebten auch vor und während der NS-Zeit Menschen mit Migrationsgeschichte in Deutschland«, sagt sie.[62]

Auch Saba-Nur Cheema von der Bildungsstätte Anne Frank plädiert dafür, Erinnerungsgedenken breiter zu verstehen und die Migrationsgeschichten von Jugendlichen zum Beispiel mit einzubeziehen: »Die Haltung ›Das hat mit mir nichts zu tun‹ entsteht oft aus dem Gefühl der Enttäuschung, dass die eigene Geschichte keine Rolle spielt.« Man müsse die persönlichen Geschichten und Hintergründe der Jugendlichen und ihrer Eltern mit einbeziehen: »Wichtig ist: Klarzumachen, es geht hier um Geschichte, die für alle relevant ist. Der Holocaust ist zwar biografisch hier in Europa, hier in Deutschland verankert, aber trotzdem ist das ein Teil der Menschheitsgeschichte.« Dafür müsse man auch einen aktuellen Bezug herstellen, zum Beispiel darüber sprechen, warum Rassismus und Antisemitismus auch heute noch ein relevantes Thema sind und wie uns das am Ende alle betrifft.

»Irgendwann ist auch mal gut. Wir müssen einen Schlussstrich ziehen«

Keiner wirft den Nachkriegsgenerationen vor, selbst am Völkermord an Jüdinnen und Juden mitgewirkt zu haben. Es geht bei der Erinnerung an den Holocaust nicht um eine direkte Schuldzuweisung an einzelne Personen, und es geht auch nicht um eine Kollektivschuld, sondern um historische Verantwortung.

Aber nehmen wir diese beiden Sätze doch einmal auseinander und starten mit einer Gegenfrage: Womit ist es denn »endlich mal gut«? Ja, der Holocaust wird in der Schule gelehrt. Wir können also darüber diskutieren, was die sinnvollste Art und Weise ist, solche Themen nach Lehrplan zu vermitteln. Oder wie wir es hinbekommen, denjenigen, für die das alles so weit weg erscheint, den Holocaust als Teil der Erinnerungskultur zu vermitteln. Und klar kann das Thema auch mal nerven.

Dennoch ist es extrem wichtig: Aus solchen historischen Ereignissen wächst eine Verantwortung. Und bitte nicht vergessen: Es ist eben nicht gut. Diskriminierung gegenüber jüdischen Menschen ist kein Phänomen der Vergangenheit. Wie oft das immer noch vorkommt, zeigt zum Beispiel die Chronik der Amadeu Antonio Stiftung, die antisemitische Vorfälle in Deutschland auf ihrer Homepage sammelt.[63]

Mit der Schlussstrichdebatte ist gemeint, dass Deutschland für den Nationalsozialismus und den Holocaust genug Verantwortung übernommen und Entschädigung gezahlt habe und nun keine »Sonderrolle« mehr einnehmen solle. Wer einen Schlussstrich fordert, stört sich oft eher an der deutschen Erinnerungsarbeit, an Gedenkstätten, Schullehrplänen, Gedenk- und Jahrestagen, Filmen, Serien, Reden, Stolpersteinen und, und, und. Und genau das macht so eine Aussage problematisch. Denn: Schlussstrich-Fordernde wollen nicht so gerne an die deutschen Gräueltaten erinnert werden und deshalb damit »endlich abschließen«.

Mit Schlussstrich-Forderungen kann aber »die historische Verantwortung für den Holocaust und die besondere Verantwortung der Deutschen für das Erinnern an die Untaten, für das heutige jüdische Leben in Deutschland und für den Staat Israel geleugnet«[64] werden.

Was in solchen Forderungen übrigens auch mitschwingt, ist der implizierte Vorwurf, »den Deutschen« würde die Erinnerung an den Holocaust aufgezwungen. Da frage ich zurück: Aufgezwungen, aber von wem? Von jüdischen Menschen ganz gewiss nicht. Wir erinnern uns an den Holocaust, weil es sehr wichtig ist zu wissen, was damals passiert ist und welche Lehren wir daraus ziehen können und müssen.

Ein konkretes Beispiel von heute, um zu zeigen, wo eine Lehre aus dem Holocaust gezogen wurde, an die man vielleicht nicht auf den ersten Blick denkt: unser heutiges Asylgesetz. Schon bevor die Deutschen mit dem Massenmord begannen, waren Jüdinnen und Juden im Jahr 1938 in Deutschland bereits massiven Verfolgungen ausgesetzt. Im Juli 1938 fand im französischen Evian eine internationale Flüchtlingskonferenz statt. Zehn Tage lang diskutierten dort Vertreter von 32 Staaten sowie Delegierte von Dutzenden Nichtregierungsorganisationen, wie man den von den Nationalsozialisten verfolgten Juden helfen könne. Das Ergebnis: Sie konnten sich allesamt nicht zu einem Programm zu deren Aufnahme durchringen und gingen wieder auseinander. Und ja, Asyl für Flüchtende hätte viele, vor allem viele jüdische Menschen, vor dem sicheren Tod bewahrt.

Erst 1948, also zehn Jahre, einen Weltkrieg und Millionen Tote später, schrieb die Allgemeine Erklärung der Menschenrechte der Vereinten Nationen erstmals ein individuelles Asylrecht fest. In Artikel 14, Absatz 1 heißt es: »Jeder Mensch hat das Recht, in anderen Ländern vor Verfolgungen Asyl zu suchen und zu genießen.«[65] Und unser deutsches Grundgesetz bietet ein – im internationalen Vergleich – weitreichendes Grundrecht auf dauerhaften Schutz.[66]

»Wer das Asylgesetz in Frage stellt, stellt somit auch eine zentrale Lehre aus der NS-Zeit in Frage.« So sieht es Historiker und Antisemitismusforscher Uffa Jensen. Für ihn gehören diese Lehren mit zur Erinnerungskultur, sie seien »Orte der Auseinandersetzung mit problematischen Aspekten unserer Geschichte, die natürlich etwas mit Juden zu tun haben, aber a) nicht von Juden gemacht wurden und b) nicht dazu da sind, dass Juden sich erinnern, sondern dass wir uns erinnern«.

Die Motive, warum jemand einen Schlussstrich fordert, können sehr unterschiedlich sein. Wer aber antisemitisch eingestellt ist, fordert eigentlich fast immer auch den »Schlussstrich«.[67] Also besser nicht gleich mit Antisemitismus in so ein Gespräch einsteigen. Da macht das Gegenüber zu. Erstmal nachfragen, wieso jemand auf so eine Aussage kommt. So kann man dessen Motive erfragen und besser verstehen, woher die Äußerungen stammen.

Und seien wir doch mal ehrlich: Es ist ein großer Fortschritt der deutschen Nachkriegsgeschichte, sich der Verbrechen der Nationalsozialisten bewusst geworden zu sein, und zwar vor allem, damit unsere heutige Gesellschaft besser wird und genau das nicht wieder passiert. Die Erinnerungskultur ist nicht auf Wunsch jüdischer Menschen entstanden. Bei dieser Erinnerungsarbeit geht es darum, dass wir für uns selbst darauf achten, wie in unserer Gesellschaft mit Minderheiten umgegangen wird. Es geht um Verantwortung, es geht darum, sich zu erinnern, es geht darum, in der Gegenwart miteinander vernünftig umzugehen.

Wie kontert man Forderungen nach einem Schlussstrich?

- Es geht darum, dass aus dem Holocaust eine historische Verantwortung entstanden ist. Wir leben jetzt in einer Gesellschaft, in der wir die Chance haben, uns einzugestehen, dass wir aus bestimmten Fehlern und schrecklichen Ereignissen lernen müssen.
- Es ist nicht einfach Schluss, nur weil man aufhört, Menschen zu Hunderttausenden umzubringen. Und es ist vor allem nicht Schluss, weil diskriminierende und strafbare Handlungen an Jüdinnen und Juden immer noch real sind in Deutschland.
- Aus der Geschichte erwächst Verantwortung: Solange die Einstellungen und Ideologien fortleben, die den Nationalsozialismus und Holocaust möglich machten, kann es keinen Schlussstrich geben.

»Man darf Israel ja nicht kritisieren, sonst ist man gleich Antisemit«

Nein. Kritik an Israel ist nicht automatisch antisemitisch. Das sagt im Übrigen auch niemand. Allerdings gibt es klare Grenzen. Das Thema rund um Israel und den Nahostkonflikt ist schwierig, undurchsichtig und schwammig, daher ist es sinnvoll, sich diese Grenzen genau anzugucken.

Eine mögliche erste Rückfrage bei so einer Aussage: Wer verbietet denn, etwas dazu zu sagen? Tatsächlich verbietet nämlich niemand Kritik am Staat Israel. Wer sich die deutsche (und natürlich auch die internationale) Medienlandschaft ansieht, weiß, dass Israel immer wieder Thema ist und kontrovers diskutiert wird. Und dennoch sind sich viele unsicher, fürchten sich, etwas Falsches zu sagen, oder wissen schlicht nicht, was wann vielleicht zu weit gehen könnte.

Kritik an Israel kann aber auch dazu genutzt werden, um Kritik an Jüdinnen und Juden zu üben. Man nennt das »versteckten Antisemitismus« oder – etwas komplizierter: »antisemitische Umwegkommunikation«.[68] Die Journalistin und Autorin Esther Schapira umschreibt das so: »Es ist heute viel üblicher, sich in Form von Israelkritik zu äußern. Dann sage ich ja nichts gegen Juden, sondern nur gegen den jüdischen Staat. Ich meine Juden, sage aber ›Israel‹. Das geht leichter über die Lippen, denn es bricht kein Tabu, ist nicht schuldbeladen und dadurch salonfähig.«[69]

Man muss sich also sehr genau anschauen, wie Leute im Einzelnen argumentieren: Wenn sie sehr auf Israel fixiert sind und für sie Israel das größte Problem der gesamten Weltpolitik ist, dann kann dahinter Antisemitismus lauern. Oft heißt es im Zusammenhang mit Israel, bestimmte Kritik könne ja nicht antisemitisch sein, da man ja nur über Israel spreche und nicht über Jüdinnen und Juden. Grundsätzlich gilt: Wer sich antisemitischer Ressentiments bedient, der macht aus Israel den »kollektiven Juden«. Kritik, auch harte Kritik am Staat Israel, die ohne solche Ressentiments auskommt, ist kein Antisemitismus.

Wie erkennt man antisemitische Israelkritik?

Doppelte Standards

Werden Doppelstandards angewendet, wenn der Staat Israel kritisiert wird, oder werden anderen Staaten die gleichen Sachen vorgeworfen, die man zum Beispiel der israelischen Regierung vorwirft? Wird also in der Kritik an Staaten überall derselbe Kritik-Standard angewendet, oder ist der bei Israel anders? Doppelstandards sind dann im Spiel, wenn bestimmte Kritik selektiv nur auf den Staat Israel bezogen wird. Ein Beispiel: Nur Israel wird von der UNO wegen Menschenrechtsverletzungen herausgestellt, das Verhalten anderer Staaten, die Menschenrechte missachten, wird aber ignoriert.
Tatsächlich ist ja schon der Begriff »israelkritisch« ungewöhnlich. Ist jedem bewusst, dass es nur für das Land Israel überhaupt einen im deutschen Duden niedergeschriebenen »Kritik-Begriff« gibt?[70] Es gibt keine festgeschriebene Österreichkritik, Russlandkritik oder USA-Kritik. Damit ein Wort in das Duden-Wörterbuch aufgenommen wird, muss es in einer »gewissen Häufigkeit« auftreten – »und zwar über einen längeren Zeitraum hinweg«. Das Wort muss »in aller Munde« sein und darf nicht nur von Experten benutzt werden, um den Kriterien zur Aufnahme in das Nachschlagewerk zu entsprechen, heißt es auf der Website des Duden.[71]

Dämonisierung

Diese liegt vor, wenn der Staat Israel »dämonisiert« wird, sprich, ihm unsägliche Sachen vorgeworfen werden. Dazu gehören zum Beispiel Nationalsozialismus-Israel-Vergleiche, also wenn Nazis und Israelis

oder palästinensische Flüchtlingslager mit Auschwitz verglichen werden. Das hört sich dann manchmal so an: »Die Israelis machen mit den Palästinensern ja das Gleiche wie die Nazis mit den Juden.«
Nein, es ist nicht das Gleiche. So eine Aussage geht faktisch zu weit. Es geschieht kein staatlich organisierter Massenmord in Israel. Der Historiker und Antisemitismusforscher Uffa Jensen betrachtet solche Aussagen nochmal dezidierter: »Dahinter steckt, gerade im deutschen Kontext immer der positive Mehrgewinn, dass man sich selbst sagen kann: ›Wir sind ja nicht Einzigen, die so einen Scheiß machen.‹ Quasi: Was die machen ist ja ›noch schlimmer, weil die Juden haben ja nicht einmal daraus gelernt, dass ihnen etwas angetan wurde.‹ Da ist dann klar: Ich verharmlose so den Holocaust, ich stelle ihn in eine Reihe mit allen anderen Menschenrechtsverbrechen, erkläre die Juden zu Tätern – und wenn ich ganz gut bin, mache mich dann auch noch zum Opfer, in dem ich noch dazu schreibe/sage, dass ich das ja aber alles so nicht sagen darf.‹«
Wer auf so eine Aussage trifft, kann und sollte deutlich widersprechen und damit eine Grenze ziehen. Außerdem nachhaken: Worum geht es dem Kritiker konkret? Im digitalen Raum lässt sich vorhersehen: Eine Diskussion ist wenig zielführend, umso wichtiger ist der Widerspruch und das klare Nein.

Delegitimierung

Hier geht es um die Kernfrage: Wird das Existenzrecht Israels anerkannt? Ja oder nein? Wenn man Jüdinnen und Juden das Recht auf einen eigenen Staat abspricht, also Israel, ist das eine rote Linie, bei der Kritik an Israel zu Antisemitismus wird. Eine zentrale Lehre aus dem Holocaust ist, dass dieser Staat notwendig ist. Das Existenzrecht Israels ist nicht umsonst Teil der deutschen Staatsräson.

Dämonisierung, **D**oppelte Standards und **D**elegitimierung: Diese drei Punkte nennt man auch den »3D-Test«. Entwickelt wurde er von Natan Sharansky und erstmals 2003 vorgestellt. Ganz klar ist aber: Es gibt schlicht keinen »Antisemitismus- bzw. Kritik-an-Israel«-Schnelltest. Alle hier genannten Punkte müssen und sollten immer den jeweiligen Kontext in Betracht ziehen, jede Situation ist anders und eigen.

Neben dem 3D-Test kann man sich auch die »Working Definition of Antisemitism« des European Monitoring Centre on Racism and Xenophobia (EUMC) einmal genauer anschauen. Zu Antisemitismus in Bezug auf Israel zählen dort folgende Verhaltensweisen:

- »Das Abstreiten des Rechts des jüdischen Volkes auf Selbstbestimmung, zum Beispiel durch die Behauptung, die Existenz des Staates Israel sei ein rassistisches Unterfangen.
- Die Anwendung doppelter Standards, indem man von Israel ein Verhalten fordert, das von keinem anderen demokratischen Staat erwartet und verlangt wird.
- Das Verwenden von Symbolen und Bildern, die mit traditionellem Antisemitismus in Verbindung stehen (zum Beispiel der Vorwurf des Christusmordes oder die Ritualmordlegende), um Israel oder die Israelis zu beschreiben.
- Vergleiche der aktuellen israelischen Politik mit der Politik des Nationalsozialismus.
- Das Bestreben, alle Juden kollektiv für Handlungen des Staates Israel verantwortlich zu machen.
- Allerdings kann Kritik an Israel, die mit der an anderen Ländern vergleichbar ist, nicht als antisemitisch betrachtet werden.«[72]

Zwei Punkte sind hier im Vergleich zum 3D-Test nochmal hinzugekommen: zum einen alte tradierte Bilder, die wir immer wieder im Zusammenhang mit jüdischen Menschen verwenden, und zum anderen eine

Verallgemeinerung aller weltweit lebenden Jüdinnen und Juden auf das Thema Israel.

Vielen ist wahrscheinlich schlicht nicht bewusst, dass sie mit der Ritualmordlegende und dem Christusmord-Vorwurf auf jahrhundertealte Geschichten zurückgreifen. Die Tatsache, dass solche Vorwürfe heute noch auftauchen, ist ein Beweis für einen sehr beweglichen Antisemitismus, der gerade deshalb so gut funktioniert, weil er so alt ist und wir bestimmte Vorstellungen schon so lange von Generation zu Generation weitergeben, dass sie sogar heute noch funktionieren. Tragischerweise. Umso wichtiger ist es, aktiv einzuschreiten und genau darauf hinzuweisen, dass mit solchen Bildern alte antisemitische Stereotype reproduziert werden.

Ebenso wichtig: Zwischen »allen Israelis« und »allen Jüdinnen und Juden« zu unterscheiden. Diese Verallgemeinerung kennt auch Juna Grossmann. Sie ist deutsch, Jüdin und Autorin des Buches *Schonzeit vorbei*. Für sie ist klar: »Viele Menschen verstehen nicht, dass mein Jüdischsein nicht automatisch bedeutet, dass ich Israelin oder eine Spezialistin für das Thema israelische Politik bin.«[73] Völlig Fremde erwarteten von ihr, sich mit dem Thema Israel auszukennen und eine Meinung dazu zu haben. Für Experten wird hier eine Linie überschritten: »Alle Millionen Juden auf der Welt mit denen, die tatsächlich in Israel leben und dort die Staatsbürgerschaft haben, gleichzusetzen, ist schwierig. Wenn deutsche Juden automatisch für Israel verantwortlich gemacht werden, ist das absurd. Dahinter steht ja oft der implizierte Vorwurf: ›Du bist ja hier gar nicht zugehörig‹«, erklärt Historiker Uffa Jensen das Phänomen. Im Alltag ist das aber tatsächlich ein Thema, Jüdinnen wie Juna Großmann werden automatisch als israelisch eingeordnet: »Manchmal werde ich da inzwischen sehr deutlich, hole mein Portemonnaie heraus und zeige meinen deutschen Pass. Was ich gelernt habe: Viele Leute glauben, dass man als Jüdin oder Jude automatisch auch die israelische Staatsbürgerschaft hat. Und da muss ich dann erstmal deutlich erklären, dass dem nicht so ist.«

Wichtig ist also: Weder kann noch sollte man von Jüdinnen und Juden bestimmtes Wissen bzw. eine Haltung oder eine Meinung zu Israel erwarten oder voraussetzen. Ja, Menschen jüdischer Herkunft können laut des sogenannten israelischen Rückkehrgesetzes nach Israel einwandern. Man bekommt aber natürlich nicht mit der Geburt in einem ganz anderen Land eine israelische Staatsbürgerschaft überreicht. Nicht jede Jüdin, jeder Jude ist also mit Israel verbunden, nicht alle haben dort Verwandte oder sonst irgendeine Bindung zum Land. Automatisierte Annahmen wie »Oh, eine Jüdin, mit der rede ich jetzt mal über Israel« sind in sich schon mal falsch. Und mal ehrlich: Wer deutsche Verwandte in den USA hat, ist ja auch nicht automatisch mitverantwortlich für die dortige Politik. Oder?

Wie unterscheidet man Israelkritik und Antisemitismus voneinander?

- Es gibt keinen »Antisemitismus- bzw. Kritik-an-Israel-Schnelltest«. Man muss immer den jeweiligen Kontext in Betracht ziehen, jede Situation ist anders und eigen.
- Man kann den 3D-Test von Natan Sharansky anwenden. Dabei gilt es, folgende drei Punkte zu hinterfragen, wenn es um Kritik an Israel geht: **D**ämonisierung, **D**oppelte Standards und **D**elegitimierung. Wird Israel dämonisiert, werden im Zusammenhang mit Israel doppelte Standards angewandt, oder wird Israel das Existenzrecht aberkannt?
- Man sollte nie automatisch davon ausgehen, dass alle Jüdinnen und Juden etwas mit Israel zu tun haben, geschweige denn Expertinnen oder Experten für die dortige Lage sind.

Antworten an Menschen, die an Verschwörungstheorien glauben

- Was ist eine Verschwörungstheorie?
- Das Problem mit den Fakten
- Wie reagiert man auf verschwörungstheoretische Inhalte?
- »Die jüdische Weltverschwörung«
- Die Verschwörungstheorie der »BRD GmbH«
- Die medizinische Verschwörungstheorie: »Die Impf-Lüge«
- Die Chemtrail-Verschwörung: »Hüte dich vor den Kondensstreifen!«

Was ist eine Verschwörungstheorie?

Die Wahrheit ist irgendwo da draußen.
ES PASST DOCH ALLES INS BILD.
Vertraue niemandem!
Die stecken doch alle unter einer Decke.
WEM NUTZT DENN DAS?
DIE sind so mächtig, dass SIE alles vertuschen können.
Das kann doch kein Zufall sein.
DAS IST DAS, WAS DU GLAUBST.
Alles hängt mit allem zusammen.

Wer zettelt Kriege an, wer ist schuld an Wirtschaftskrisen, wer verursacht weltliche Katastrophen? Ganz klar: »SIE«. Oder »DIE«. Und wer sind »SIE« oder »DIE«? Die Auswahl ist groß: Die Illuminaten. Die Juden. Die Freimaurer. Das Pharmakartell. Geheimbund X. Geheimbund Y. Fest steht: Hinter allem stecken angebliche Verschwörungen, sämtliche Machtzentren wie Politik oder Medien sind manipuliert und nichts, was passiert, ist zufällig. Klingt doch logisch. Oder? Spoiler: Nein.

Aber: So oder so ähnlich argumentieren Menschen, die an Verschwörungstheorien glauben.

Am Anfang jeder Verschwörungstheorie steht das Misstrauen einer gesellschaftlichen Gruppe gegenüber einer anderen. Die These: Bestimmte Ereignisse (ob in Zukunft, Vergangenheit oder Gegenwart) seien nur das Ergebnis einer oder mehrerer Verschwörungen. Klar ist immer: Eine geheime Gruppe ziehe im Hintergrund die Fäden, orchestriere schreckliche Machenschaften und wolle entweder eine bestimmte Gruppe Menschen (»alle Deutschen«), eine Institution (»die Weltbank«), ein ganzes Land (»Deutschland!!11!«) oder gleich die gesamte Welt kontrollieren oder direkt zerstören.[1]

Wer an Verschwörungstheorien glaubt, sammelt alles, was die eigene These stützt. Was nicht ins Bild passt, wird weggelassen. Bestimmte wahre Ereignisse werden so umgedeutet, dass sie zur eigenen Theorie passen. Oft sind einige der Zahlen oder Fakten echt und auch nachprüfbar. Doch die Schlussfolgerungen, die daraus gezogen werden, sind falsch. Am Ende ist eine Verschwörungstheorie also eine sonderbare Mischung aus einigen tatsächlich bestehenden Fakten und vielen erfundenen Behauptungen und Mythen, aus denen Verschwörungstheoretiker immer neue Zusammenhänge konstruieren.

Wichtiger Hinweis: Natürlich gibt es auch echte Verschwörungen. Die Ermordung Cäsars. Die Planung des Attentats auf Adolf Hitler am 20. Juli 1944. Aber im Gegensatz zu Verschwörungstheorien gibt es hier Zufälle. Unvorhersehbarkeiten. Verschwörungstheorien sind dagegen immer durchgeplant. Verschwörungen können scheitern – Verschwörungstheorien nicht. Auch der Faktor Zeit spielt eine Rolle: Echte Verschwörungen sind oft kurzfristig geplante Unterfangen, Verschwörungstheorien erstrecken sich teilweise über Jahrzehnte oder Jahrhunderte, die Zeitfenster sind eher vage. Reale Verschwörungen werden außerdem meist von einer kleinen Gruppe Menschen geplant. Stichwort: Geheimhaltung und Kontrolle der geheimen Informationen. Verschwörungstheorien hingegen entwerfen riesige Szenarien, an denen angeblich tausende Menschen beteiligt sein sollen, von denen man aber trotzdem offenbar niemanden ausfindig machen oder stoppen kann.[2]

Wichtige Hinweise für die Auseinandersetzung mit Personen, die an Verschwörungstheorien glauben[3]

Wo zieht man die rote Linie?

Man sollte sich an seine persönliche rote Linie halten: Wie weit will man gehen? Ein klares »Stopp« kann ausreichen. Will man eine Diskussion oder nur sagen, dass einem eine bestimmte Aussage zu krude ist? Man kann »Diese Aussage finde ich nicht in Ordnung. Das sehe ich anders« sagen, ohne gleich eine ganze Diskussion folgen zu lassen. Bevor man in eine Diskussion einsteigt, sollte man erstmal klären, wie viel Kraft man dafür aufwenden will.

Man sollte sich auch an die gesellschaftliche rote Linie halten: Verschwörungstheoretische Aussagen spielen oft mit antidemokratischen Elementen oder antisemitischen Thesen – auch wenn sie vermeintlich für Demokratie einstehen. Demokratie steht für eine pluralistische Gesellschaft, Demokratie ist keine Diktatur der Mehrheit und setzt sich für Minderheiten sein. Wichtig ist: Sich nicht aufs Glatteis führen zu lassen und auf menschenfeindliche Äußerungen klar aufmerksam zu machen.[4]

Was ist das Ziel der Diskussion?

Das kann niemand vorgeben, nur man selbst weiß, welches Ziel man verfolgt. Einen engen Verwandten überzeugen, beim Mittagsgespräch mit der Kollegin einmal kurz einhaken und einen Punkt machen, im Streitgespräch mit dem Partner, der Partnerin klare Gegenthesen formulieren? Das eigene Ziel sollte vorher feststehen.

Wen will man mit der Auseinandersetzung erreichen?

Es spielt eine entscheidende Rolle für Erfolg oder Misserfolg einer Diskussion, sich darüber klar zu werden, wen man mit einer Diskussion ansprechen möchte:

- jemanden, der oder die an eine Verschwörungstheorie glaubt,
- Menschen, die noch nicht vollständig von Verschwörungstheorien überzeugt sind, also, um die Fachsprache zu verwenden: noch kein geschlossenes Weltbild haben,
- mitlesende oder zuhörende Dritte,
- Betroffene, die eine Verschwörungstheoretikerin oder einen Verschwörungstheoretiker in ihrem Umfeld haben,
- potenzielle Verbündete für sich selbst in einer Diskussion.

Reicht das Wissen für ein Streitgespräch?
Vor einem Streitgespräch sollte man selbst prüfen, ob genug inhaltliche Kenntnis bzw. Wissen zum Thema vorhanden ist, um eine Auseinandersetzung nicht nur anzufangen, sondern auch durchzuhalten. Es ist wichtig, bestimmten verschwörungstheoretischen Argumenten und Behauptungen inhaltlich etwas entgegensetzen zu können.

Gibt es Unterstützung?
Keine Alleingänge, wenn möglich. Allein in so eine Auseinandersetzung zu ziehen ist nicht nur einsam, sondern oft auch verlorene Liebesmüh. Wenn es zeitlich realistisch ist, sollte man sowieso, bevor man in die Diskussion einsteigt, klären, wer einen im Umkreis unterstützen könnte.

Das Problem mit den Fakten

Die schlechte Nachricht vorab: Überzeugte Verschwörungstheoretiker erreicht man mit Fakten schlicht nicht. Wer die überzeugte Theoretikerin mit Gegenargumenten konfrontiert, bewirkt nur, dass diese noch mehr an ihrer Theorie festhält. Das hat auch mit der Rolle zu tun, die Verschwörungstheorien erfüllen: Sie geben denen, die an sie glauben, eine Identität. Unsere Welt ist sehr komplex, ihre Prozesse, gerade die politischen und wirtschaftlichen, sind nicht für jeden immer auf den ersten – oder ehrlicherweise – den zweiten Blick zu verstehen. Verschwörungstheorien gaukeln einem vor, die Welt auf einfache Art und Weise erklären zu können. Was natürlich falsch ist.

Verschwörungstheorien können eine Sache sehr gut: komplizierteste gesellschaftliche oder wirtschaftliche Prozesse – oder auch Naturkatastrophen – mit Hilfe einer großen Weltverschwörung idiotensicher erklären und dabei mit einem ganz klaren Feindbild und Schuldigen auftrumpfen.

Sie teilen die Welt in einfache Bilder auf: hier die Guten, da die Bösen. Wer die scheinbare Verschwörung durchschaut, gehört zu den Erleuchteten. Alle anderen sind blind, sie »schlafen«, man nennt sie auch »Schlafschafe«. Bonuspunkt: Wer an eine Verschwörungstheorie glaubt, bekommt nicht nur eine einfache Erklärung und ein Feindbild, sondern möglicherweise direkt auch noch ein besseres Bild von sich selbst mitgeliefert: Man ist ja jetzt »erleuchtet« und hat damit die ehrenvolle Mission, die »Schlafschafe« aufzuwecken, um ihnen die wahre Botschaft zu überbringen. Außerdem hat man eine Lösung für alles, versteht alle Zusammenhänge, hat einen Schuldigen für alle Probleme (auch die eigenen) gefunden, bekommt Anerkennung und findet mit Glück auch noch viele neue Freunde (zum Beispiel im Internet), die gleichermaßen »erleuchtet« sind. [5]

Warum also sollte jemand, der oder die von einer Verschwörungstheorie überzeugt ist, in einer Diskussion einknicken? Alles, was man ihm oder ihr sagt oder entgegnet, bedeutet letztendlich, dass man noch nicht »hinter die Kulissen« geblickt und das wahre Ausmaß der Theorie noch nicht verstanden habe.[6]

Warum sollte man (trotzdem) auf Verschwörungstheorien eingehen?

Widerspruch ist wichtig

Gerade bei antidemokratischen, antisemitischen Inhalten von Verschwörungstheorien muss es Menschen geben, die dem etwas entgegensetzen, »Stopp« sagen, Fakten benennen, sich auch am Abendbrottisch verbal äußern.

Rücksicht auf die schweigende Mehrheit

Stumme Dritte lesen und hören mit. Was geschieht, wenn irgendwann im Netz nur noch Verschwörungstheorien stünden, weil schlicht niemand mehr dagegenhält?

Überzeugung der Zweifelnden
Man muss bei denjenigen ansetzen, bei denen Verschwörungstheorien zwar gut ankommen, deren Weltbild aber noch nicht gefestigt ist.

Hilfe für Betroffene
Angehörige und Betroffene brauchen inhaltliche Hilfe, um zu verstehen, wie solche Verschwörungstheorien entstehen, woher bestimmte Bilder, die dort bedient werden, stammen und wie die typischen Argumentationsketten verlaufen. Es kann jeden treffen: Davon auszugehen, die seien ja alle verrückt, ist falsch. Einer Verschwörungstheorie zu glauben, von der man sich potenziell selbst betroffen sieht, kann theoretisch jedem passieren. Es ist außerdem absolut gerechtfertigt und auch notwendig, politische, wirtschaftliche, gesellschaftliche Prozesse und Ereignisse zu hinterfragen. Aber wir müssen reagieren, wenn längst widerlegte Fakten weiterverbreitet werden.

Wie reagiert man auf verschwörungstheoretische Inhalte?

Den Bumerang-Effekt beachten

Das Gespräch mit »Du spinnst, und das ist eine Verschwörungstheorie« eröffnen ist kein guter Plan. Wer hört schon zu, wenn das Gegenüber einen direkt abwertet? Man sollte also nicht direkt das Weltbild des Gegenübers in Frage stellen. Wenn jemand einen damit konfrontiert, alles, woran man glaubt und wovon man überzeugt ist, sei falsch, führt das nicht dazu, dass man von seiner Weltanschauung abrückt. Warum? Weil man sich, wenn jemand das eigene Weltbild ins Wanken bringt, zuerst einmal unwohl fühlt. Die natürliche Reaktion ist dann: »Ich halte viel eher an meinen Überzeugungen fest, statt sie zu ändern.«[7] Sinnvoller ist es, eine alternative Erklärung anzubieten.

Konzentration auf die Fakten, nicht auf die falsche Information

Wir neigen dazu, die falsche Information immer wieder mit zu erwähnen, wenn wir etwas widerlegen wollen. Schlicht, weil wir sie hervorheben wollen – auch um zu zeigen, wie absurd sie in unseren Augen oft ist. Das Problem: Das hilft nur bedingt und kann im schlimmsten Fall dazu führen, dass Menschen sich eher an die Fehlinformation als an die Widerlegung erinnern. Unter anderem wurde das im Rahmen einer Studie herausgearbeitet, bei der Probanden Informationsblätter vorgelegt wurden, in denen mit Grippemythen aufgeräumt wurde. Zuerst wurden die Studienbeteiligten direkt nach dem Durchlesen des Infoblattes befragt und konnten die Widerlegungen aus dem Blatt auch korrekt wiedergeben. 30 Minuten später sah das anders aus: Sie erinnerten sich jetzt tatsächlich mehr an die Fehlinformationen als an die Widerlegungen.[8]

Wichtig ist also: Die richtigen Fakten betonen und mit ihnen die falsche Information »einrahmen«. Denn die falsche Information ganz rauszulassen wäre wünschenswert – klappt aber oft nicht.

So kurz fassen wie möglich

Man könnte meinen, möglichst viele Argumente seien hilfreich, um eine falsche Information zu widerlegen. Nicht unbedingt: Einfache, klar verständliche Fakten, die übersichtlich und nicht als Massenansammlung daherkommen, helfen oft mehr. Es ist sinnvoller, sich auf wenige konkrete Argumente zu konzentrieren, als sein Gegenüber mit 40 verschiedenen Informationen niederzustrecken.[9]

Eine Geschichte erzählen

Gutes Storytelling oder eine persönliche Anekdote machen komplizierte wissenschaftliche Sachverhalte zugänglicher. Menschen interagieren besser mit persönlichen Geschichten als mit reinen Argumenten. Es geht also nicht immer nur um trockene reine Fakten, sondern auch um die Art, wie sie präsentiert oder erzählt werden.[10]

Offen bleiben

Nicht vergessen: Es ist absolut gerechtfertigt, politische, wirtschaftliche oder gesellschaftliche Prozesse und Ereignisse zu hinterfragen. Wo kämen wir denn hin, wenn jede Skepsis sofort als Verschwörungstheorie abgetan würde? Schwierig wird es dann, wenn der Verdacht auf eine Verschwörung sich als falsch herausstellt und man ihn trotz Gegenbeweisen nicht fallenlässt. [11] All diese Ansätze kann man übrigens auch jederzeit an sich selbst anwenden, wenn man mal stur an der eigenen Meinung festhält, obwohl die Argumente des Gegenübers eigentlich schlüssig wirken.

»Die jüdische Weltverschwörung«

Die wirkmächtigste Form des Antisemitismus

Eine angebliche jüdische Weltverschwörung ist die gefühlte Urmutter aller Verschwörungstheorien. Sie ist nicht totzukriegen. Egal welche Verschwörungstheorie man anfasst, es klebt oft ein Hauch Antisemitismus dran. Deshalb hier ein kurzer Spoiler: Es gibt keinen jüdischen Plan, die Welt zu kontrollieren oder zu beherrschen. Was es gibt, sind viele Versuche, so eine Verschwörung herbeizureden, jede Menge Fälschungen, die so eine Verschwörung angeblich beweisen sollen, und viele Antisemitinnen und Antisemiten, die nicht nur in der Vergangenheit, sondern auch in der Gegenwart diese Theorien weiterverbreiten. So weit, so logisch, aber wieso gibt es diese Theorie überhaupt? Dazu müssen wir uns von einem Gedanken verabschieden: »Verschwörungstheorien haben mit Antisemitismus nichts zu tun.«

Verschwörungstheorien haben nämlich sehr oft antisemitische Inhalte oder eine antisemitische Basis. Man könnte sagen: Nicht jede Verschwörungstheorie ist antisemitisch, aber jede Form von Antisemitismus ist verschwörungstheoretisch. Und die jüdische Weltverschwörungstheorie ist die wirkungsmächtigste Form des Antisemitismus, die es gibt.

Hinter der angeblichen Verschwörung steht die Vorstellung, »alle Jüdinnen und Juden« hätten sich gegen die nichtjüdische Welt verschworen und würden im Geheimen daran arbeiten, die Welt zu beherrschen. In dieser Erzählung werden Menschen jüdischen Glaubens immer als Kollektiv genannt, also »die Juden«, »das Weltjudentum«, »das internationale Judentum«, »Finanzjudentum«. Bestimmte Institutionen oder Organisationen werden vermeintlich von ihnen kontrolliert (die Bilderberger-Konferenz zum Beispiel) und bestimmte Staaten, sogenannte ZOGs (Zionist Occupied Government bzw. »Zionistisch unterwanderte/besetzte Regierung«), werden von ihnen angeblich gelenkt. ZOG ist ein Begriff, der vor allem in der rechtsextremistischen Szene verwendet wird. »Zionistisch« wird ebenfalls gerne als Codewort für »jüdisch« genutzt.[12] Grundsätzlich gilt: Auch bei Verschwörungstheorien, die gar nicht auf den ersten Blick »die Juden« als Verursachende nennen, finden sich, beim genaueren Nachhaken oft antisemitische Grundlagen, Elemente oder eben doch »die Juden« als angebliche Strippenzieher.

Warum enden und beginnen viele Verschwörungstheorien mit »den Juden«? Eine Verschwörungstheorie läuft auf ein ähnliches Ziel hinaus wie der Antisemitismus: Ihre Anhänger/Gläubigen verstehen die abstrakten und komplizierten Vorgänge in der Welt nicht. Oder wollen sie nicht verstehen. Also fantasieren sie, dass bestimmte Menschen oder Gruppen für genau diese scheinbar intransparenten Vorgänge verantwortlich seien. So kann man einen angeblichen »Strippenzieher« identifizieren. Eng verbunden ist damit auch der Glaube, dass alle »Probleme« gelöst wären, wenn man diese Gruppe aus der Welt schaffen würde. Kommt einem das nicht bekannt vor? Letztendlich ist ein Verschwörungsmythos eben oft auch mit dem Vorhaben, jemanden oder etwas zu vernichten, verbunden. Wie der Antisemitismus.

Verschwörungsmythen wurden außerdem grundsätzlich von Antijudaismus und Antisemitismus geprägt.[13] Wir müssen uns immer wieder in Erinnerung rufen, wie alt die Bilder sind, auf die Verschwörungstheorien oftmals zurückgreifen. Sie nutzen jede Menge menschenfeindlicher Stereotype, die jahrhundertealt sind. Und die Idee einer angeblichen jüdischen Verschwörung gegen das Christentum ist wirklich schon sehr alt (siehe auch »Antworten an Menschen, die Antisemitismus verbreiten«, Seiten 55–98). Genau darauf kann man in einer Diskussion hinweisen: Weiß mein Gegenüber eigentlich, worauf er sich mit dem Verweis auf eine angebliche Weltverschwörung bezieht? Ist klar, dass hier sehr alte Stereotype angesprochen werden?

Was antwortet man auf »Dahinter steckt doch das Weltjudentum«?

- Was es gibt: Weltweite jüdische Organisationen, wie zum Beispiel den Jüdischen Weltkongress, den World Jewish Congress (WJC, 1936 in Genf als Dachorganisation jüdischer Vereinigungen gegründet) oder die Zionistische Weltorganisation, die World Zionist Organization, die anlässlich des 1. Zionistenkongresses 1897 ins Leben gerufen wurde.
- Was es nicht gibt: das sogenannte Weltjudentum. Also eine angebliche Führung sowie einheitliche Ziele aller Menschen jüdischen Glaubens weltweit. Die Annahme, die hinter diesem Wort steckt, das eine »jüdische Weltverschwörung« suggeriert, ist, »die Juden« würden die Weltherrschaft anstreben und hätten sich gegen die nicht jüdische Welt verschworen. Menschen jüdischen Glaubens werden in so einem Verschwörungsszenario immer als Kollektiv dargestellt, fälschlicherweise auch »Weltjudentum« genannt.
- Was es, wie gesagt, gibt, sind internationale, transparente jüdische Organisationen, die ihre jeweiligen Mitglieder vertreten. Keine dieser Organisationen ist eine offizielle Vertretung aller weltweit lebenden Jüdinnen und Juden.

»Juden wollen die Welt beherrschen«

Um das Judentum ranken sich zahlreiche Weltverschwörungsideologien. Schon seit dem Mittelalter gibt es solche Verschwörungstheorien. Wie absurd solche Annahmen sind, zeigt sich auch daran, dass sie jüdische Menschen für so ziemlich alles Bedrohliche verantwortlich machen: den Kommunismus genauso wie den Kapitalismus, die Globalisierung, die

Beherrschung des Finanzmarktes, für Kriege oder sogar Krankheiten. Hier werden für schwer durchschaubare Entwicklungen Verantwortliche gesucht.

Ab dem frühen 20. Jahrhundert verbreitete sich die Theorie, die Juden strebten nach der Weltherrschaft. Den Beweis dafür sollten die sogenannten »Protokolle der Weisen von Zion« liefern. Der Text schildert eine angeblich stattgefundene geheime Zusammenkunft von Vertretern des »internationalen Judentums« zur »jüdischen Weltverschwörung«. Diese beraten darüber, wie sie die Herrschaft über die Menschheit erlangen wollen – indem sie Wirtschaft, Finanzen, Medien und Kultur kontrollieren. Woher die Protokolle stammen, ist bis heute unklar. Lange wurde der zaristische Geheimdienst Ochrana dahinter vermutet. Sie basieren inhaltlich in großen Teilen auf einem Text, der sich mit Jüdinnen und Juden erstmal überhaupt nicht beschäftigt. Nämlich auf einem fiktiven Gespräch zwischen Charles de Montesquieu und Niccolò Machiavelli. Er stammt von dem französischen Journalisten Maurice Joly, aus dem Jahr 1864, und die Fälscher der Protokolle nutzten Ausschnitte daraus, um sie angeblichen jüdischen Verschwörenden unterzuschieben.[14] Tatsächlich hat es eine derartige Zusammenkunft natürlich so nie gegeben, die Protokolle sind fiktiv.

Und doch wurde mithilfe dieser gefälschten Protokolle die wirkungsmächtigste Verschwörungstheorie über Jüdinnen und Juden überhaupt lanciert: deren angeblicher Wille nach Weltherrschaft und Kontrolle aller anderen Völker durch die Absetzung der herrschenden Systeme. Die Protokolle wurden weltweit verbreitet und dienten unter anderem Hitler und den Nationalsozialisten als Grundlage für ihren Kampf gegen das vermeintliche »Weltjudentum«. Dieses »Weltjudentum« sollte sowohl für den Finanzkapitalismus als auch den Bolschewismus verantwortlich sein. Perfider Blödsinn, aber wir wissen ja heute, zu welch grausigen Verbrechen er führte. Wirklich absurd daran: Die Protokolle wurden schon 1921 als Fälschung enttarnt – was ihre »Beliebtheit« nicht schmälerte. In der

NS-Zeit wurden sie trotzdem in der Schule gelesen.[15] Die Nazis nutzten die Schrift gezielt für ihre Propaganda gegen jüdische Menschen, und auch heute sind die Protokolle, unter anderem im arabischen Raum, weit verbreitet.[16] Nach 1945 entwickelt sich das System natürlich weiter: Jüdinnen und Juden wurde sogar vorgeworfen, sie hätten den Holocaust erfunden, das »internationale Judentum« habe ihn organisiert, um europäische Nationen zu ewiger Unterstützung zu zwingen.[17]

Die Suche nach einem Schuldigen, dem man einfach alles in die Schuhe schieben kann, geht also weit zurück. Und dieses Konzept hat eine besondere Dynamik entwickelt, als durch die Aufklärung (circa Ende 17. bis Ende 18. Jahrhundert) sogenannte Weltverschwörungskonzepte möglich wurden. Will heißen: Verschwörungstheorien, welche die gesamte Welt umfassten. Vor der Aufklärung war die Welt des Einzelnen eher regional geprägt. Als die Welt für die Menschen durch die Globalisierung größer wurde, wurden eben auch die Unglücke globaler, umfassender. Was nichts daran änderte, dass man die Schuldigen, die man schon vorher identifiziert hatte, einfach beibehielt. Man sprach ihnen einfach noch mehr Macht und Fähigkeiten zu, sodass sie jetzt auch für globale Katastrophen und komplexere Ereignisse verantwortlich gemacht werden konnten.

Nicht immer spricht jede Person von »der jüdischen Weltverschwörung«, obwohl sie genau das meint. Vielmehr werden dezidiert antisemitische Codes verwendet, bestimmte Personen als Schuldige ausgemacht oder das »Weltjudentum« als globales Kollektiv direkt verantwortlich gemacht.

Einer dieser Codes ist zum Beispiel die Familie Rothschild. Die Rothschilds sind eine jüdische Bankiersfamilie, eine Familiendynastie, die ihren Ursprung in Frankfurt am Main Mitte des 18. Jahrhunderts hat. Wobei festzuhalten ist: Es gibt und gab viele Familiendynastien. Die Fugger aus Augsburg oder die Borgias in Italien. Aber rund um diese Familie ranken sich jede Menge (im Internet verbreitete) Gerüchte: Zum Beispiel, dass sie 500 Billionen Euro (was gar nicht sein kann, da das gesamte weltweite Vermögen für das Jahr 2016 zum Beispiel 169,2 Billionen Euro betrug) oder dass sie alle Zentralbanken der Welt besäßen (was natürlich nicht möglich ist) oder, besonders zynisch, dass die jüdische Familie Rothschild den Holocaust mitfinanziert habe. (Die deutschen und österreichischen Rothschilds wurden enteignet, wie andere jüdische Familien auch. Das Geld floss in die Nazi-Staatskasse. Was die damit machten, kann mit der Finanzierung des Holocaust zusammenhängen, war aber selbstverständlich nie die Absicht der Rothschilds selbst.)

Warum es solche Mythen überhaupt gibt? Macht und Geld ziehen Neider an. Aber der wichtigste Grund: Die Rothschilds sind und bleiben eine jüdische Familie. Angehörige der jüdischen Gemeinschaft gerieten durch die Jahrtausende immer wieder in den Fokus bestimmter Theorien und Verschwörungsattacken. Wer einfache Antworten auf komplizierte Fragen sucht, für den liefern Verschwörungstheorien die idealen Bedingungen. Es scheint – leider – deutlich einfacher, eine Familie Rothschild absurderweise Kriege, Finanzkrisen oder Weltwirtschaftskrisen in die Schuhe zu schieben, als sich zu bemühen zu verstehen, wie globale Finanzströme funktionieren oder wie historische Ereignisse zusammenhängen.

Die moderne Version der Rothschild-Verschwörung trifft übrigens vermehrt George Soros. Der Ex-Investor und Philanthrop ungarischer Herkunft steht im Zentrum vieler absurder Verschwörungstheorien: »Soros ist das Haus Rothschild des 21. Jahrhunderts geworden«, schreibt die Historikerin Deborah Lipstadt in einem Artikel der *Financial Times*. Niemand müsse explizit erwähnen, dass er Jude sei, aber der Verweis auf den Namen funktioniere als antisemitischer Code innerhalb bestimmter rechtsradikaler Gruppen.[18] Wer also Soros (oder auch Rothschild) in seltsamem Kontext liest, sollte sich bewusst sein, dass hier möglicherweise absichtlich ein antisemitischer Code eingesetzt wird.

Wie begegnet man der Legende von der »jüdischen Weltherrschaft«?

- Die Behauptung, es gebe eine jüdische Weltverschwörung ist eine Verschwörungstheorie ohne Grundlage. Wie absurd solche Theorien sind, zeigt sich auch daran, dass solche Theorien jüdische Menschen für so ziemlich alles Bedrohliche verantwortlich machen: den Kommunismus genauso wie den Kapitalismus, die Globalisierung, die Beherrschung des Finanzmarktes, für Kriege oder sogar Krankheiten.
- Fakt ist: Es gibt keinen jüdischen Plan, die Welt zu kontrollieren oder zu beherrschen. Was es gibt, sind viele Versuche, so eine Verschwörung herbeizureden, jede Menge Fälschungen, die so eine Verschwörung angeblich beweisen sollen, und viele Antisemitinnen und Antisemiten, die nicht nur in der Vergangenheit, sondern auch in der Gegenwart diese Theorien weiterverbreiten.
- Fallt nicht auf jahrtausendealte Stereotype rein: Manche Bilder, die Verschwörungstheorien nutzen, sind 2000 Jahre alt.
- Die »Protokolle der Weisen von Zion«, die eine angebliche Verschwörung belegen sollen, sind fiktiv und wurden bereits 1921 als Fälschung enttarnt.
- Wer »die Rothschilds« verantwortlich macht: Hier werden mit Hilfe von Verschwörungstheorien Schuldige gesucht, anstatt zu verstehen zu versuchen, wie globale Finanzströme funktionieren oder auch wie nur reale historische Ereignisse zusammenhängen.

Die »New World Order« - Codewörter für Eingeweihte

Ich wurde erstmals vor einigen Jahren im Internet von einem User auf die sogenannte New World Order (NWO) hingewiesen. Ob ich denn nicht wüsste, »wer hinter allem steckt«? In einigen Verschwörungstheorien wird die NWO als das Ziel bezeichnet, eine gemeinsame Weltregierung zu errichten. Also konkret: Eliten und Regierungen weltweit tun sich zusammen, um eine gemeinsame allmächtige, weltweite Regierung, die NWO, zu schaffen, die uns alle beherrscht. Achtung, Spoiler: Das tun sie nicht. Schlicht, weil es keine NWO gibt.

Aber: Auch wenn es sie nicht gibt, bedeutet das nicht, dass die Verschwörungstheorie über die New World Order nicht in sich einen antisemitischen Bezug hat. US-amerikanische Rechtsextreme entwickelten ab 1950 eine neue Weltverschwörungstheorie. Diese wurde ab den 1990ern unter dem Schlagwort »New World Order« bekannt. Hier werden im Gegensatz zur ZOG (Zionist Occupied Government) nicht »die Juden« direkt als diejenigen benannt, die angeblich hinter einer Verschwörung stecken sollen. Stattdessen werden »globale Eliten«, »die Bilderberger«, »globale Finanzeliten«, »die Wallstreet« aufgerufen. All das sind aber nur Codewörter für Eingeweihte - Codewörter für »Juden«.

Wie reagiert man auf bestimmte »Codes«?

- Wenn sich zum Beispiel jemand auf die NWO beruft, sollte man ihn oder sie zumindest darauf hinweisen, dass hier potenziell antisemitische Zusammenhänge bestehen – ob das die jeweilige Person absichtlich macht oder nicht.
- Man sollte nicht vergessen, dass bestimmte Begriffe wie »globale Finanzeliten« genutzt werden, um »Juden« zu meinen, aber nicht direkt auszusprechen.

Die Verschwörungstheorie der »BRD GmbH«

Deutschland ist kein Staat – wer glaubt so etwas?

Der Klassiker unter den deutschen Verschwörungstheorien: Angeblich sei Deutschland kein Staat, sondern eine Firma, die sogenannte BRD GmbH. Das soll unter anderem unser Personalausweis (PERSONAL, ganz klar) beweisen. Menschen, die das behaupten, führen auch gerne auf, Deutschland sei nicht nur eine Firma, sondern überhaupt komplett fremdbesetzt. Ich mache es kurz: Nein, Deutschland ist keine Firma. Nein, wir sind nicht alle Personal einer solchen Firma. Und nein, Deutschland ist auch nicht besetzt.

Wer glaubt so was? Man nennt sie Reichsbürger, Reichsideologinnen oder auch Sachverwalter. Mittlerweile sollen es laut Bundesinnenministerium rund 19.000 sein.[19] Sie lehnen die Existenz der Bundesrepublik Deutschland ab. Sie erkennen das Grundgesetz nicht an. Sie lehnen das deutsche Rechtssystem ab. Politikerinnen oder Politiker, Behörden, überhaupt demokratisch gewählte Abgeordnete der BRD sind in ihren Augen nicht demokratisch legitimiert. Sie berufen sich dabei unter anderem darauf, dass das Deutsche Reich von 1871 nie untergegangen sei. Teile der Bewegung sind der rechtsextremen Szene zuzuordnen, Teile der Szene gelten als gewaltbereit.[20]

Um solche Argumente einordnen und widerlegen zu können, muss man sie kennen. Wer sie vertritt, arbeitet nämlich, wie manch andere auch, gerne mit Halbwahrheiten. Man nutzt bestimmte wahre Tatsachen und verdreht diese so, dass sie in die eigene Theorie passen. Also schauen wir uns die einzelnen Argumente genauer an:

»Die BRD ist eine GmbH!«

Was es tatsächlich gibt: eine im Frankfurter Handelsregister eingetragene »Bundesrepublik Deutschland Finanzagentur GmbH«[21]. Diese GmbH ist ein Finanzdienstleistungsunternehmen im Besitz der Bundesrepublik. Sie kümmert sich um Kredite für den Bundeshaushalt und ist deshalb eine GmbH, weil sie so privatwirtschaftlich agieren kann. Was übrigens jedem, der das Thema komplex findet (was es auch ist), auf der Seite auch in leichter Sprache erklärt wird:[22]

> *»Die Finanz-Agentur passt auf:*
> *Das Konto darf nie ins Minus geraten.*
> *Der Staat muss immer genug Geld haben.*
> *(...)*
> *Manchmal hat der Staat höhere Ausgaben als Einnahmen.*
> *Dann muss die Finanz-Agentur für den Staat Geld leihen.*
> *Geld wird für eine bestimmte Zeit ausgeliehen.*
> *Geliehenes Geld nennt man auch Kredit.«*[23]

All das bedeutet aber nicht, dass der deutsche Staat eine Firma ist.[24] Auch wenn die Bundesrepublik Deutschland in dem Fall alleiniger Gesellschafter ist. Nur, weil eine Firma gegründet wird, wird dadurch die Person, die sie besitzt, ja nicht selbst zur Firma. Ich werde auch nicht zu einer AG, wenn ich eine Aktie kaufe.

Belegt werden solche Behauptungen damit, dass man Behörden von Bund, Ländern und Kommunen in Firmenverzeichnissen findet. Also noch ein Hinweis für die Leute, die sämtliche Handelsregister des Landes nach Behörden durchsuchen und diese dann zum Beispiel als »Beweise« in Kommentare posten: Ja, Behörden sind dort eingetragen, weil sie eben unter anderem auch wirtschaften. Viele Dienstleistungen wurden inzwischen ausgelagert, zum Beispiel von Städten und Gemeinden an gemeindeeigene GmbHs.[25] Also an Firmen. Die kaufen beispielsweise Klopapier oder entsorgen Müll. Dazu müssen sie handeln können. Wie es eine GmbH tut. Das ist oft schlicht effizienter als Behörden und Beamte oder Beamtinnen. Weshalb auch die »Finanzagentur« eine privatwirtschaftliche Form gewählt hat: Weil »dies am Finanzmarkt so üblich ist und diese Form schlicht günstiger ist als ein Amt mit riesigem Beamtenapparat.«[26] Aber: Kein Staat dieser Welt ist eine Firma, nur weil er seine Funktionen an Firmen abtritt.

Noch ein Hinweis: Oft argumentieren Fans der »Deutschland GmbH«-Theorie mit einem »verdächtigen Gründungsdatum«. Immerhin sei die Finanzagentur ja 1990 (klingelt's?) gegründet worden ... Was es gibt: einen Eintrag im Frankfurter Handelsregister, in dem ein Gesellschaftsvertrag mit dem Datum 29.08.1990 vorkommt. Damals hieß die Agentur allerdings noch »CVU Systemhaus GmbH«. Die »Bundesrepublik Deutschland Finanzagentur GmbH« wurde erst knapp zehn Jahre später gegründet, und zwar am 19.09.2000.[27] Sie übernahm damit auch mehrere Aufgaben, die vorher bei anderen Institutionen lagen.

Last, but not least: Die ganze Finanzagentur heißt so, weil ihr einziger Kunde nun mal die Bundesrepublik Deutschland ist. Eventuell hätten wir also die ganze Theorie nicht, hätte man der Agentur einen anderen Namen gegeben.

Was antwortet man, wenn jemand darauf besteht, dass die Bundesrepublik eine GmbH sei?

- Was stimmt: Im Frankfurter Handelsregister ist eine »Bundesrepublik Deutschland Finanzagentur GmbH« eingetragen, die Bundesrepublik Deutschland ist deren alleiniger Gesellschafter.
- Aber: Nur, weil eine Firma gegründet wird, wird dadurch die Person, die sie besitzt, ja nicht selbst zur Firma..

- Die Finanzagentur wurde einfach nur nach ihrem einzigen Kunden, der Bundesrepublik benannt. Mit anderem Namen gäbe es vielleicht die ganze Verschwörungstheorie nicht?

»Der PERSONALausweis beweist, dass ich Personal einer BRD GmbH bin«

Das Wort Personal in Personalausweis soll angeblich bedeuten, die BRD sei eben nicht nur eine Firma, sondern die Staatsangehörigen seien auch ihr »Personal«. Wäre dem nicht so, müsste es ja »Personenausweis« oder »Bürgerausweis« heißen.

Personal ist ein sogenanntes homonymes Wort, ein Wort mit mehreren Bedeutungen. Personal heißt hier nicht Personal im Sinne von »angestellt«. Personal bezieht sich stattdessen als Adjektiv schlicht auf das Wort Person. Ein Blick in die Etymologie: personal- leitet sich direkt vom lateinischen Adjektiv *personalis* ab, was so viel bedeutet wie persönlich, also auf eine einzelne, bestimmte Person bezogen.[28] Das Wort Personal betrifft in diesem Zusammenhang die Person, der der Personalausweis gehört.

Was sagt man, wenn jemand den Personalausweis als »Beweis« anbringt

- Das Wort »Personal« hat mehrere Bedeutungen und bezieht sich als Adjektiv auf das Wort Person.
- In »Personalausweis« bezieht sich das »Personal« also auf die Person, der dieser gehört, nicht auf ein wie auch immer geartetes Angestelltenverhältnis zu einer GmbH, die es, siehe oben, sowieso in dieser Form nicht gibt.

»Ich bin staatenlos?«

Die Theorie: Ein Personalausweis beweist, dass man staatenlos ist. Weil: Im »Übereinkommen über die Rechtsstellung der Staatenlosen« in Artikel 27 werde gesagt, Staatenlose bekämen einen Personalausweis.[29]

Das Problem: Wer diese Theorie verbreitet, hat nicht weitergelesen. In Artikel 38 wird jedem Staat das Recht eingeräumt, Vorbehalte gegen die Artikel zu äußern.[30] Das entsprechende Gesetz der BRD zur Ratifizierung dieses Übereinkommens sagt aus, dass der Artikel 27 nicht angewendet wird. Staatenlose bekommen in Deutschland also keinen Personalausweis.

Wie beruhigt man jemanden, der sich staatenlos fühlt?

- Hier wurden Informationen verschwiegen: Gegen Artikel 27, wonach Staatenlose einen Ausweis bekommen, kann jeder Staat Vorbehalte äußern. Die BRD hat genau dies getan und in einem Gesetz festgelegt, dass der Artikel 27 nicht angewendet wird.

»Deutschland ist besetzt.«

Wenn wir schon mitten im Thema sind: Deutschland ist nicht nur keine Firma – Deutschland ist auch nicht besetzt. Bestimmte Leute behaupten, Deutschland sei kein eigenständiger, souveräner Staat, sondern immer noch von den Alliierten besetzt. Man nennt Menschen, die das glauben, Reichsbürger und Reichsbürgerinnen oder auch Reichsideologen. Die sagen zum Beispiel auch, Angela Merkel sei keine deutsche, sondern eine amerikanische Kanzlerin. Weil wir ja von den USA besetzt seien.

Das ist falsch. Deutschland ist nicht besetzt. Das Inkrafttreten des Deutschlandvertrags von 1955 machte die Bundesrepublik Deutschland souverän. Die DDR erhielt ihre Souveränität 1954 durch eine Erklärung der UdSSR.[31]

Was stimmt: Während Deutschland geteilt war, gab es in Westdeutschland zwar eine politische Souveränität, aber keine volle. Die USA, Frankreich und Großbritannien aber verzichteten darauf, ihre verbliebenen Vorrechte auszuüben, die BRD konnte selbstständig handeln. Warum? Die volle Souveränität hätte bedeutet, die Teilung Deutschlands endgültig anzuerkennen, eine Wiedervereinigung wäre schwieriger geworden.[32]

Seit den Zwei-plus-Vier-Verträgen von 1990 ist die vereinigte Bundesrepublik als Ganzes souverän – ohne Einfluss der ehemaligen Siegermächte. Zwei plus Vier bedeutet: DDR und BRD auf der einen Seite, die USA, Großbritannien, Frankreich und die Sowjetunion als Siegermächte des Zweiten Weltkriegs auf der anderen. Der Vertrag regelt die Eigenständigkeit Deutschlands, und zwar deutlich in Artikel 7:

> *»(1) Die Französische Republik, die Union der Sozialistischen Sowjetrepubliken, das Vereinigte Königreich Großbritannien und Nordirland und die Vereinigten Staaten von Amerika beenden hiermit ihre Rechte und Verantwortlichkeiten in Bezug auf Berlin und Deutschland als Ganzes. (...)*
> *(2) Das vereinte Deutschland hat demgemäß volle Souveränität über seine inneren und äußeren Angelegenheiten.«*[33]

Und klar hat die BRD viele Verpflichtungen, Verträge und Abkommen in der internationalen Staatengemeinschaft – und natürlich kann nicht jeder Staat einfach machen, was er will. Dafür hat sich die BRD aber selbst und in freien Stücken, also souverän, entschieden.

Wie erklärt man, dass Deutschland nicht besetzt ist?

- Der Deutschlandvertrag von 1955 machte die Bundesrepublik Deutschland souverän. Die DDR erhielt ihre Souveränität 1954 durch eine Erklärung der UdSSR.[34]
- Seit den Zwei-plus-Vier-Verträgen von 1990 ist die vereinigte Bundesrepublik als Ganzes souverän – ohne Einfluss der ehemaligen Siegermächte.

»Deutschland hat ja gar keinen Friedensvertrag!«

Wer mit seiner GmbH-Theorie nicht überzeugt, bringt sicher bald folgendes Argument: »Es gab nie einen Friedensvertrag mit Deutschland!« Diese Behauptung bezieht sich auf zwei bestimmte historische Begebenheiten.

Richtig ist zum einen, dass der US-Kongress den Versailler Vertrag von 1919 nicht ratifiziert hat. Was die Verschwörungstheorie daraus macht: Der US-Kongress hat den Versailler Vertrag nicht ratifiziert, der Kriegszustand zwischen Deutschland und den USA besteht fort. Diese Schlussfolgerung ist komplett falsch. Tatsächlich wurde 1921 ein gesonderter Frieden zwischen den USA und dem Deutschen Reich geschlossen.[35]

Zum anderen stimmt: Tatsächlich existiert kein Friedensvertrag mit den Siegermächten nach dem Zweiten Weltkrieg. Was Verschwörungstheoretiker daraus machen: Am 8. Mai (bzw. 9.) 1945 habe lediglich die deutsche Wehrmacht kapituliert, nicht jedoch das Deutsche Reich. Das sind halb wiedergegebene Fakten, die zum falschen Schluss führen. Ihre Schlussfolgerung bedeutet nämlich nicht, dass deswegen automatisch Krieg herrschen muss. Es gab zwar keinen expliziten Friedensvertrag, die

Alliierten haben aber dafür jeweils einseitige Friedenserklärungen verabschiedet, die Westalliierten im Jahr 1951, die Sowjetunion im Jahr 1955. Spätestens der Zwei-plus-Vier-Vertrag aus dem Jahr 1990 machte einen gesonderten Friedensvertrag zwischen Deutschland und den ehemaligen Alliierten überflüssig. Dieser Vertrag regelt alles, was ein Friedensvertrag auch regeln würde, seien es territoriale Fragen oder das Verhältnis zu ehemaligen Kriegsgegnern.[36]

Wie reagiert man auf die Sache mit dem fehlenden Friedensvertrag?

- Richtig ist: Es gab keinen expliziten Friedensvertrag. Aber: Die Alliierten haben dafür jeweils einseitige Friedenserklärungen verabschiedet, die Westalliierten im Jahr 1951, die Sowjetunion im Jahr 1955.
- Der Zwei-plus-Vier-Vertrag von 1990 machte einen gesonderten Friedensvertrag zwischen Deutschland und den ehemaligen Alliierten überflüssig, dieser Vertrag regelt alles, was ein Friedensvertrag auch regeln würde.

»Wir haben in Deutschland keine Verfassung!«

Das behaupten sogenannte »Reichsbürger« gerne, wenn sie die Existenz der Bundesrepublik Deutschland bezweifeln. Hier muss man gleich mit mehreren falschen Fakten aufräumen.

Viele »Besatzungs«-Gläubige argumentieren mit Artikel 146 aus dem Grundgesetz. Sie behaupten, Deutschland habe keine Verfassung, da ja das deutsche Volk darüber erst abstimmen müsste, was wiederum in besagtem Artikel stehe. Dort heißt es:

»Dieses Grundgesetz, das nach Vollendung der Einheit und Freiheit Deutschlands für das gesamte deutsche Volk gilt, verliert seine Gültigkeit an dem Tage, an dem eine Verfassung in Kraft tritt, die von dem deutschen Volke in freier Entscheidung beschlossen worden ist.«[37]

Dieser Artikel bedeutet also, dass das Grundgesetz von einer anderen Verfassung abgelöst werden kann. Er bedeutet aber nicht, dass dies geschehen muss oder dass das Grundgesetz selbst keine Verfassung ist.

Was stimmt: Die Verfasserinnen und Verfasser haben den Begriff »Grundgesetz« bewusst gewählt, um die temporäre Dauer des Dokuments und des Staates BRD zu betonen. Denn: 1949, als das Grundgesetz vom Parlamentarischen Rat verabschiedet wurde, war Deutschland geteilt. Die sowjetische Besatzungszone gehörte nicht zur BRD. Deshalb war das Wort »temporär« so wichtig.[38] Trotzdem ist das Grundgesetz eine vollständige Verfassung, mit allem, was man braucht. Und allein der Name disqualifiziert es nicht.

Die Aussage, das Grundgesetz sei keine Verfassung, ist zudem in sich falsch. Das Grundgesetz wurde vom sogenannten Parlamentarischen Rat entworfen, einer verfassungsgebenden Versammlung, die von den Alliierten explizit gefordert wurde. Der Rat war eine von den elf deutschen Länderparlamenten der drei Westzonen gewählte Versammlung. Von den Siegermächten gab es dabei klare Vorgaben, unter anderem waren die Schaffung eines Bundesstaates und die Errichtung einer parlamentarischen Demokratie für sie nicht verhandelbar.[39] Genehmigt wurde das Grundgesetz durch die drei westlichen Militärgouverneure, ratifiziert durch die elf deutschen Landtage. Es gab also, trotz Vorgaben und Einfluss der Siegermächte, einen demokratischen Prozess, um dieses Grundgesetz anzunehmen. Historiker Michael F. Feldkamp kommt zu folgendem Schluss: »Weil letztlich der Bundesrepublik Deutschland kein fremdes Staatssystem aufoktroyiert wurde, kann das Grundgesetz zu Recht als ein selbständiges Werk der Deutschen gelten, wenn auch nicht ganz frei von Fremdeinflüssen.«[40]

Überhaupt ging es bei der Benennung des Grundgesetzes immer darum, eine mögliche Wiedervereinigung nicht aus den Augen zu verlieren, also ein politisches Signal zu senden, indem man in Westdeutschland eine eigene Verfassung mit so einem Namen erließ. Was den Alliierten übrigens egal war, sie genehmigten die »constitution« der BRD, auf Deutsch die »Verfassung«.[41] Und da in einem Gebiet immer nur eine Verfassung gültig sein kann, endete die Gültigkeit der Weimarer Verfassung allerspätestens mit dem Inkrafttreten des Grundgesetzes.[42]

Es gab übrigens immer wieder Überlegungen, aus dem Grundgesetz eine Verfassung zu machen, zum Beispiel anlässlich der Wiedervereinigung. Man stand damals vor der Frage: Beitritt der DDR oder neue Verfassung? Letztendlich entschied man sich für den Beitritt der DDR zur BRD, dadurch wurde das Grundgesetz zu einer gesamtdeutschen Verfassung.[43] Prof. Dr. Ursula Münch, Direktorin der Akademie für politische Bildung, umschreibt die Bedeutung so: »Es ist nur scheinbar ein Widerspruch, dass diese gesamtdeutsche Verfassung weiterhin die Bezeichnung ›Grundgesetz‹ trägt. Das Grundgesetz erfüllt nicht nur alle Funktionen einer Verfassung, sondern wird auch den Legitimitätsanforderungen an eine Verfassung gerecht. Die Beibehaltung der ursprünglichen Bezeichnung ›Grundgesetz‹ ist historisch bedingt und lässt sich auch als Respekt vor der Arbeit des Parlamentarischen Rates deuten.«[44]

Fun fact: Die Verfassung der Amerikaner hat gar keinen Titel und fängt einfach mit »We the people ...« an. Und das Vereinigte Königreich von Großbritannien existiert seit über 300 Jahren ganz ohne geschriebene Verfassung oder Grundgesetz – geht also auch.

Was sagt man, wenn jemand die Gültigkeit des Grundgesetzes als Verfassung anzweifelt?

- Ein Blick in die Geschichte: Beim Namen »Grundgesetz« ging es damals darum, ein politisches Signal in die DDR zu senden. Man wollte also eine mögliche Wiedervereinigung nicht ausschließen, indem man für die damalige BRD eben keine final benannte »Verfassung« erließ. Den Siegermächten war das egal, die genehmigten das Grundgesetz als »constitution«, also »Verfassung«.
- Durch den Beitritt der DDR zur BRD wurde das Grundgesetz zur gesamtdeutschen Verfassung. Es erfüllt alle Funktionen einer Verfassung, der Name ist historisch bedingt.

Die medizinische Verschwörungstheorie: »Die Impf-Lüge«

Mangelnde Impfbereitschaft als globale Bedrohung

Die These ist längst wissenschaftlich widerlegt und hält sich trotzdem hartnäckig: Impfen an sich sei schädlich. An dieser Stelle ein paar anleitende Hinweise: Impfen rettet Leben. Impfen ist keine persönliche, sondern eine gesellschaftliche Entscheidung. Aber: Immerhin 18 Prozent der deutschen Bevölkerung haben laut einer repräsentativen Umfrage der Bundeszentrale für gesundheitliche Aufklärung (BZgA) zumindest teilweise Vorbehalte gegenüber dem Impfen. 5 Prozent stehen dem Impfen »eher ablehnend« gegenüber.[45] Auch wenn nach dieser Umfrage gut drei Viertel der 16- bis 85-Jährigen Impfungen befürworten: Es gibt Menschen, die Impfungen skeptisch oder gar ablehnend gegenüberstehen.

Die Weltgesundheitsorganisation hat mangelnde Impfbereitschaft sogar zur globalen Bedrohung erklärt.[46] Wer das Thema googelt, stößt immer wieder auf Falschinformationen. Deshalb sollte man die Argumente von Impfgegnerinnen und -gegnern kennen und auch wissen, wo man reale Fakten zum Thema findet – und wo nicht.

Ein Hinweis für ein Gespräch zu diesem Thema: Man sollte für sich und seine Gesprächspartner den kleinsten gemeinsamen Nenner festlegen – also das, worauf man sich minimal einigen kann. Und bitte nicht vergessen: Man diskutiert bei so einem Thema auf einer emotionalen Ebene. Die Beteiligten reden sich oft in Rage. Soweit möglich: selbst ruhig und rational bleiben, sich nicht beleidigen lassen und nicht über jedes Stöckchen springen, das einem hingehalten wird.

Impfskepsis ist nicht gleich Impfgegnerschaft

Wir dürfen Skepsis nicht mit Verschwörungstheorien verwechseln. Skeptikerinnen und Skeptiker testen ihre These und justieren die eigene Meinung nach. Laut Dr. Natalie Grams, Ärztin und Leiterin des kritischen Informationsnetzwerks Homöopathie, zeichnet sich diese Gruppe dadurch aus, dass sie bestimmte Bedenken bezüglich Impfstrategie, Zeitpunkt, Sicherheit oder Nebenwirkungen hat.[47] Wer Impfungen skeptisch gegenübersteht, hat zwar möglicherweise Bedenken wegen eventueller Nebenwirkungen, ist aber noch erreichbar für sachliche Argumente (wie zum Beispiel Nachweise durch wissenschaftliche Studien etc.). So jemanden erreicht man nicht, indem man ihr oder ihm direkt »Aluhut« oder »Spinnerin« an den Kopf wirft. Oder sie in die »Impfgegnerschafts-«Ecke stellt. Skeptikerinnen und Skeptiker haben Fragen, sie brauchen Antworten und gute Beratung.

Impfgegnerinnen und -gegner lehnen Impfungen ab. Sie würden ihre Meinung nicht aufgrund einer wissenschaftlichen Evidenz ändern, eine

Offenheit für Argumente wird man hier nicht antreffen. Sie argumentieren unwissenschaftlich und oft irrational. Gründe gegen das Impfen können hier religiöser, ideologischer, aber auch esoterischer Art sein, meint Dr. Natalie Grams. Nicht zu unterschätzen: Wer Impfungen ablehnt, sieht sich selbst als impfskeptisch. Man sollte sich davon nicht aufs Glatteis führen lassen. Diese Gruppe positioniert sich meistens sofort gegen Impfungen. Einige bringen finstere Mächte mit ins Spiel: die Ärzteschaft, die Eliten, den Staat, die Pharmakonzerne, die sie alle in ihrer Lebensfreiheit beschneiden und krank machen wollen. Aber: Nicht alle Menschen, die Impfungen ablehnen, kann man zu den Verschwörungstheorie-Gläubigen zählen. Michael Butter schreibt etwa in seinem Buch über Verschwörungstheorien: »Nur, wer glaubt, dass die fatalen Konsequenzen des Impfens vor der Bevölkerung verborgen oder diese gar durch Impfungen manipuliert oder gefügig gemacht werden soll, sollte so bezeichnet werden.« Es gilt also auch hier: nicht pauschal diffamieren.

Rhetorische Kniffe

Bevor wir uns überlegen, wie man eine Antwort auf bestimmte Aussagen formulieren könnte, sollte man sich der Strategie von Impfgegnerinnen und Impfgegnern bewusst werden. Denn eine Taktik, um gegen Wissenschaftsleugnende vorzugehen ist es, Menschen Informationen über deren Desinformationsstrategien zu geben. »Leute wollen nicht einfach nur Fakten haben, sondern verstehen, warum es falsch ist, woran sie glauben. Indem man ihnen die Rhetorik-Techniken der Leugner erklärt, gibt man ihnen eine Art Handwerk mit, mit dem sie selbst bei der nächsten Diskussion solche Techniken erkennen können. Das hilft, zumal wir natürlich nicht alle von allen wissenschaftlichen Themen inhaltliche Ahnung haben können. Dafür kann man erkennen, was rhetorisch hakt«, erklärt Philipp Schmid, der an der Universität Erfurt zum Thema Wissenschaftsleugnung im Kontext Impfen forscht.[48] Die Argumentationsstrategie von Menschen, die etwas leugnen, bestünde immer aus zwei Ebenen: Erstens greifen sie einen bestimmten Inhalt an und benutzen dafür zweitens mindestens eine rhetorische Technik, um ihr Argument in irgendeiner Weise überzeugend wirken zu lassen.

Fünf rhetorische Tricks, die Impfgegnerinnen und Impfgegner nutzen:

1. Sie gehen absichtlich selektiv vor, betreiben das sogenannte »cherry picking«: Sie suchen sich also aus wissenschaftlichen Behauptungen nur das raus, was ihre Aussagen stützt. Sie picken sich in diesem Rahmen auch gerne Einzelfälle raus, um diese besonders hervorzuheben.
2. Sie ziehen logische Fehlschlüsse: Sie stellen bestimmte Fakten verzerrt dar und ziehen aus ihnen dann die falschen Schlüsse. Ein Beispiel: Argumente ad hominem. Man greift den Charakter oder eine Eigenschaft des Gegenübers an, um dessen Argumentation zu untergraben.
3. Sie stellen unmögliche Erwartungen an die Wissenschaft. Ein Beispiel: Impfstoffe müssten zu 100 Prozent sicher sein. Das ist unmöglich, die Wissenschaft kann für kein Medikament eine hundertprozentige Garantie aussprechen. Es besteht immer ein Restrisiko. Aber: Genauso wie man keinen zu 100 Prozent sicheren Impfstoff erwarten kann, sollte man auch keine zu 100 Prozent sichere Impfung garantieren. Es gibt Risiken, und die sollte man auch in Debatten zu dem Thema nicht ignorieren.
4. Sie unterstellen Industrie und Gesundheitswesen eine (oder mehrere) Verschwörung(en). Das ist natürlich ein besonders schwieriges rhetorisches Mittel, da man so eine mögliche Diskussion bis ins Unendliche führen könnte, ohne jemals ein Gegenargument zu »dahinter steckt aber Geheimgruppe XY« zu finden. Vielleicht eine

Info für den Hinterkopf: Der Physiker David Grimes hat sich 2016 einmal angeschaut, wie hoch denn die Wahrscheinlichkeit einer Verschwörung im Bereich Impfungen wäre. Dafür benutzte er eine mathematische Formel, bei der er sowohl die Anzahl der Leute, die in so eine Verschwörung involviert sein müssten, als auch die Anzahl der Jahre, die sie ihre Verschwörung aufrecht hätten erhalten müssen, mit einfließen ließ. Für seine Rechnung nutzte er den Mythos, dass die MMR-Impfung (Masern, Mumps, Röteln) angeblich Autismus auslöse (für das komplette Debunking dieser Theorie: siehe weiter unten). Grimes kam zu dem Schluss, dass die Wahrscheinlichkeit, so eine Verschwörung über Jahre hinweg aufrechtzuerhalten, gegen null tendiert. [49]

5. Sie zitieren »falsche Expertinnen oder Experten«, also Personen, die eigentlich aufgrund ihrer Ausbildung oder ihres wissenschaftlichen Hintergrundes nicht als Experten für Impfstoffsicherheit genannt werden sollten.[50] Philipp Schmid beschreibt das Phänomen so: »Man zitiert zum Beispiel Professor Karl, der sagt, dass Impfen nicht effektiv sei. Professor Karl ist aber Professor der Germanistik und hat eigentlich von Impfen gar keine Ahnung. Er ist also in diesem Kontext ein falscher Experte. Ob die Expertise in einer zitierten Quelle stimmt, ist, wenn man mitten in einer Diskussion ist, nicht immer sofort überprüfbar. Im Moment ist es also schwierig direkt dagegen zu argumentieren, aber gerade mit etwas mehr Zeit lässt sich das relativ gut nachrecherchieren und dann auch aufdecken.«[51]

Ein Zusatzpunkt, der auch seinen Teil beiträgt: Eine Rolle kann auch der sogenannte »false balance«-Effekt in den Medien spielen. Journalistinnen und Journalisten geben gerne Pro- und Kontra-Positionen wieder: In eine Sendung über Impfen etwa würden zum Beispiel eine Person eingeladen, die Impfen befürwortet, und eine, die Impfen ablehnt. Das suggeriert, das Verhältnis sei 50:50. Medien können so aber eine Ausgeglichenheit vorgaukeln, die es in der Realität nicht gibt.

Denn das Verhältnis 50:50 entspricht nicht der überwiegenden Meinung der wissenschaftlichen Fachleute und ebenso wenig dem Meinungsverhältnis in der Bevölkerung. So ein suggeriertes Verhältnis schürt aber Unsicherheit bei denen, die so eine Sendung sehen.[52]

Wer diese Taktiken und Vorgehensweisen kennt, fällt nicht so leicht auf folgende Argumente herein. Also her mit ihnen:

»Impfungen haben Nebenwirkungen, sie machen uns krank«

Was stimmt: Impfungen haben Nebenwirkungen. Es kann zum Beispiel zu leichten Schwellungen an der Impfstelle kommen – oder die geimpfte Personen bekommt leichtes Fieber. Aber: Nur wenige Impfstoffe enthalten abgeschwächte, noch lebende Erreger, die solche Krankheitssymptome hervorrufen können. Die meisten werden in Form von abgetöteten Erregern oder deren Bestandteilen (zum Beispiel bei der Grippeimpfung) verabreicht.

Auch Komplikationen sind möglich, aber selten. In Deutschland müssen alle Impfkomplikationen gemeldet werden. Und zwar beim Paul-Ehrlich-Institut (PEI). Das können Betroffene selbst machen, Ärztinnen und Ärzte, Heilpraktizierende, Gesundheitsämter und Herstellende sind dazu verpflichtet.[53] Die Behörden müssen alle Meldungen prüfen und, wenn notwendig, auch reagieren, indem sie zum Beispiel Warnhinweise im Beipackzettel anpassen oder die Zulassung eines Präparates entziehen.

Zur Einordnung und vielleicht zum besseren Verständnis, wie gering die Chance auf einen Impfschaden ist: Zwischen 2005 und 2009 wurde in Deutschland insgesamt 169 Anträgen auf Impfschäden offiziell stattgegeben.[54] Das allerdings heißt noch lange nicht, dass die Impfung tatsächlich die Ursache für den Schaden war.[55] Außerdem muss man sich die Anzahl verabreichter Impfdosen dazu vorstellen: Das waren von 2005 bis 2009 immerhin 211,2 Millionen Dosen. Zum Vergleich: Eines von 1.000 Kindern, das an Masern erkrankt, stirbt daran.

Und ja, es gibt Impfungen, die mehrfach eingesetzt werden müssen: Tetanus, Diphterie, Polio und Keuchhusten zum Beispiel. Hier hält eine Impfung nur fünf bis zehn Jahre, dann muss nachgeimpft werden. Die Grippeimpfung ist auch jedes Jahr fällig, da sich der Erreger so schnell verändert. Aber: Nur weil eine Impfung nicht ein Leben lang hält, ist sie nicht weniger effektiv. Tetanus zum Beispiel kann tödlich sein: Da ist ein Impfungsschutz von zehn Jahren kein schlechter Deal.

Was kann man zum Thema Nebenwirkungen sagen?

- Ja, Impfungen haben Nebenwirkungen, dazu gehören leichte Schwellungen an der Impfstelle oder auch leichtes Fieber.
- Auch Komplikationen (Impfschäden) sind möglich, aber selten. In Deutschland müssen Ärztinnen und Ärzte, Heilpraktizierende, Gesundheitsämter und Hersteller alle Impfkomplikationen melden.

»Säuglinge sollten später geimpft werden«

Manche Impfkritik behauptet, Impfungen an Säuglingen seien zu früh. Aber gerade für die Jüngsten sind einige Krankheiten besonders gefährlich. Keuchhusten zum Beispiel. Laut dem Robert-Koch-Institut kommt es, wenn Kinder bei einer Keuchhusten-Infektion jünger als sechs Monate sind, in rund 25 Prozent der Fälle zu Komplikationen wie Lungenentzündungen oder Atemstillständen.[56] Es ist außerdem nicht belegt, dass Säuglinge Impfungen schlechter vertragen als ältere Kinder. Zudem werden manche Impfungen, wie zum Beispiel die Kombi-Impfung Masern, Mumps und Röteln (MMR) erst ab dem ersten Lebensjahr verabreicht.[57]

Wie kontert man das Argument mit der Impfzeit von Säuglingen?

- Gerade für die Jüngsten sind einige Krankheiten besonders gefährlich, zum Beispiel Keuchhusten. Deshalb ist eine Impfung dagegen umso wichtiger.
- Es gibt keine Belege, dass Säuglinge Impfungen schlechter vertragen als ältere Kinder.

»Impfstoffe enthalten giftige Chemie, die Kindern schadet«

Ja, in manchen Impfstoffen sind Formaldehyd, Aluminium, Phenol oder Quecksilber enthalten. Aber: in äußerst geringen Konzentrationen, die weit unterhalb toxikologischer Grenzwerte liegen. Diese Inhalte braucht es, um »Impfviren abzutöten (Formaldehyd), die Immunantwort zu verstärken (Aluminiumhydroxid) oder den Impfstoff haltbar zu machen (Phenol).«[58] Und: Wir nehmen Aluminium auch über unsere Nahrung, Getränke und die jeweiligen Verpackungen auf. Dafür hat die europäische Behörde für Lebensmittelsicherheit eine tolerierbare wöchentliche Aufnahme von 1 Milligramm pro Kilo Körpergewicht festgelegt.[59]

Welche Fakten kann man zum Thema »Impfungen und Chemie« anbringen?

- Die in Impfstoffen teilweise enthaltenen Konzentrationen sind weit unterhalb toxikologischer Grenzwerte.
- Wir nehmen zum Beispiel Aluminium auch über Essen, Getränke oder Verpackungen auf.

»Impfungen verursachen Autismus«

Der größte Impfmythos hält sich leider wacker: der angebliche Zusammenhang zwischen Impfungen und Autismus. Das ist eine Falschinformation, die auf die manipulierten Daten dieses Mannes zurückgeht: Andrew Wakefield. Der wohl bekannteste Impfgegner veröffentlichte Ergebnisse, die bis heute Laien verunsichern und von Impfgegnern und -gegnerinnen verbreitet werden.

In seiner Studie beschrieb Wakefield einen angeblichen Zusammenhang zwischen dem Kombinationsimpfstoff gegen Masern, Mumps und Röteln (MMR) und Autismus.[60] Keine größere Untersuchung konnte seine Ergebnisse reproduzieren.[61] Seine Publikation wurde daher 2010 wieder zurückgezogen. Außerdem kam heraus, dass Wakefield von Anwälten, die Eltern von Kindern mit Autismus vertraten, Geld angenommen hatte. Diese wollten die Hersteller von Impfstoffen verklagen und suchten daher eine Verbindung zwischen Autismus und Impfungen. Wakefield verlor in diesem Zusammenhang seine Zulassung als Arzt in Großbritannien.[62] Es gilt als nachgewiesen, dass die Wahrscheinlichkeit, Autismus, Asthma, multiple Sklerose, Diabetes oder Morbus Crohn aufgrund der Impfung zu bekommen, nicht erhöht ist.[63]

Wie reagiert man, wenn jemand behauptet, Impfen löse Autismus aus?

- Die eine Studie, die das mal behauptet hat, ist längst widerlegt und zurückgezogen und beruhte auf komplett manipulierten Daten des Arztes Andrew Wakefield, dem dafür auch die ärztliche Zulassung entzogen wurde. Wer so was sagt, sitzt einer uralten Falschmeldung auf, die leider immer noch herumgeistert.

»Impfungen sind unnötig, weil sowieso jeder geimpft ist«

Eine besonders gefährliche Argumentation. Und völlig falsch. Sicher sind wir vor bestimmten Krankheiten nämlich nur, solange möglichst viele gegen diese Krankheiten geimpft sind. Das nennt man: Herdenimmunität. Wenn innerhalb einer Herde, also in unserem Fall einer Gruppe von Menschen, möglichst viele geimpft sind, dann ist die Immunität gegen einen Krankheitserreger so groß, dass auch Nicht-Immune in dieser Gruppe geschützt sind. Dafür braucht es eine möglichst hohe Durchimpfungsrate.

Sprich: Je mehr gesunde Mitglieder der Herde es gibt, desto eher sind auch diejenigen geschützt, die sich selbst nicht schützen können: etwa Immunkranke, Schwangere, Neugeborene. Geimpfte schützen sich also nicht nur selbst vor einer Krankheit, sondern auch andere davor, dass diese Krankheiten übertragen werden. Ein Beispiel: Sind nicht genug Menschen gegen Masern geimpft, verbreitet sich die Krankheit sehr schnell. Das ändert sich laut dem Robert-Koch-Institut erst, wenn 95 Prozent der Bevölkerung geimpft sind.[64]

Ein Hinweis an dieser Stelle: Impfgegnerinnen und -gegner nutzen das Wort »Herdenimmunität« oft als Steilvorlage, weil Teil einer Herde zu sein viele negative Assoziationen hervorrufen kann. Es folgen dann Aussagen wie »das dumme Schaf«, »Individuum wird ignoriert« etc.. Für Debatten eignet sich deshalb das Wort »Gemeinschaftsschutz« besser.

Impfen ist und bleibt also auch eine gesellschaftliche Verantwortung: Wer die Impfkette freiwillig unterbricht, obwohl er sich impfen lassen könnte, gefährdet dadurch andere, die sich diese Entscheidung nicht leisten können. Zum Vergleich: Wenn ich keinen Fahrradhelm trage, ist das meine Privatsache. Ich gefährde mit dieser Entscheidung in erster Linie mein eigenes Leben. Die Frage, ob ich mich impfen lasse, geht darüber hinaus. Ich gefährde damit potenziell viele, viele andere Menschen.[65] Gegen Impfungen lässt es sich nämlich am einfachsten unter Geimpften sein: Man profitiert von vielen Geimpften und trägt selbst nichts dazu bei.

Ein Beispiel für die Effektivität von Impfprogrammen: 1961 erkrankten allein in Deutschland noch fast 4.700 Kinder an Kinderlähmung. Polio verursacht schwerwiegende und bleibende Lähmungen in den Beinen, kann aber auch tödlich verlaufen. Das änderte sich durch die Schluckimpfung gegen Polio, die Anfang der 1960er-Jahre eingeführt wurde: Schon 1965 waren es nur noch weniger als 50 Kinder, so das Robert-Koch-Institut (RKI).[66]

Warum wird also noch geimpft? Weil wir neue Epidemien dringend vermeiden wollen.

Was sagt man, wenn jemand das mit dem Gemeinschaftsschutz nicht verstanden hat?

- Herdenimmunität ist der Effekt, der entsteht, wenn innerhalb einer Gruppe so viele geimpft sind, dass wir auch die vor der Verbreitung von Krankheitserregern schützen können, die sich nicht impfen lassen können. Man schützt also Menschen, die sich noch nicht (weil zu jung) oder gar nicht (weil krank) impfen lassen können. Diese Herdenimmunität funktioniert aber nur, wenn sich möglichst viele impfen lassen – nicht, wenn immer mehr Menschen sagen »Ach, ich mach das nicht.«

- Impfen ist und bleibt also auch eine gesellschaftliche Verantwortung: Wer die Impfkette freiwillig unterbricht, obwohl man sich impfen lassen könnte, gefährdet dadurch andere, die sich diese Entscheidung nicht leisten können.

»Die Pharmaindustrie hat uns alle in der Hand und will mit Impfungen nur Geld machen«

Was stimmt: Pharmakonzerne wollen Geld verdienen. Das will und tut jedes privatwirtschaftliche Unternehmen. Pharmafirmen könnten aber, wenn wir uns schon übers Geldverdienen unterhalten wollen, sehr gut – wenn nicht sogar besser – an den tatsächlichen Erkrankungen verdienen, anstatt an ein paar Impfspritzen, die jahrelange medikamentöse Behandlung verhindern. Impfstoffe müssen aufwendig hergestellt werden und bringen einer Pharmafirma im Vergleich zu anderen Arzneimitteln weniger Gewinn, auch weil sie eben nur wenige Mal pro Leben verabreicht werden müssen.

Tatsächlich sieht es in Deutschland so aus: Die gesetzlichen Krankenkassen (bei denen immerhin knapp 72 Prozent der Deutschen versichert sind[67]) gaben 2017 insgesamt 217,8 Milliarden aus. Davon flossen 0,64 Prozent in Impfstoffe, 17,3 Prozent in Arzneimittel.[68] Es lässt sich also mit Medikamenten deutlich mehr verdienen als mit Impfstoffen. Laut dem Robert-Koch-Institut ist das Geschäft mit Impfstoffen für Pharmafirmen auch deshalb weniger attraktiv, da deren Herstellung deutlich komplexer ist als die der meisten Arzneimittel. Daher gibt es weltweit auch immer weniger Impfstoffhersteller.[69]

Einige Menschen argumentieren, dass die Ständige Impfkommission (STIKO), die in Deutschland die Impfempfehlungen herausgibt, von Pharmaindustrie-Interessen geleitet sei. Die STIKO wird vom Bundesministerium für Gesundheit und einzelnen Landesbehörden berufen, sie trifft sich zweimal im Jahr, ihre Mitglieder kommen aus unterschiedlichen Disziplinen (Wissenschaft, öffentlicher Gesundheitsdienst, Ärztinnen und Ärzte etc.). Mögliche Interessenkonflikte müssen die Mitglieder vor ihrer Berufung offenlegen und regelmäßig aktualisieren. Je nach Interessenskonflikt dürfen sie dann bei den Sitzungen »an der Beratung und Beschlussfassung zu einzelnen Tagesordnungspunkten oder an der Sitzung insgesamt nicht mitwirken«.[70] Die Empfehlungen der STIKO haben weitreichende Folgen. Meistens übernehmen die Krankenkassen aufgrund der Empfehlungen die Kosten, die Impfung wird millionenfach verabreicht. Der Staat wiederum verpflichtet sich, die Opfer möglicher Impfschäden finanziell zu entschädigen. Mit dem Ziel, dass sich möglichst viele Menschen impfen lassen – damit sich bei manchen Impfstoffen die bereits erwähnte Herdenimmunität einstellen kann. Die STIKO hat mit ihren Empfehlungen also nicht nur den Nutzen der jeweiligen Impfung für den Einzelnen, sondern auch den für die ganze Gesellschaft im Blick.

Was antwortet man, wenn jemand auf Big Pharma und Impfen schimpft?

- Ja, Pharmafirmen wollen Geld verdienen. Die Herstellung von Impfstoffen ist, im Vergleich zum Ertrag aber sehr aufwendig. Und theoretisch könnte man an kranken Menschen mehr verdienen als an Geimpften, die nicht krank werden.
- Die STIKO-Mitglieder müssen ihre möglichen Interessenskonflikte offenlegen. Ziel der STIKO ist es, die Gesellschaft und nicht nur das Individuum im Blick zu haben.

Warum gibt es trotz Gegenbeweisen Zweifel an Impfungen?

Wenn es doch so viele Gegenbeweise, Studien und sogar Ärzte gibt, die wegen Falschaussagen ihre Zulassung verlieren, wieso gibt es dann überhaupt Anlass, an Impfungen zu zweifeln?

Die Psychologie spielt dem Impfmarketing hier einen Streich. Wenn ich krank bin und Medikamente nehme, geht es mir besser. Ich sehe also einen direkten Erfolg, den ich mit dem Produkt verknüpfe. Geimpft werde ich aber vorausschauend: Während es mir eigentlich gesundheitlich prima geht, bekomme ich eine Spritze, mit dem Risiko, dass es mir danach schlechter gehen könnte. Das verkauft sich natürlich psychologisch nicht besonders gut.

Eine Gruppe, die man bei der Diskussion rund um Anti-Impf-Argumente nicht vergessen sollte: die, die das Impfen »verzögern«. Damit sind diejenigen gemeint, die zum Beispiel vergessen, Impfungen im Erwachsenenalter aufzufrischen, oder Impfungen (ob für sich selbst oder ihre Kinder) verschieben. Prof. Cornelia Betsch forscht an der Universität Erfurt unter anderem zu der Frage, warum sich Menschen nicht impfen lassen. Ein Grund: Impfen sei nicht einfach genug. Und das ist laut Prof. Betsch ein Thema, das oft viel zu kurz kommt: »Wir zerren zum Thema Impfen immer die knapp 5 Prozent Impfgegner nach vorne und vergessen dabei: Impfen ist nicht einfach genug. Wieso gibt es eine Gruppe an Menschen, die vergisst nachzuimpfen? Weil es kein System gibt, das einen daran erinnert. Wieso sagen Eltern Impfungen ab? Es gibt zu wenige öffentliche Impfstellen, kaum Schul- oder Kindergartenimpfungen. Wieso impfen wir Kinder nicht bei der Schuleingangsuntersuchung?«

Fünf Gründe, warum sich Menschen nicht impfen lassen

Cornelia Betsch verweist in ihrer Forschung auf insgesamt fünf Gründe, warum sich Menschen nicht impfen lassen würden: »confidence, complacency, constraints, calculation, collective responsibility«.[71]

- **Confidence** bedeutet: (Fehlendes) Vertrauen in die Sicherheit von Impfungen
- **Complacency** beschreibt die Tatsache, dass Menschen das Krankheitsrisiko einfach nicht mehr wahrnehmen. Die meisten von uns kennen nämlich Krankheiten wie Kinderlähmung oder Masern nicht mehr: Wir sind in gesunden, geimpften Zeiten aufgewachsen und fürchten die Krankheiten, vor denen uns Impfungen schützen, kaum – weil wir sie uns überhaupt nicht mehr vorstellen können.
- **Constraints** sind die praktischen Barrieren, die uns im Alltag davon abhalten, uns impfen zu lassen. Man muss extra Termine zum Impfen machen, man kann für eine Impfung nicht in die nächste Apotheke gehen etc.. Menschen haben Stress, leiden unter Zeitnot, der Aufwand ist hoch: Impfen ist dann nicht wichtig genug, um all das zu überwinden.
- **Calculation** beschreibt das Bedürfnis und die hohe Motivation, sich selbst möglichst viele Informationen zu besorgen. Das Problem: Die eigene Suche führt oft zu mehr Falschwissen. Gerade im Internet stößt man auf viele pseudowissenschaftliche Seiten. Man sitzt am Ende auf einem großen Berg an Informationen und weiß gar nicht mehr, was davon stimmt und wem man da vertrauen soll.
- **Collective responsibility**: Weiß ich, dass ich mit meiner Impfung auch andere Menschen schütze – und ist das für mich wichtig? In der Regel ist es für andere Menschen wichtig. Die Info, dass man mit einer Impfung andere Menschen schützen könne, kann laut Prof. Dr. Betsch eine gute Zusatzinfo sein, dass sie sich dann doch impfen lassen würden.

Die Chemtrail-Verschwörung: »Hüte dich vor den Kondensstreifen!«

Wahrheiten, Halbwahrheiten und Lügenkonstrukte

Es könnte alles so einfach sein: Flugzeuge hinterlassen Kondensstreifen, also helle Schleier aus Wassertröpfchen, die aus den Abgasen der Triebwerke kondensieren. Aber nein: Das sehen manche ganz anders. Für sie sind das keine Kondensstreifen, sondern toxische Chemikalien. Und zwar Chemikalien, die absichtlich in der Luft platziert werden. Wer das glaubt, hat für Kondensstreifen auch einen eigenen Namen: Chemtrails (vom engl. *condensation trail/contrails* – Kondensstreifen). Menschen, die an Chemtrails glauben, sind überzeugt, dass es geheime (Regierungs-) Programme gibt, deren Aufgabe es ist, diese Chemikalien zu versprühen.

Kurz und knapp: Diese geheimen Programme gibt es nicht. Aber Menschen, die daran glauben, die gibt es. In einer internationalen Umfrage von 2011 gaben immerhin 17 Prozent der Befragten an, an die Existenz von geheimen Chemtrail-Programmen zu glauben.[72] Diese Menschen treffen sich zum Beispiel in geschlossenen Facebook-Gruppen. Oft begegnen einem Chemtrail-Sympathisierende auch in Kommentaren in sozialen Netzwerken. Unter Fotos mit blauem Himmel und weißen Wolken steht zum Beispiel: »Von wegen Kondensstreifen: Das ist doch alles gesprüht« oder »Das sind keine Wolken, das sind Chemtrails« oder »Geoengineering soll uns alle umbringen«.

Daher ist es immer wichtig, sich zu informieren, in bestimmten Themen firm zu sein und mehrere Quellen zu nutzen. Denn: Wer recherchiert und dazu googelt, findet im Zweifelsfall auf der ersten Seite der Ergebnisse auch fragwürdige Treffer.

Was besagt die »Chemtrail-Theorie«?

Die Theorie besagt, dass die Kondensstreifen am Himmel, die von Flugzeugen hinterlassen werden, in Wirklichkeit voller toxischer Substanzen seien. Diese seien dort absichtlich eingebracht worden, um entweder das Klima zu verändern, die Menschen krank zu machen oder sie gar direkt zu kontrollieren. So die Behauptung.

Die Wissenschaft sagt sehr klar: Das ist nicht korrekt. So wurden zum Beispiel 77 international angesehenen Forscherinnen und Forschern von der University of California Fotos von verdächtigen Kondensstreifen vorgelegt mit der Frage, wie sie diese Phänomene erklären würden. Alle waren der Meinung, dass diese angeblichen Chemtrails durch andere Ursachen erklärt werden können.[73]

Der Ursprung der Chemtrail-Theorie liegt in Nordamerika: In amerikanischen und kanadischen Chatforen geisterten schon Mitte bis Ende der 1990er-Jahre erste Theorien über sogenannte Chemtrails herum. Worum es hier ging? Geheime Regierungsprogramme hätten angeblich vor, mittels Geoengineering das Klima zu beeinflussen und würden daher Partikel in der Atmosphäre versprühen.

In den 2000ern schwappte die Theorie nach Europa: 2004 erschien in der Zeitschrift *Raum & Zeit* ein Artikel mit dem Titel »Die Zerstörung des Himmels«. Der Schweizer Gabriel Setter behauptete darin, Kondensstreifen seien künstlich ausgebrachte Chemtrails aus Barium und Aluminium, ein Mittel des Geoengineering, um die Sonneneinstrahlung zu beeinflussen. Das Ziel: eine gezielte Manipulation des Klimas im Kampf gegen die globale Erwärmung.[74]

In Deutschland nahm die Chemtrail-Theorie laut Jörg Lorenz, Autor des *Chemtrailhandbuches*, von Anfang an eine eigene Form an. Zwischen 2004 und 2011 entwickelte sie sich rund um die Themen Vergiftung und geistige Kontrolle der Bevölkerung. Warum? Für Jörg Lorenz ist das ganz klar: Das Thema Geoengineering, um das sich die Theorie im nordamerikanischen Raum rankte, sei in Deutschland zu diesem Zeitpunkt schlicht noch nicht so bekannt gewesen, es habe kaum deutsche Veröffentlichungen dazu gegeben. Um das korrekt einzuordnen: Auch die englischsprachigen Chemtrail-Anhänger verbreiteten natürlich falsche Verschwörungstheorien. Geheime Programme, die irgendwelche Substanzen versprühen, existieren ja nirgendwo. Aber immerhin existiert das Thema Geoengineering, auf dessen Basis sie ihre Theorien aufbauen, tatsächlich.

Dieser Erkläransatz fehlte laut Lorenz in Deutschland anfangs, weshalb die Theoretiker sehr abstruse Begründungen für die angeblich vergifteten Streifen fanden: Vergiftungsprogramme, Gedankenkontrolle und vieles mehr. Das änderte sich 2011: Da erschien die »Sondierungsstudie Climate Engineering 2011«, die das Thema Geoengineering behandelte.[75] In der Folge gab es auch im deutschsprachigen Raum immer mehr wissenschaftliche Veröffentlichungen zu dem Thema. Die Verschwörungstheorie veränderte sich: Ihre leitenden Figuren riefen auch in Deutschland immer mehr dazu auf, das Wort Geoengineering aufzunehmen und Chemtrails eher zu vermeiden (zum Beispiel wurde auch der in Berlin jährlich stattfindende »Global March Against Chemtrails And Geoengineering« 2016 in »Global March Against Geoengineering« umbenannt[76]). Das Ziel: eine pseudowissenschaftliche Legitimation für die eigene Verschwörungstheorie aufzubauen, egal wie abstrus sie ist.

Wie bei Verschwörungstheorien so oft üblich: Irgendwo steckt ein Kern Wahrheit, angereichert mit vielen Halbwahrheiten und jeder Menge fabrizierter Lügenkonstrukte. Und vor allem: viel Halbwissen und falsche Informationen. Das Problem: Die meisten von uns haben – natürlich – keinen wissenschaftlichen Hintergrund und auch kein meteorologisches Studium in der Tasche. Woher soll ich also wissen, was ein Kondensstreifen genau ist, wie ein Flugzeug funktioniert, was zur Hölle Geoengineering damit zu tun hat und warum die netten Himmelfotos auf einmal böse Anzeichen sein sollen? Eben. Also fangen wir mal grundsätzlich an:

»Kondensstreifen sind giftige Chemtrails«

Nein, Kondensstreifen sind Flugzeugemissionen. Wie das funktioniert? Es braucht bestimmte atmosphärische Voraussetzungen, damit sich Kondensstreifen überhaupt bilden können. Nur wenn die Atmosphäre kalt genug ist, werden die Wasserdampf-Emissionen eines Flugzeuges als Kondensstreifen sichtbar. Ein Kondensstreifen bildet sich bei ausreichend kalter und feuchter Luft aus den Abgasen eines Flugzeuges und wird so als heller weißer Streifen sichtbar.

Und weil Verschwörungstheoretiker und -theoretikerinnen gerne argumentieren, dass die Streifen ja »verdächtig lange am Himmel bleiben«: Wie lange Kondensstreifen am Himmel sichtbar bleiben, ist ebenfalls durch die atmosphärische Voraussetzung bedingt. Ist die Luft trocken, lösen sich die Streifen schnell wieder auf. Ist die Luft sehr feucht, können solche Kondensstreifen auch stundenlang am Himmel »überleben«.[77]

Also ist ein Kondensstreifen ein eigentlich harmloser Streifen, der aus Wasserdampf besteht? Nicht ganz, wir dürfen bestimmte Einflüsse dieser Streifen nicht außer Acht lassen.

Flugzeuge hinterlassen Abgase, je nach Temperatur erzeugen sie Kondensstreifen. Abgase sind schlecht für die Umwelt. Sie sind aber keine geheimen Regierungsaktionen, sondern bekannte Auswirkungen des Flugverkehrs.

Laut des Deutschen Zentrums für Luft- und Raumfahrt (DLR) scheint inzwischen klar, dass Kondensstreifen zur Erwärmung des Klimas beitragen, »möglicherweise sogar genau so stark wie das von Flugzeugen ausgestoßene CO_2.«[78]

Was also stimmt: Kondensstreifen sind schädliche Abgase. Was ebenfalls stimmt: Sie beeinflussen, zusammen mit vielen anderen Faktoren, die Erderwärmung. Beides keine guten Sachen. Was die Fans der Chemtrail-Theorie aber gerne ignorieren: Das ist kein Geheimnis. Das ist längst erforscht. Öffentlich besprochen. Es ist also keine geheime Verschwörung.

Offiziell gelten Kondensstreifen übrigens ganz einfach als Wolken. Und genau das sind sie: vom Menschen verursachte Wolken. Oder wie das DRL es formuliert: »Kondensstreifen sind linienförmige, von Flugzeugen verursachte Zirruswolken.«[79] Sie wurden inzwischen auch offiziell im Wolkenatlas der World Meteorological Organization (WMO) aufgenommen.[80] Für einige ist das allerdings nur ein weiterer Beweis für ihre Verschwörungstheorie: Menschen sollten mit der Definition als Wolkenform angeblich schon von Anfang an indoktriniert werden, erklärt Jörg Lorenz das Problem.[81]

Für alle, denen in Diskussionen das Argument »Früher gab es keine Kondensstreifen, jetzt werden es immer mehr« begegnet: Ja, es gibt heute deutlich mehr Kondensstreifen als früher. Aber: Es gibt auch deutlich mehr Flugverkehr. Das erklärt ein erhöhtes Aufkommen von Kondensstreifen, ganz ohne geheime Absicht dahinter.[82] Übrigens hat schon Goethe die Streifen erwähnt: »Früh ganz klarer Himmel, nach und nach leichte Zirrus, um Mittag seltene, höchst auffallende Erscheinung, die mich aus der Enge auf eine freie Stätte rief. Von Westen herauf, mit entschiedenem Südwind, zogen lange, zarte Zirrusstreifen, einzeln und vereinigt; (...)«, schrieb er in seinem Werk *Zur Naturwissenschaft überhaupt*.[83]

Was sagt man, wenn jemand Kondensstreifen für »Chemtrails« hält?

- Was man da im Himmel sieht, sind Flugzeugemissionen – nichts anderes sind Kondensstreifen. Ein Kondensstreifen bildet sich bei ausreichend kalter und feuchter Luft aus den Abgasen eines Flugzeuges und wird so als heller weißer Streifen sichtbar.
- Kondensstreifen sind Wolken: Zirruswolken, die vom Menschen verursacht werden.
- Und ja; es gab früher weniger Kondensstreifen am Himmel. Aber: Früher gab es auch weniger Flugverkehr.

»Was wir da oben sehen, sind keine Kondensstreifen, sondern Geoengineering«

Um zu verstehen, wie wichtig diese Argumentation ist, müssen wir uns einmal die Geschichte der Chemtrail-Theorie in Erinnerung rufen. Was in diesem Argument passiert: Wissenschaftliche Ideen und Theorien werden so dargestellt, als würden sie in der Realität bereits praktiziert. Wenn das Stichwort Geoengineering ins Spiel kommt, handelt es sich dabei um eine absichtliche Taktik, die eigene Verschwörungstheorie pseudowissenschaftlich legitimieren zu wollen.

Was ist Geoengineering?

Chemtrails und der wissenschaftliche Begriff Geoengineering haben eine gemeinsame Geschichte, wenn auch unfreiwillig von wissenschaftlicher Seite her. Aber was ist Geoengineering denn nun genau? Unter Climate Engineering oder Geoengineering versteht man großtechnische Maßnahmen, die das globale Klima beeinflussen sollen.[84] Ziel dieser Maßnahmen WÄRE es, die Erderwärmung und so den Klimawandel zu bremsen. Der Konjunktiv steht hier deshalb in Großbuchstaben, da es sich bei Geoengineering in erster Linie um ein rein hypothetisches Feld handelt, in dem maximal Forschungsexperimente stattfinden.

Geoengineering ist keine reelle Praxis. Die deutsche Bundesregierung hat das in einer kleinen Anfrage der Grünen 2018 auch schriftlich dargelegt, Deutschland betreibt also kein Geoengineering.[85] Nachdem Verschwörungstheoretikerinnen und -theoretiker aber an Behauptungen »geheimer Programme« glauben, verhallt eine Argumentation mit Verweis auf eine Bundesregierungsantwort vermutlich im Nichts. An Chemtrails zeigt sich mal wieder die Problematik von Verschwörungstheorien: Der angebliche »Plan«, der dahinterstecken soll, ist so absurd, dass er kaum widerlegbar ist. Wie will man widerlegen, dass es keine »geheimen

Vorhaben zur Kontrolle der Bevölkerung« gibt? Der Beweis für Nicht-Existenz von irgendetwas ist sehr schwierig zu erbringen. Es kann also in einer Diskussion lohnen, diese Problematik offen anzusprechen.

Aber gucken wir uns doch einmal genau an, worum es bei Geoengineering eigentlich geht. Und da stellt man fest: Geoengineering ist nur ein Oberbegriff. Eigentlich gibt es nämlich zwei unterschiedliche Bereiche, die dazu gehören: »Carbon Dioxide Removal« (CDR) und »Solar Radiation Management« (SRM).

CDR sind Maßnahmen, die Kohlendioxid aus der Atmosphäre entfernen sollen. Energiepflanzen, Algen, CO_2-Sauger oder künstliche Bäume sollen zum Beispiel Kohlendioxid aus der Atmosphäre aufnehmen, das könnte dann in der Erde gelagert werden oder in Gewächshäusern wiederverwendet werden. Aber: All diese Maßnahmen finden auf der Erde statt. Der gesamte Bereich »Carbon Dioxide Removal« dürfte für einen Chemtrail-Gläubigen also keine Rolle spielen, denn der findet ja gar nicht »dort oben« statt, wo Kondensstreifen zu sehen sind, sondern eben hier unten auf der Erde.

Unter SRM (Abkürzung von Solar Radiation Management) versteht man Maßnahmen, die Sonneneinstrahlung auf der Erde vermindern sollen. Gigantische Spiegel im All oder kleinste Partikel sollen theoretisch Sonnenstrahlen reflektieren und damit zur Abkühlung beitragen. Damit wären wir schon eher in dem Bereich, in dem Verschwörungstheoretiker Geoengineering vermuten: da oben im Himmel.

All das sind Überlegungen, wie man die Erderwärmung aufhalten könnte – in der Theorie. Denn noch ist das reine Theorie, bestätigt Dr. Hauke Schmidt vom Max-Planck-Institut für Meteorologie.[86]

Wieso wird überhaupt mit Geoengineering argumentiert?

Ganz simpel: Man nutzt aus, dass viele Leute keine Ahnung haben, was Geoengineering ist. Und behauptet dann einfach.

Menschen, die an diese Verschwörungstheorien glauben, nehmen den Konjunktiv in wissenschaftlichen Publikationen für bare Münze. Das bedeutet: Sie lesen wissenschaftliche Vorschläge und behaupten dann, das würde bereits in der Realität umgesetzt – ohne Konjunktiv. Laut Jörg Lorenz geht es ihnen vor allem darum, Beweise für ihre eigene Theorie zu finden. »Sie behaupten einfach, Kondensstreifen hätten etwas mit Geoengineering zu tun. Menschen googeln dann den Begriff und finden tatsächlich Studien dazu. Das reicht vielen schon als Beweis für die Existenz von Chemtrails aus.« [87]

Verschwörungstheoretikerinnen und -theoretiker vereinfachen, sie picken sich das raus, was ihre Theorie stützt und setzen in diesem Fall darauf, dass die meisten Menschen eben keinen Abschluss in Meteorologie haben. Denn wer solche Verschwörungstheorien vertritt, verwechselt auch die Manipulation von Wetter oder Klima (ob un- oder absichtlich). Das ist nämlich nicht dasselbe. Der menschliche Wunsch, das Wetter zu manipulieren ist alt. Regentanzrituale-bei-den-Ägyptern-alt. Und ja, solche Versuche gibt es. Das funktioniert so: Bereits vorhandene Wolken werden mit Kondensationskernen (zum Beispiel Silberjodid) »geimpft«, um zusätzliche Tröpfchen zu bilden. So geschehen in Russland, um Wolken mit Metallsalzen zu »impfen«, damit sie abregnen und Militärparaden unter trockenem Himmel stattfinden konnten. Oder um die Eröffnungs- und Abschlussfeiern der Olympischen Spiele in Peking trocken zu ermöglichen.[88]

Für Verschwörungstheorie-Sympathisanten ist aber eigentlich nicht wichtig, wie diese Methoden genau funktionieren oder ob sie überhaupt funktionieren. Für sie ist lediglich von Bedeutung, dass diese Methoden praktiziert werden und vor allem: dass bei solchen Versuchen, das Wetter zu manipulieren, etwas in die Luft gesprüht/verteilt wird. Denn das stützt die These, dass genau dies möglich wäre.

Bei Geoengineering geht es aber um Maßnahmen, die das Klima beeinflussen sollen. Klar kann es hier einen Zusammenhang geben: Ein verändertes Klima würde ja auch das Wetter beeinflussen. Aber Klima ist nun mal nicht gleich Wetter (siehe hierzu den Erklärkasten im Kapitel »Klimawandel« auf Seite 35.)

Wer an solchen Verschwörungstheorien festhält, ignoriert außerdem, wie Wolken funktionieren. Denn Wolken sind kompliziert. Je nachdem, wo sie auftreten, wirken sie anders, abkühlend oder erwärmend. Zirruswolken haben zum Beispiel eine reflektierende Wirkung, sie halten aber vor allem auch Ausstrahlung zurück. Und was sind Kondensstreifen? Genau, Zirruswolken. Das heißt, global gesehen wirken genau diese Wolken, zu denen Kondensstreifen gezählt werden, erderwärmend.

»Es kann also keine Geoengineering-Maßnahme sein, solche Zirruswolken in Form von ›Chemtrails‹ zu produzieren. Das wäre kontraproduktiv, da man mit Geoengineering ja die Erderwärmung stoppen will«, erläutert Dr. Hauke Schmidt. Fun fact: Es gibt sogar eine – wieder theoretische – Überlegung von Forschern, mittels Geoengineering genau diese Zirruswolken auszudünnen, um diesen Effekt auszuhebeln. Ein Hinweis zu diesem Argument: Für viele Chemtrail-Gläubige ist das leider auch egal, denn unter ihnen finden sich auch viele, die den Klimawandel leugnen. Wer den aber leugnet, der glaubt auch nicht daran, dass es bei Geoengineering darum geht, die Erderwärmung stoppen zu wollen.

Geoengineering wird also gerne als Argument von Chemtrail-Gläubigen genutzt, hält aber einer genaueren Untersuchung nicht stand.

Was antwortet man Chemtrail-Gläubigen zum Thema Geoengineering?

- Geoengineering wird in der oft angeprangerten SRM-Form nicht betrieben. Das hat unter anderem die deutsche Bundesregierung offiziell bestätigt.

- SRM-Maßnahmen sind aktuell reine wissenschaftliche Hypothesen. (Wer einem möglichen »Vertuschungsversuch« entgegenwirken will, kann auch auf einige Tests hinweisen, siehe hierzu die Fußnoten.)[89]
- Ziel von möglichen SRM-Maßnahmen wäre es, die Erderwärmung aufzuhalten. Kondensstreifen wirken, da sie Zirruswolken sind, erderwärmend. Mit SRM würde man also keine Kondensstreifen (oder »Chemtrails«) produzieren wollen, das wäre ja kontraproduktiv.

»Die spinnen doch alle« – ein Plädoyer für den Widerspruch

An dieser Stelle noch ein Plädoyer für das Gegenüber und für die andere Perspektive: Es geht nämlich nicht immer nur ums »dagegen argumentieren«. Klar kann ich immer sagen: »Ignoriert die Spinner einfach.« Bringt aber nichts. Ebenso wenig bringt es etwas, sich darüber lustig zu machen. Man sollte zwar aufweisen, wie absurd die Argumentationen teilweise sind. Aber eben nicht nur. Typischerweise liest man als Gegenreaktion auf jemanden, der unter einem »Blauer Himmel und Kondensstreifen«-Bild fragt, was es mit Geoengineering auf sich hat, die Antwort »Du Aluhut«. Dabei kann ich genauso gut antworten und vielleicht jemandem eine tatsächliche Information liefern.

Warum sich auch ernstgemeinte Antworten lohnen:

- Nichtbetroffene bekommen informative Antworten, die sie selbst zur Diskussion nutzen können.
- Man erreicht vielleicht jemandem, der noch kein geschlossenes Weltbild hat, kann dieser Person eine Antwort geben, die auf Fakten, nicht auf Schwurbel basiert.

- Die Chemtrail-Verschwörungstheorie-Gemeinde ist online gut vernetzt und ruft sich auch gegenseitig gerne zu Hilfe. So steht dann, wenn keiner mehr kontert, nur die Chemtrailversion als »Wahrheit« alleine da.

Antworten an Menschen, die denken, dass der Islam ihr Abendland zerstöre

- »Muslime sind…«
- »Im Koran steht aber…«
- »Verschleierung ist verboten: Wir haben in Deutschland ein Vermummungsverbot«
- »Durch die Islamisierung gehen christliche Traditionen verloren«
- »Wir dürfen in muslimischen Ländern auch keine Kirchen bauen«

»Muslime sind...«

Pauschalisierungen sind beliebt: »Männer sind ...«, »Frauen sind ...«, »Politiker sind ...« – und besonders gern genommen: »Muslime sind ...« Die notwendige Frage auf eine solche Aussage lautet jedoch: Über wen oder was reden wir hier eigentlich? Denn »die« Musliminnen und Muslime gibt es nicht. Genauso wenig wie »den« Islam. In beiden Fällen handelt es sich um heterogene Gruppen, Gemeinschaften, Gefüge, je nachdem welche Stadt, welches Milieu, welches Land man betrachtet. Pauschalisierungen helfen nicht weiter, egal bei welchem Thema. Eine solche Argumentation schlägt fehl, weil sie von einer völlig falschen Annahme ausgeht.

Warum sollten wir uns über solche Pauschalisierungen Gedanken machen?

Weil Islamfeindlichkeit zunimmt: In Deutschland stimmen laut der Leipziger Autoritarismus-Studie von 2018 55,8 Prozent der Befragten der Aussage zu, dass sie sich »durch die vielen Muslime [...] wie ein Fremder im eigenen Land« fühlen. Und 44,1 Prozent der Befragten bestätigten die Aussage, »Muslimen sollte die Zuwanderung nach Deutschland untersagt werden«.[1] In den neuen Bundesländern findet diese Ansicht mit 50,7 Prozent sogar eine Mehrheit.

Der britische Think-Tank Chatham House hat 2017 Europäerinnen und Europäer in zehn Ländern gefragt, was sie von muslimischer Einwanderung halten. Eine der Fragen lautete: »Sollte jegliche Einwanderung aus vorwiegend muslimischen Ländern gestoppt werden?« In allen zehn Ländern stimmten die Befragten mehrheitlich für ein Einreiseverbot, in Deutschland waren es 53 Prozent.[2] Laut dem Kommunikationswissenschaftler Kai Hafez sind in Deutschland 50 Prozent der Bevölkerung anfällig für Islamfeindlichkeit: »Die Islamfeindlichkeit bewegt sich in Deutschland nicht nur an den Rändern, sondern sie ist weit in die Mitte dieser Gesellschaft vorgedrungen«, sagte er in einem Interview mit der *ZEIT*.[3]

Weil Islamfeindlichkeit Folgen hat: In Deutschland leben etwa fünf Millionen Muslime. Sie werden Opfer von Gewalt- und Straftaten: In Berlin soll im März 2018 ein Mann einer kopftuchtragenden Frau in den Bauch getreten haben, es ist ein Beispiel von vielen. Durch ihr Kopftuch als Musliminnen erkennbare Frauen sind immer wieder heftigen Beleidigungen und Angriffen auf der Straße, in öffentlichen Verkehrsmitteln, in der Schule oder in der Arbeit ausgesetzt. Die Polizei registriert jährlich hunderte islamfeindliche Taten: 2018 wurden in der polizeilichen Kriminalstatistik 910 Angriffe auf Moscheen und Straftaten gegen Musliminnen und Muslime gemeldet.

Islamfeindlichkeit hat Folgen, und das nicht nur hier in Europa: Am 15. März 2019 erschoss ein rechtsextremistischer Attentäter in zwei Neuseeländer Moscheen 51 Menschen und verletzte fast ebenso viele. Die Historikerin Yasemin Shooman sagt dazu in einem Interview mit der *Süddeutschen Zeitung*: »Wir müssen über den Hass auf Muslime sprechen, über Muslimfeindlichkeit, die bei dieser Tat der treibende Motor war. Und das kann unbequem werden. Denn den Rechtsextremismus schiebt die Mehrheit gerne in die Vergangenheit oder an den Rand, aber antimuslimischer Rassismus ist in der Mitte der Gesellschaft angekommen. Das belegen alle Studien der letzten Jahre.«[4]

Weil Islamfeindlichkeit auf sehr alte Vorurteile zurückgreifen kann: Viele sind sich nicht bewusst, wie alt Stereotype und Vorurteile sein können, die uns im Alltag begegnen oder die wir selbst in uns tragen. Denn die Grundlagen für bestimmte Vorurteile sind auch historisch verankert. Kommunikationswissenschaftler Kai Hafez, der zu Vorurteilen gegenüber Islam und Muslimen forscht, verweist auf eine tausendjährige Geschichte: »Islamfeindliche Vorstellungen haben in Europa eine sehr lange Geschichte. Das negative Islambild währt dabei schon circa 1400 Jahre – also fast so lange, wie es den Islam gibt. Das hat sich nie wirklich reformiert oder differenziert.«[5] Das bestätigt auch Vorurteilsforscherin Beate Küpper: »Viele Vorurteile sind sehr alt und werden immer wieder reproduziert: Da haben wir zum Beispiel das Bild vom Abendland, vom Morgenland, also vom ›fremden Orient‹, dicht gefolgt vom angeblich ›gefährlichen, fremden Orientalen‹. Das findet sich dann wieder in heutigen Vorurteilen gegenüber Muslimen als scheinbar ›fremd‹ oder arabischen Männern als angeblich ›fremd und gefährlich‹.«

Das Interessante (und Tragische) an Vorurteilen sei laut Küpper, dass, auch wenn wir davon überzeugt seien, keine zu haben, genau das unwahrscheinlich sei: »Wir werden alle von historischen Bildern aus Literatur, Kultur, Kunst, Mythen beeinflusst – ohne, dass wir uns dessen unbedingt bewusst sind oder das zwingend wollen. Und diese Bilder werden dann in modernen Schulbüchern, in Medienberichterstattungen und von uns als Gesellschaft reproduziert.«[6] Diese Bilder können sich im Laufe der Geschichte auch verändern. Kai Hafez verweist hier auf epochale Schwankungen: »Zum Beispiel existierte im 19. Jahrhundert eine Art ›exotische Orientschwärmerei‹ in Bezug auf die Haremskultur, den Bauchtanz oder exotische Musik. Solche Bilder unterliegen also gewissen Konjunkturen, auch wenn die langfristige Tendenz negativ ist.«

Dass Vorurteile Konjunkturen unterliegen, liegt unter anderem daran, dass man sie auch als Teil eines Prozesses sehen kann. Dieser Prozess beginnt mit der Kategorisierung. Wir Menschen kategorisieren alles Mögliche, etwa unsere Umwelt, das macht uns aus. Aber nach welchen Merkmalen wir kategorisieren, ist uns nicht vorgegeben. Das hängt davon ab, welches Merkmal gerade in den Vordergrund gerückt wird, und das wiederum kann sich verändern, kann angepasst werden, das können wir also beeinflussen. Das sehe man zum Beispiel an Musliminnen und Muslimen erklärt Beate Küpper: »Als die ersten Gastarbeiter aus der Türkei kamen, wurden sie als Gastarbeiter bezeichnet. Im Vordergrund stand das Arbeiten auf begrenzte Zeit. Dann wurden aus Gastarbeitern ›Ausländer‹. Jetzt sind sie Muslime. Das waren sie gegebenenfalls zwar vor 50 Jahren auch schon, das hat damals nur keinen interessiert.« Man muss sich also bewusst sein, dass sich die Art und Weise wie bestimmte Gruppen wahrgenommen werden, verändert. Das sollte man im Hinterkopf haben, wenn jemand selbstverständlich von »Muslimen« als scheinbar homogener Gruppe spricht, als wäre das immer schon so gewesen.

Islamwissenschaftlerin Riem Spielhaus ordnet diese kontinuierliche Veränderung auch in den Kontext von politischen Entscheidungen ein: »Früher gab es die Gastarbeiter, da ging es nicht um den Glauben. Aber dann änderte sich etwas, was aus Gastarbeitern Nationalitäten, die auf unterschiedlichen Seiten stehen, machte: die EU-Integration. Auf einmal standen Italiener, Griechen und Spanier auf der einen Seite und die Türken auf der anderen. Die einen waren EU-Bürger, die anderen nicht. Die Türken befanden sich in der Gruppe mit den ›Anderen‹, also die, die nicht in der EU und zum Teil muslimisch waren wie Pakistaner, Indonesier etc.«[7] Der Moment, in dem dann aus Migranten »Muslime« werden, kam laut Spielhaus später: »Das erste Mal, das überhaupt die Frage gestellt wurde, wie viele Muslime in Deutschland leben, war 1998, im Zusammenhang mit der Staatsangehörigkeitsrechtsreform. Wann wurden Migranten zu Muslimen bzw. die hier lebenden Muslime zu Migranten? Im Prinzip in dem Moment, wo die, die noch keinen deutschen Pass hatten, deutsch werden konnten.«

Worüber reden wir eigentlich?

Für eine negative Einstellung und pauschale Ablehnung gegenüber Musliminnen und Muslimen sowie dem Islam wurden bis heute verschiedene Begriffe geprägt, dazu gehören: Islamophobie, Islam- bzw. Muslimfeindlichkeit und antimuslimischer Rassismus. Jeder Begriff betont eine andere Facette des Problems.

International ist vor allem im angloamerikanischen Bereich »**Islamophobie**« als Begriff verbreitet. »Phobie« kommt aus dem Griechischen und bedeutet Angst. Der Begriff fokussiert also eine krankhaft übersteigerte Angst vor dem Islam und seiner Kultur. In Deutschland erlangte der Begriff durch die Untersuchungen des Bielefelder Instituts für Konflikt- und Gewaltforschung zu Gruppenbezogener Menschenfeindlichkeit (GMF) Bekanntheit. Darin wird »Islamophobie« als »generell ablehnende Einstellungen gegenüber muslimischen Personen und allen Glaubensrichtungen, Symbolen und religiösen Praktiken des Islam« bezeichnet.[8] Allerdings gibt es Kritik an dem Begriff. Ein Argument: Hier würden menschenfeindliche Ressentiments mit persönlichen, wenn auch Angst-begründeten Gefühlen gleichgesetzt. »Die Affinität zu krankhaften Störungen (»Phobie«) verfehlt indes die maßgeblichen Ursachen des Phänomens: Wie Rassismus ist Islamfeindlichkeit keine Krankheit, sondern eine letztlich selbstgewählte Einstellung und Verhaltensweise«, schreibt Islamwissenschaftler Mathias Rohe dazu.[9] Andere Wissenschaftlerinnen und Wissenschaftler argumentieren, wer von Phobie spreche, richte den Blick auf die Ängste des therapiebedürftigen Täters, nicht auf das von Rassismus betroffene Opfer.

Auf diese Ängste verzichtet der Terminus »**Islamfeindlichkeit**«. Dieser Begriff steht, allgemein formuliert, für rigoros ablehnende Auffassungen gegenüber dem Islam. »Letztendlich entspricht die Islam- und Muslimfeindlichkeit der Abwertung von Muslimen, weil sie Muslime sind, bzw. des Islams, weil es ›der Islam‹ ist, bzw. einer Person, weil sie dem Islam (evtl. sogar nur vermeintlich) angehört.«, so Vorurteilsforscher Andreas Zick in einem Bericht.[10] Der Begriff der »Muslimfeindlichkeit« hat laut der Deutschen Islamkonferenz den Vorteil, dass er den Blick auf die Abwertung einzelner Menschen richtet.[11]

Antimuslimischer Rassismus richtet sich gegen Menschen, denen eine muslimische Religionszugehörigkeit zugeschrieben wird bzw. die als

»muslimisch markiert« betrachtet werden. Grundlegend werden also alle Muslime als eine homogene Gruppe wahrgenommen, egal welchen Bezug sie zum Islam haben. Im Fokus antimuslimischer Ressentiments stehen dabei nicht nur gläubige Muslime, sondern alle, denen aufgrund bestimmter äußerlicher Merkmale, ihrer mutmaßlichen Herkunft oder angeblichen Kultur ein sogenanntes »Muslimisch-Sein« unterstellt wird. Wer als Muslimin oder Muslim gilt, wird also von außen bestimmt. Von antimuslimischem Rassismus sind damit auch Menschen betroffen, die sich selbst gar nicht oder zumindest nicht in erster Linie als Muslime verstehen.[12] So kann auch ein syrischer Christ, der auf der Straße als »Moslem« beschimpft wird, in diesen Radius geraten. Ihnen allen wird von vorneherein ein negatives Verhalten zugetraut, ein negativer Charakter unterstellt.

Doch antimuslimischer Rassismus bedeutet nicht nur, schlecht oder unfreundlich behandelt zu werden und körperliche Gewalt zu erfahren, sondern auch strukturell und institutionell diskriminiert zu werden. Muslimische Bewerberinnen mit einem türkischen Nachnamen und einem Bewerbungsfoto, auf dem sie Kopftuch tragen, müssen zum Beispiel mehr als viermal so viele Bewerbungen verschicken als Frauen mit einem deutschen Namen und ohne Kopftuch – auch wenn sie dieselben Qualifikationen haben. Das stellte eine Studie des Bonner Instituts zur Zukunft der Arbeit (IZA) schon 2016 fest.[13]

Wie kann man auf Islamfeindlichkeit reagieren?

Haltung zeigen

Der erste Schritt: antimuslimische Äußerungen nicht tolerieren und das auch zeigen. Sich zu äußern ist besser, als bestimmte Aussagen stillschweigend im Raum stehen zu lassen. Dafür braucht es noch nicht einmal feste Argumente: Man kann auch ohne direkte Gegenargumente einen Punkt setzen. Wer wirklich absichtlich handelt, wird seine Meinung durch ein Gespräch oder einen Einwurf wahrscheinlich nicht ändern - aber den Gegenwind spüren. Wen man mit so etwas auf jeden Fall erreichen kann: weitere Zuhörende oder Mitlesende. Ein Einwurf kann die Stimmung in einem Raum ändern und möglicherweise betroffenen Personen zeigen, dass sie nicht alleine sind.

Zwischen Aussage und der Person trennen

Wenn man in einem Gespräch islam- oder muslimfeindliche Statements hört: Nicht reagieren mit »Du bist ein Rassist«. Besser ist: »Diese Aussage ist rassistisch.« Der Unterschied ist wichtig. So kann sich das Gegenüber als Person von der Aussage noch distanzieren, so ist das Gespräch noch möglich. Deshalb nicht direkt die Person angehen und sagen: »Du bist das Problem«, sondern sachlich bleiben.

Kritisch nachfragen

»Was war mit dieser Äußerung wirklich gemeint?«, »Woher hast du diese Information?«, »Was meinst du damit genau?«, »Warum ist dir dieser Punkt so wichtig?«. Wer nachhakt, versteht sein Gegenüber besser und kann so auch nachvollziehen, woher eine bestimmte Meinung vielleicht kommt.

Sich selbst schützen und Ziele formulieren

Man sollte immer bedenken, wer das Gegenüber ist. Will ich mit der Person diskutieren? Oder will ich einfach nur meine Meinung kundtun, dass mir eine Aussage zu weit geht? Die eigenen Kapazitäten einzuschätzen und auch zu achten ist wichtig, gerade wenn man in eine Diskussion gehen will.

Auf das Opfer zugehen

Wer in der Öffentlichkeit einen Übergriff beobachtet: Auf die betroffene Person zugehen. Nicht die Täterin, den Täter involvieren. Wichtig ist allein, der betroffenen Person zu signalisieren »Ich bin da«, Solidarität zu zeigen und Hilfe anzubieten. Manchmal sind es aber nicht die großen Übergriffe, manchmal sind es kleine Momente, die Nichtbetroffenen nicht auffallen bzw. die sie nicht als relevant einschätzen: Eine Rentnerin setzt sich weg, wenn sich eine Frau mit Hidschab neben sie setzt. Eine Gruppe junger Männer hindert eine Frau mit Kopftuch am Einsteigen in die U-Bahn. Ein Spruch im Bus. Ein langes Anstarren. Tuscheln und Fingerzeigen. Solche Momente nicht schweigend weglächeln. Solidarität gilt nicht nur, wenn jemand blutend am Boden liegt.

»Man wird ja wohl noch Kritik äußern dürfen«

Dieses Argument hört man häufig, Kritik am Islam müsse ja wohl noch möglich sein. Die Gegenfrage lautet: Ist die Kritik denn legitim? Eine legitime Kritik am Islam beinhaltet eine sachliche Auseinandersetzung mit bestimmten religiösen Praktiken, theologischen Fragen im Islam oder bestimmten muslimischen Organisationen bzw. deren Tätigkeiten. Doch in der Praxis wird »Kritik« häufig genutzt, um Vorbehalte und Vorurteile zu äußern. Kritik am Islam wird dann problematisch, wenn sie pauschalisiert und generalisiert, also »den einen Islam« verurteilt, anstatt Individuen und deren Handeln zu betrachten. Auf der anderen Seite kann berechtigte Islamkritik auch mit dem Vorwurf der »Islamophobie« abgeschmettert werden. Unter anderem deshalb wird der Begriff »Islamophobie« von manchen Seiten abgelehnt, da er von bestimmten muslimischen Organisationen als »Kampfbegriff« eingesetzt werden könnte.

Grundsätzlich gilt: Die Grenze zwischen Islamkritik und Islamfeindlichkeit ist fließend. Das macht es noch schwieriger einzuschätzen, wie legitime Kritik aussehen könnte. Islamwissenschaftler Farid Hafez gibt in einem Interview mit der Bundeszentrale für politische Bildung (bpb) folgende Einordnung: »Solange sie sich an konkreten Akteuren und ihren Handlungen orientiert und nicht in eine Generalisierung übergeht, ist Kritik völlig okay und notwendig. Aber in öffentlichen Debatten oder der medialen Berichterstattung sind Pauschalisierungen an der Tagesordnung. Man spricht über irgendeinen Einzelfall, der dann verallgemeinert wird, und am Ende steht ein diffuses Gefühl: Es gibt eine Masse an Bösen, die Muslime, denen alle Nichtmuslime als Gute gegenüberstehen.«[14] Legitime Islamkritik hingegen spricht konkrete Probleme an und verzichtet auf Pauschalisierung. Dazu gehören zum Beispiel »die Unterstützung patriarchaler Ungleichbehandlung bis hin zur Gewaltanwendung, die Abwertung anderer Konfessionen, Religionen und Weltanschauungen sowie die religiös begründete Radikalisierung.«[15]

Was hingegen nicht funktioniert: »Den« Islam und »die« Muslime generell abzuwerten. Denn genau so funktionieren Vorurteile: »Weil nichts praktischer ist als ein Vorurteil, um jene, die es treffen soll, auf Distanz zu halten, werden viele Vorurteile über Muslime auch als Islamkritik eingekleidet und der Verweis auf eine notwendige Differenzierung zwischen Kritik und Vorurteil schon als politische Korrektheit oder Angriff pariert.«[16] Wer also nicht in die Pauschalisierungsfalle tappen möchte, kann in der nächsten Diskussion versuchen, allgemeingültige Vorurteile sachlich einzuordnen.

Wie geht man mit Hassrede im Netz um?

Betroffene unterstützen

- Präsenz zeigen: sich bei Betroffenen melden, Hilfe anbieten, Solidarität signalisieren.
- Gegenkommentare liefern: positiv kommentieren, inhaltlich mitdiskutieren.

Sich Hassrede entgegenstellen

- Präsenz zeigen und widersprechen: Ob mit einem Gegenstatement (»diese Aussage ist inhaltlich nicht diskutabel«) oder einer inhaltlichen Diskussion, man kann gegen antidemokratische und hetzerische Kommentare Position beziehen und kontern.
- Melden, flaggen, anzeigen: Hetzerische Aussagen können gemeldet, wo strafrechtlich relevant, auch angezeigt werden.

Selbst mit Hassrede im Netz umgehen

- Verbündete suchen und finden.
- Privatsphäre-Check machen und Profileinstellungen anpassen.
- Bestimmte Nutzerinnen oder Nutzer blocken.
- Kommentarballast abgeben: Manchmal hilft es, die eigenen Kommentare nicht selbst zu lesen, sondern einer vertrauten Person zu überlassen.
- Melden und Anzeige erstatten: Screenshots anfertigen und abspeichern, Profil-URLS abspeichern. Kommentare melden oder bei der Polizei bzw. der Online-Wache des jeweiligen Bundeslandes anzeigen. Bei Unsicherheit, ob etwas strafrechtlich relevant ist, kann man sich auch an www.internet-beschwerdestelle.de oder www.hass-im-netz.info wenden.
- Pause machen: Wie und wann man auf einen Online-Angriff reagiert, ist eine persönliche Entscheidung. Es kann helfen, erstmal auf Distanz zu gehen, sich für eine Zeit zurückzuziehen, offline zu sein.
- Hass im Netz kann krank machen: Man sollte eine Beratung und/oder psychologische Hilfe nicht ausschließen und nicht in die »Ich muss das alleine schaffen«-Falle tappen.
- Egal welche Maßnahme man für sich ergreift oder welchen Umgangsweg man für sich findet: Die eigene Sicherheit und Gesundheit gehen immer vor.

»Im Koran steht aber...«

Wer so etwas sagt, darf folgende Antwort bekommen: Den Koran, Koransuren, also die einzelnen Kapitel des Korans, oder einzelne Ausschnitte kann man nicht ohne den historischen Kontext betrachten. Wie bei vielen anderen heiligen Schriften, zum Beispiel der Thora im Judentum oder der Bibel im Christentum, spielen Kontext und Interpretation eine entscheidende Rolle. Der Direktor des Erlanger Zentrums für Islam und Recht in Europa, Mathias Rohe, erklärt das so: »Es gibt keine einzige Aussage in irgendeiner Schrift, die man nicht auch interpretieren muss. Man muss sich immer fragen: Gilt die Aussage vielleicht nur für eine bestimmte historische Zeit oder jetzt auch noch? Gilt sie überall oder nur an bestimmten Orten, betrifft sie alle Personen oder nur bestimmte Personen?«[17] Wer einen Text verstehen will, muss die nötige Kompetenz besitzen, ihn zu lesen: Der Koran wird in der Regel nicht wortwörtlich gelesen, Gelehrte ziehen andere Koranzitate hinzu, sie betrachten den jeweiligen Anlass zur Offenbarung dieser oder jener Sure und nähern sich so der Intention der jeweiligen Stelle. Wer religiöse Texte interpretieren möchte, braucht Erfahrung im Umgang mit religiöser Sprache. Das gilt nicht nur für den Koran, sondern auch für den Umgang und die Interpretation anderer heiliger Schriften. Warum ist das wichtig? Weil die Umstände, unter denen diese Schriften entstanden, ganz andere waren, als die, unter denen wir heute leben. Wortwörtliches Suren- oder Bibelzitat-Pingpong bringt also niemanden weiter.

Leider ist Suren-Pingpong sehr beliebt. Immer wieder werden zum Beispiel Suren zitiert, die zu Gewalt aufrufen, um zu beweisen, dass der Islam eine kriegerische Religion sei. Gekontert wird dann mit Koranaussagen über Gottes Barmherzigkeit. Das Spiel funktioniert also in alle Richtungen. Was dabei untergeht: wie der Koran wirklich zu interpretieren ist. Was stimmt: Einige Koranverse sind als gewaltfördernd auslegbar, einige rechtfertigen auch die Gewalt gegenüber Ungläubigen. Was auch stimmt: Viele Passagen des Korans sind nicht eindeutig zu interpretieren. Extremistinnen und Extremisten nutzen das, um die Anwendung von Gewalt zu rechtfertigen. Es wird gerade dann problematisch, wenn einzelne Verse zitiert und so aus dem historischen Kontext gerissen werden. Viele davon beziehen sich nämlich auf konkrete Geschehnisse und Auseinandersetzungen zur Zeit des Propheten Mohammed.

Gerne berufen sich radikale Positionen zum Beispiel auf den fünften Vers der neunten Sure: »Sind aber die heiligen Monate verflossen, so erschlaget die Frevler, wo ihr sie findet, und packet sie und belagert sie und lauert ihnen in jedem Hinterhalt auf.« Dass es sich gerade bei solchen Stellen um zeitlich begrenzte konkrete Anweisungen handelt, ordnet Islamwissenschaftler Mathias Rohe ein: »Diese Stelle wird gerne so gedeutet, dass man alle Nichtmuslime töten müsse. Das ist evident falsch. Die Interpretationen gehen nämlich dahin, dass es sich bei den hier angesprochenen Heiden um eine Gruppe von damals heidnischen Mekkaner handelt, die ›heuchelten‹, um zum Islam überzutreten und dann bei der nächstbesten Gelegenheit den Muslimen in den Rücken fielen. Diese müsse man töten, das ist der Offenbarungskontext. Aber: Die hier angesprochenen Menschen sind alle längst tot, die Sache hat sich erledigt, auch wenn die Stelle noch im Koran steht.«

Bei der Koranauslegung besteht sowieso ein Unterschied zwischen gemäßigtem Mainstream und Extremisten: Eine Untersuchung des Tony Blair Institute kam 2017 zu dem Schluss, dass nur 8 Prozent der 50 Koransuren, die von Extremisten am meisten zitiert werden auch in Texten des Mehrheitsislam vorkämen. Und nur 7 Prozent der vom Mehrheitsislam zitierten Verse lassen eine Auslegung Richtung Gewalt zu. Bei Extremisten sind es 86 Prozent. Zudem zitieren extremistische Personen den Koran zwar häufiger, als das Mainstream-Texte tun, dafür sind sie bei der Auswahl aber auch deutlich selektiver und suchen sich nach dem »Rosinenpicken«-Prinzip nur das raus, was genau für ihre Zwecke passt – ohne den jeweiligen Kontext zu berücksichtigen.[18]

Apropos Kontext: Kaum ein Thema entzündet Diskussionen so schnell wie die Rolle der Frau im Islam. Pauschalisierungen und Generalisierungen sind hier an der Tagesordnung. Ordnen wir also einmal ein. Den Start macht ein Blick in den Koran: Männer dürfen mehrere Frauen heiraten, Frauen aber nicht mehrere Männer. Frauen erben auch nur die Hälfte des Vermögens. Immerhin, dass Frauen überhaupt erben, ist eine Neuheit des Islam, wie Islamwissenschaftler Mathias Rohe einordnet: »In vorislamischer Zeit waren Witwen Teil des Nachlasses, eine Witwe wurde also quasi ›vererbt‹, und dann einem anderen männlichen Verwandten zugewiesen. Der Islam verschafft ihr erstmals überhaupt ein Erbrecht, das war ein Quantensprung.« Tatsächlich gibt es auch Suren, die als Beweis für die Überlegenheit von Männern ausgelegt werden können: Sure 4 spricht zum Beispiel davon, dass die Männer »über den Frauen stehen«. Sie erlaubt den Männern zudem, »widerspenstige Frauen« zu ermahnen, sie im Ehebett zu meiden und zu schlagen.

Was also stimmt: So manche Textstelle des Korans vermittelt ein Weltbild, das nicht zu einer aufgeklärten westlichen Auffassung passt. Allerdings: Auch in der Bibel findet man teils veraltete Frauenbilder. So spricht der Apostel Paulus zum Beispiel davon, dass Frauen in der Gemeinde zu schweigen hätten, »denn es ist ihnen nicht erlaubt zu reden, sondern sie sollen sich unterordnen, wie auch das Gesetz sagt.« Und natürlich gehen die meisten heutzutage davon aus, dass diese Aussage – wenn überhaupt – auf die damalige Zeit zutrifft und so heute nicht mehr auszulegen ist. Ebenso würden die meisten der Ansicht zustimmen, dass ein Land wie Deutschland, das christlich geprägt ist, für sich in Anspruch nehmen kann, Frauenrechte nicht nur gesetzlich einzuführen, sondern sie auch zu achten und gegen die Unterdrückung von Frauen vorzugehen – allen biblischen Aussagen zum Trotz. Man sollte also nicht von einer Textstelle in einer heiligen Schrift aus zwingend den Schluss ziehen, dass von dieser Religion geprägte Personen oder Gesellschaften frauenverachtend handeln.

Der Islam, der Koran entstanden in einer Zeit und in einer Region, in der das Patriarchat die herrschende Form war. Darin unterscheidet sich der Islam nicht von anderen Religionen, wie zum Beispiel dem Christentum. Und wie andere Gläubige werden Muslime von Traditionen geprägt, auch von patriarchalischen. Solche Lebensformen finden sich weltweit, auch unabhängig von bestimmten Religionen. Religion kann derartige Lebensformen aber auch unterstützen, wenn ihre Normen zum Beispiel bestimmte Arten von patriarchalischen Strukturen zementieren. Patriarchalisches Denken und männlicher Dominanzanspruch müssen als Probleme benannt werden. In Deutschland tun das zahlreiche Islamwissenschaftlerinnen und Islamwissenschaftler sowie Theologinnen und Theologen immer wieder.[19]

Was aber auch problematisch ist: wenn Themen wie Frauenunterdrückung nur auf die islamische Religion zurückgeführt werden. Einerseits erfüllt so ein Fokus laut Historikerin Yasemin Shooman mehrere Funktionen: »Wenn patriarchale Gewalt und Sexismus in erster Linie bei den anderen verortet und nicht in einen gesamtgesellschaftlichen Kontext gestellt werden (schließlich beherbergen Frauenhäuser auch deutsche Frauen), kann das Phänomen bequem ausgelagert werden, zugleich wird die Vorstellung eines unüberbrückbaren Gegensatzes zwischen ›westlicher‹ und ›islamischer‹ Kultur zementiert.«[20] Andererseits darf man die dahinterstehenden Sozialstrukturen nicht vergessen. Es gibt gesellschaftliche Verhältnisse, in denen davon ausgegangen wird, dass die Söhne später die Eltern unterstützen, während die Töchter, wenn sie heiraten, in die andere Familie übergehen und als Versorgungsposten für die Zukunft sozusagen ausfallen. Deswegen sei man in manchen Gesellschaften auch über die Geburt von Söhnen begeisterter als über die von Töchtern, beschreibt Islamwissenschaftler Rohe. Das sei in China genauso wie in manchen islamischen Ländern. Er ergänzt: »Das Patriarchat ist das eigentliche Übel. Eine religiöse Zusatzbegründung kommt dann noch dazu. Verfehlungen, die darauf zurückzuführen sind, dass ein falsches Bild von Frauen vorhanden ist, müssen in einem Rechtsstaat geahndet werden. Der Islam als Religion ist offen für das Patriarchat und davon auch historisch geprägt, aber eben auch für Gleichberechtigung und eine andere Auslegung.«

Wie kann man Verweise auf den Koran oder »Suren-Pingpong« korrekt einordnen?

- Eine pauschale Behauptung, dass der Islam mehr zu Gewalt neige als andere Religionen, ist wissenschaftlich nicht seriös belegbar. Natürlich gilt immer zu hinterfragen, warum es Extremisten gelingt, solche Stellen für ihre Zwecke zu deuten.
- Die Auslegung des Korans ist immer im historischen Kontext zu sehen.
- Der Koran ist von patriarchalen Deutungen und Auslegungen geprägt. Sich bei einer Auseinandersetzung rein auf eine Auslegung des Korans zu fokussieren hilft aber weder den Frauen und Mädchen, die tatsächlich unterdrückt werden, noch denen, die freiwillig ihrem Glauben nachgehen (wie das auch viele gläubige Christinnen tun, deren heilige Schrift, die Bibel, auch so manche archaische Passage beinhaltet).

»Verschleierung ist verboten: Wir haben in Deutschland ein Vermummungsverbot«

Solche Sätze geistern durch das Netz, kaum dass Vollverschleierung irgendwo in Deutschland ein Thema ist – sei es, weil ein Gericht darüber urteilt oder eine Partei einen Entwurf für ein Nikab- und Burkaverbot vorstellt. In Kommentaren finden sich dann gerne Verweise auf das in Deutschland geltende Vermummungsverbot, das Vollverschleierung verbiete. Da dieses Argument aber zu einigen Missverständnissen führt, hier ein kleiner Überblick:

Gibt es ein Vermummungsverbot?

Ja. In Deutschland gibt es ein Vermummungsverbot. Das gilt aber nur bei Demonstrationen. Das Vermummungsverbot findet man im Versammlungsgesetz, Paragraf 17a. Hier heißt es in Absatz zwei: »Es ist [...] verboten, [bei öffentlichen Versammlungen unter freiem Himmel, Aufzügen oder sonstigen öffentlichen Veranstaltungen unter freiem Himmel oder auf dem Weg dorthin] in einer Aufmachung, die geeignet und den Umständen nach darauf gerichtet ist, die Feststellung der Identität zu verhindern, teilzunehmen oder den Weg zu derartigen Veranstaltungen in einer solchen Aufmachung zurückzulegen.«[21] Das Verbot untersagt also, das Gesicht zu verdecken, um so die Feststellung der eigenen Identität zu verhindern. Das gilt für Sturmmasken genauso wie für Burkas. Seit Oktober 2017 gilt das Vermummungsverbot übrigens auch im Straßenverkehr: Wer Auto fährt, muss erkennbar bleiben und darf das Gesicht dementsprechend nicht so verhüllen oder verdecken, dass das nicht mehr der Fall ist.

Verbietet das Vermummungsverbot Verschleierung?

Klar. Aber nur wenn jemand in einer Burka demonstrieren geht. Weil dann das Gesicht verdeckt wird. Das gilt aber auch für Sturmmasken zum Beispiel. Doch nur weil es ein Vermummungsverbot gibt, bedeutet das nicht, dass Voll- oder überhaupt Verschleierung in Deutschland generell verboten ist. Wer wissen möchte, warum da so ist, wird zum Beispiel im Grundgesetz fündig: In Artikel 4 ist die Religionsfreiheit festgeschrieben. Hier heißt es: »Die ungestörte Religionsausübung wird gewährleistet.«[22] Deshalb sind Verschleierungsformen wie Nikab oder Burka auch nicht grundsätzlich verboten.

Tatsächliche Verbote gibt es bisher nur in einigen deutschen Bundesländern, meistens in konkreten Institutionen oder auf öffentlichen Plätzen. Oftmals geht es dabei um bestimmte Funktionen und die Rolle, die eine Frau mit oder ohne Verschleierung einnimmt. Ein pauschales Kopftuchverbot hat das Bundesverfassungsgericht 2015 gekippt. Seitdem gibt es in allen Bundesländern unterschiedliche Regelungen, zum Beispiel an der Schule. In anderen europäischen Staaten sieht das zum Teil anders aus: Frankreich etwa erließ schon 2010 ein Gesetz, das die Vollverschleierung in der Öffentlichkeit verbietet.

Welche Verschleierungsformen gibt es?

- Die **Burka** ist ein Ganzkörperschleier, die den Körper vollständig umhüllt. Sie wird meistens in Afghanistan und Pakistan getragen. Im Gesichtsfeld hat sie einen Sehschlitz mit Gitternetz.

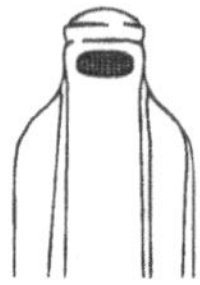

- Der **Nikab** ist ein Schleier, der die Augen freilässt und zusammen mit einem langen Kleid (Abaja) getragen wird.

- Die **Schaila** ist ein langer, rechteckiger Schleier, der um den Kopf gewickelt und an der Schulter festgemacht wird.

- Der **Chimar** ist ein mantelartiger Schleier, der Haare, Nacken und Schultern komplett verdeckt, das Gesicht aber freilässt.

- Der **Tschador** ist ein Ganzkörperschleier, der oft mit einem Kopftuch darunter kombiniert wird.

- Die **Al-Amira** besteht aus zwei Teilen: Eins umhüllt den Kopf, eins wird über Kopf und Schultern gelegt.

- Der **Hijab**: Eigentlich beschreibt das Wort »Hijab« generell den Akt des Bedeckens. Vor allem in Europa wird darunter eine Kopfbedeckung verstanden, die Haare und Nacken verhüllt, das Gesicht aber freilässt.

Ist das Kopftuch »typisch muslimisch«?

Die Idee, (weibliche) Haare zu bedecken, ist nicht allein dem Islam vorbehalten. Im Judentum verdecken religiös verheiratete Frauen im Rahmen der »zniut« (»Sittsamkeit«) ihre Haare. Meist mit einer Perücke, die man Scheitl nennt, aber auch mit einem Kopftuch, das Tichel oder Mitpachat genannt wird. Bei einer Papstaudienz greifen viele Frauen auch heute noch zu einer sogenannten Mantille (ein Spitzenschleier).

Überhaupt ist das Kopftuch dem Christentum näher, als man denkt. Denn auch die Bibel erwähnt eine »bedeckte Frau«, so heißt es etwa im ersten Brief an die Korinther: »Eine Frau aber entehrt ihr Haupt, wenn sie betet oder prophetisch redet und dabei ihr Haupt nicht verhüllt. Sie unterscheidet sich dann in keiner Weise von einer Geschorenen.«[23] Kopftuch oder Haube gehören bis heute zur Ordenstracht einiger Ordensschwestern. Auch in der orthodoxen Kirche ist es oft üblich, das Haar während der Messe zu bedecken. Und mal ganz abgesehen von bedeckten Haaren ist auch die religiöse Verhüllung des weiblichen Körpers bis heute kein rein muslimisches Attribut: Eine Ausstellung im Jüdischen Museum in Frankfurt zeigte 2019 auch den »culotte swimmer«, einen Badeanzug für die »sittsame Schwimmerin«. Gefertigt von evangelikalen Christen in den USA.

Ist das Kopftuchtragen eine religiöse Pflicht?

Im Koran gibt es nach Einschätzung des Islamwissenschaftlers Mathias Rohe keine direkte Vorgabe für eine Verschleierung: »Die Bekleidungsregeln, die im Koran ausgesprochen werden, spiegeln im Grunde die damaligen gesellschaftlichen Verhältnisse wider: In dieser Zeit war es nicht nur bei Muslimen üblich, dass die ›ehrbare Frau‹ ihr Haupt bedeckte. Was es bis heute gibt: eine jahrhundertealte Auslegungstradition, dass damit die Bedeckung des Haupthaars gemeint sein soll. Was es nicht gibt: klare Anweisungen im Koran. Es ist eher so, dass manche Leute den Auslegungen bestimmter Rechtsgelehrter folgen.«

Für viele Musliminnen ist die Bedeckung ein Zeichen der Selbstbestimmung. Für Kritikübende ist es ein Zeichen der Unterdrückung. Es gibt erschreckende Beispiele der Unterdrückung und Zwangsverschleierung, zum Beispiel in Ländern wie Saudi-Arabien oder Afghanistan. In Deutschland gilt die grundgesetzlich garantierte Religionsfreiheit. Aber darf der Missbrauch an einer Stelle die Einschränkung der Freiheit an einer anderen rechtfertigen? Islamwissenschaftlerin Lamya Kaddor schreibt dazu:

»Wir haben in Deutschland eine grundgesetzlich garantierte Religionsfreiheit. Sie ist ein wichtiges Element unserer Verfassung, denn sie ist eine der Lehren aus der jüngeren deutschen Geschichte. Jede religionsmündige Frau entscheidet selbst, ob sie privat ein Kopftuch trägt oder nicht. Das geht niemanden etwas an.«[24] Freiwilligkeit steht im Vordergrund. In Deutschland wird immer wieder ein Kopftuchverbot für minderjährige Mädchen gefordert. Was klar ist: Wo eine Bedeckung oder eine Verschleierung mit Zwang ausgeübt wird, muss Frauen und Mädchen Hilfe angeboten werden. Ein öffentliches Verbot würde den Betroffenen dagegen nicht helfen, sagen Kritikerinnen und Kritiker. Politologin Saba-Nur Cheema ordnet das so ein: »Verbote werden den Zwang nicht ändern. Wer wirklich versteht, was Zwang und Patriarchat bedeuten, der sollte auch verstehen, dass ein Verbot genau das Gegenteil bewirken würde. Und zwar die zunehmende Isolation von betroffenen Frauen und Mädchen. Es werden dann nämlich andere Wege für den Zwang gefunden.«[25]

»Durch die Islamisierung gehen christliche Traditionen verloren«

Alle Jahre wieder lösen in Deutschland bestimmte Feiertage und Bräuche einen vorhersehbaren Eklat aus: Weihnachtsmärkte dürften nicht mehr so heißen. Warum? »Den Zugewanderten« gefielen unsere deutschen Bräuche nicht, wir müssten uns denen anpassen. Wer sich vor Ostern oder Weihnachten Kommentarspalten im Internet durchliest, kann den Eindruck bekommen, ganze Supermarktketten knickten vor anderen Religionen (vor allem dem Islam) ein. Weshalb sie in vorauseilendem Gehorsam ihre Schokoladen-Osterhasen in »Traditionshasen«, ihre Nikoläuse oder Weihnachtsmänner in »Zipfelmänner« umbenennen würden. An alle, die eine grundsätzliche Sorge vor dem Verlust deutscher, christlicher

Traditionen und Bräuche haben: In den allermeisten Fällen handelt es sich um rechte Propaganda, um Gerüchte, um aufgebauschte, falsch gelernte Fakten. Sowieso ist es mit dem angeblichen jahrtausendealten Brauchtum unserer deutschen Traditionskultur nicht immer so weit her. Und hinter dem Verlust bestimmter Bräuche stehen auch nicht »die Muslime« oder »der Islam«, sondern vielleicht vielmehr die christliche Gemeinschaft selbst. Aber der Reihe nach.

Nehmen wir das Beispiel Osterhasen. Wenn auf dem Kassenbon im Supermarkt statt vom österlichen Hasen, den man in Form eines goldenen Lindt-Hasen eingekauft hat, die Rede von einem »Traditionshasen« ist, liegt das nicht an einer angeblichen »Islamisierung«. Sondern daran, dass die Supermarktkette Rewe den goldenen Hasen seit 1992 (also einem knappen Vierteljahrhundert) so nennt. Und zwar, weil es den Goldhasen schon seit den 1950ern gibt. Aus Sicht des Unternehmens rechtfertigt das den Verweis auf die »Tradition«. Eine angeblich kürzlich erfolgte Islamisierungswelle ist also ganz und gar nicht der Grund. Wer sich allerdings grundsätzlich über Osterhasen mit neuen Namen aufregt (Stichwort ist hier zum Beispiel der »Schmunzelhase« von Milka, hinter dessen Namen so manche aus der rechten Szene einen christlichen Kniefall vor »dem« Islam vermuteten), für den folgt hier eine kleine Einführung in die historischen Hintergründe des Osterhasen. Spoiler: Eigentlich sind andere Ostertiere von einem Bedeutungsverlust viel stärker gefährdet als der Hase.

Brauchtumsforscher und Theologe Manfred Becker-Huberti bezeichnet die Eiersuche als protestantische Erfindung: »Die Katholiken ließen nach der Fastenzeit Eier (als Symbol des Lebens) in einem Körbchen in der Ostermesse segnen. Diese wurden dann zum Fastenbrechen als Erstes gegessen, um den Segen quasi noch mit ›herunterzuschlucken‹.«[26] Den Protestanten war ein derartiger Brauch verwehrt, die Tradition der Eier dennoch beliebt, und damit man diese für sich behalten konnte, wurden sie eben versteckt. »Aber wer hat sie gebracht? Dafür kamen viele in Frage: Es war mal der Hahn, der Fuchs, der Kranich und auch der Hase«, sagt Becker-Huberti. Der Hase sei erstmals im 17. Jahrhundert in einer Dissertation aufgetaucht. Becker-Huberti vermutet, dass der Hase aufgrund der Form seiner Kötel in Verbindung mit den Eiern gebracht worden sei. Und diesen Brauch hätten dann Katholiken wiederum übernommen. Ursprünglich war also von anderen Tieren genauso die Rede wie vom Hasen. Wirklich durchgesetzt hat dieser sich laut Becker-Huberti im 20. Jahrhundert durch populäre Kindergeschichten, wie zum Beispiel das Bilderbuch *Die Häschenschule*. Auch die Schokoladenindustrie, die Hasen als Hohlfiguren goss, spielte bei der Verbreitung eine Rolle.

An dieser Stelle ein zusätzlicher Hinweis, an alle, die den Untergang deutscher Brauchtümer befürchten: Die meisten sind historisch gesehen weder besonders alt noch besonders deutsch. Beispiel: die Herkunft von Ostern. Wer das Thema sucht, trifft in manchen Medien auf die germanische Göttin Ostara, eine fiktive Göttin der Morgenröte, auf die Ostern angeblich zurückgeht. Dabei ist die Existenz einer solchen Göttin nicht belegt. Überhaupt sei über die Germanen mit Ausnahme des Nibelungenliedes und Tacitus' Schriften viel zu wenig überliefert, als dass sich daraus Rückschlüsse auf ihre Bräuche ziehen lassen könnten, erklärt die Europäische Ethnologin Irene Götz von der LMU München: »Das wäre reine Spekulation. Was passiert ist: Im Zuge der aufkommenden Nationalbewegungen wurde im 19. Jahrhundert nach den Ursprüngen der Nationen und ihrer Kultur gesucht. Überhaupt spielte ›Deutschtum‹, das ›Wesen‹ einer Nation, eine große Rolle, etwa bei den Brüdern Grimm oder anderen Forschern, die davon ausgingen, dass Bräuche, Sagen oder auch die sogenannten ›Volkserzählungen‹ doch eigentlich sehr alt und eigentlich germanischen Ursprungs seien. Sie galten als das Fundament, der Urgrund der Nationen. Ein einheitliches Volk mit einer einheitlichen Kultur bot eine besondere Legitimation, einen einheitlichen Nationalstaat zu fordern. Dementsprechend wurden für so manche Bräuche germanische Traditionen einfach erfunden. Das Praktische an den Germanen: Je weiter man in die Vergangenheit zurückgeht, desto mehr kann man hinein interpretieren; denn für diese Frühzeit gibt es keine ausreichenden Belege.«[27]

Und es fanden sich viele Interpreten. Über die Göttin Ostara liest man zum Beispiel auch bei den Gebrüdern Grimm.[28] Eine nette Geschichte, aber wissenschaftlich nicht belegbar. Ihren Teil zur Säkularisierung von christlichen Bräuchen und weiterer »Germanisierung« trugen übrigens auch die Nationalsozialisten bei. Weihnachten selbst sollte zum »Julfest«, der Wintersonnenwende der Germanen umgedeutet werden: Für die Weihnachtskekse gab es zum Beispiel neue Motive in Form von germanischen Tiersymbole, statt Weihnachtsbaum hieß der Baum »Jultanne« und wurde somit ebenfalls auf germanische Zeiten zurückintepretiert. Auch den Heiligen Nikolaus reduzierten die Nationalsozialisten auf eine christliche Interpretation des germanischen Gottes Wotan. Zusammengefasst: Der Versuch, alle (christlichen) Traditionen und Bräuche auf die Germanen zurückzuführen schlägt fehl, ist wissenschaftlich nicht seriös belegbar und wurde auch in der Vergangenheit immer wieder genutzt, um rechtsnationale Säkularisierung umzusetzen.

In ähnlicher Sorge wie um den Osterhasen sind seit ein paar Jahren so einige um die Existenz der Weihnachtsmärkte. Pünktlich zur Adventszeit und oft noch vor der Eröffnung des ersten Glühweinstandes sehen manche die christliche Tradition des Weihnachtsmarktes in Gefahr. Weil dieser zum Beispiel in Wintermarkt umbenannt wird. Worüber lange überhaupt niemand sprach, wird sich also jetzt echauffiert. Doch was hat es mit diesem alten Brauchtum überhaupt auf sich? Weihnachtsmärkte tauchten erstmals im Mittelalter auf und hatten die Funktion, Menschen mit dem zu versorgen, was sie nicht selbst für die Feiertage herstellen konnten: »Da ging es um Kleidung, Spielzeug, bestimmte Gewürze oder Getränke, die man für die Weihnachtstage brauchte. Die Märkte waren kurz, zwei bis drei Tage lang, und so ausgerichtet, dass die Menschen aus der Umgebung dorthin kommen konnten, um das Notwendige einzukaufen«, erklärt Brauchtumsforscher Becker-Huberti. Der Erlebnischarakter sei erst später dazugekommen, vorwiegend zum Ende des 19. und im 20. Jahrhundert. Es ging darum, den kommerziellen Aspekt auszudehnen. Und weil sich so ein Markt mehr lohnt, je länger er dauert, dehnte man die Zeit eben aus. Aus den ursprünglichen zwei bis drei Tagen wurden Wochen und Monate. Deshalb sei auch eine Umbenennung in manchen Fällen ganz logisch, meint Becker-Huberti: »Je länger der Markt dauert, desto eher fragen sich die Leute, was ein Weihnachtsmarkt im Oktober, November oder gar Januar noch mit Weihnachten zu tun hat – und so nennen sich manche eben um, zum Beispiel von Weihnachtsmarkt in Wintermarkt.«

Es ist also nicht so weit her mit den uralten »Traditionen« des Weihnachtsmarktbrauches – zumindest nicht so, wie wir ihn heute kennen. Was die Weihnachtsmärkte übrigens laut Brauchtumsforscher Becker-Huberti sowieso nie hatten: einen christlichen Ursprung. »Die Märkte hatten immer etwas mit Kommerzialisierung zu tun. Das war nie eine liturgische, missionarische oder katechetische Veranstaltung. Wenn überhaupt war das christliche Element etwas, was man ›dazustellte‹, eine Krippe zum Beispiel, das war aber nie der eigentliche Grund, einen solchen Markt durchzuführen.«

Immer wieder zur Diskussion steht auch das Sankt-Martins-Fest. Rüdiger Sagel, der damalige Vorsitzende der Linken in Nordrhein-Westfalen, schlug 2013 vor, Sankt Martin durch ein »Sonne-Mond-und-Sterne-Fest« zu ersetzen, unter anderem, um muslimischen Kindern die christliche Tradition nicht aufzudrängen.[29] Seitdem geistert die Idee herum, dass Sankt Martin a) abgeschafft wird und das b) auch noch zugunsten »der Muslime«. Zur Einordnung: Der Vorsitzende des Zentralrats der Muslime sagte damals in der Zeitung *Die Welt* über seine Erfahrungen mit Martinsumzügen: »Ich habe gerne mit meiner Mutter in der Grundschulzeit mitgemacht.« Dass Sankt Martin ein katholischer Heiliger sei, stelle für Muslime keinen Hinderungsgrund dar: »Das Leben von St. Martin ist doch geradezu vorbildlich, auch für Muslime.«[30] Schon 2007 stellte eine Studie der Universität Tübingen fest, dass etwa ein Fünftel der Kinder in konfessionellen Kitas in Baden-Württemberg aus muslimischen Familien kämen. Die muslimischen Eltern würde dabei teilweise bewusst eine christliche Einrichtung wählen, da dort überhaupt eine religiöse Erziehung stattfände.[31]

Theologe Becker-Huberti sieht in einer eventuellen Umbenennung von einem Fest wie Sankt Martin nicht zwingend den Einfluss anderer Religionen als Ursache, sondern vielmehr eine fortschreitende Entfernung von Glaube und kirchlichen Bräuchen in der Gesellschaft: »Es findet eine grundsätzliche Entchristianisierung statt. Man bezieht andere in die Diskussion ein, zum Beispiel die Muslime, wobei man mit denen in der Regel gar nicht gesprochen hat. Stattdessen handelt man für sie, weil man meint, man müsse so handeln, und weil man selbst eigentlich mit Kirche und Glaube gar nichts mehr zu tun hat.« Eine fortschreitende Entchristianisierung trüge auch zum Verschwinden so mancher christlicher Bräuche bei, meint der Theologe: »Bei uns findet auf breiter Front ein Glaubensverlust statt. Glaube lebt davon, dass er umgesetzt wird. Liturgisch wird er in der Kirche umgesetzt und im Brauchtum außerhalb der Kirche. Religiöses Brauchtum übersetzt das, was in der Liturgie stattfindet, in den Alltag, und das findet immer weniger statt.«

Und wie antworte ich jemandem, der angeblich »deutsche«, christliche Traditionen hochhält, um sie gegen andere Religionen auszuspielen? Ich sollte fragen, wie sehr er oder sie sich selbst in seinem Verhalten und Tun am Christentum orientiert. Theologe Becker-Huberti fasst eine christliche Einstellung so zusammen: »Es geht nicht um die Unterscheidung zwischen ›gehörst du zu mir oder gehörst du nicht zu mir‹. Der Begriff Pilger kommt aus dem hebräischen Wort ›Fremder‹, der Fremde wird zum Nächsten. Genau das wird im Christentum beschrieben: Keiner ist ein Fremder. Und selbst wenn einer mit mir nichts zu tun hat und sich anders orientiert, muss ich ihm begegnen wie meinem Bruder oder meiner Schwester. Das will das Christentum eigentlich umsetzen. Wer sich auf das Christentum beruft, der wird an dieser Stelle zu prüfen haben, ob er das auch so hält. Wer das nicht so hält, beruft sich auf etwas, mit dem er eigentlich nichts zu tun hat.«

Was antwortet man Menschen, die ihre christlichen Feiertage von einer »Islamisierung« bedroht sehen?

- Deutsche Bräuche und christliche Traditionen sind nicht in Gefahr »islamisiert« zu werden: Die meisten Bräuche, die heute als besonders deutsch dargestellt werden, wurden erst im 19. Jahrhundert »germanisiert«. Sie sind also allenfalls christlich.
- Schnelle, aktuelle Infos über viele solcher jahreszeitbedingten Falschnachrichten gibt es übrigens zum Beispiel bei www.mimikama.de

»Wir dürfen in muslimischen Ländern auch keine Kirchen bauen«

Wer so argumentiert, macht es sich einfach: Man fordert den Kirchenbau in Mekka gegen die Moschee in Berlin. Doch natürlich ist es so pauschal nicht getan. Tatsächlich unterscheiden sich muslimische Staaten weltweit sehr darin, was die Religionsfreiheit für Christinnen und Christen und Angehörige anderer Religionen angeht. In Saudi-Arabien ist in der Tat kein Kirchenbau und auch keine Auslebung des christlichen Glaubens in der Öffentlichkeit erlaubt.[32] Seine direkten Nachbarn, die Vereinigten

Arabischen Emirate gewähren hingegen religiösen Minderheiten staatlichen Schutz und stellen Land für Kirchenbau zur Verfügung. Im Februar 2019 feierte Papst Franziskus dort mit mehr als 100.000 Gläubigen aus der ganzen Region einen Gottesdienst im Said-Sports-City-Stadion von Abu Dhabi. Die christliche Messe gilt als die größte, die jemals auf der Arabischen Halbinsel zelebriert wurde.[33] Der Islam ist dort in allen Ländern Staatsreligion.

In manchen muslimischen Ländern ist Kirchenbau erlaubt, allerdings nur auf bestimmten Geländen. In Katar wurde zum Beispiel 2008 die erste christliche Kirche eingeweiht – allerdings dürfen die dort erfassten christlichen Konfessionen ihre Gottesdienste nur auf einem bestimmten Areal vor Doha abhalten.[34] In der Türkei haben aramäische christliche Gläubige die Baugenehmigung für eine neue Kirche erhalten, es wäre die erste Kirche seit 100 Jahren.[35] In Ägypten sind 10 Prozent der knapp 100 Millionen Einwohnerinnen und Einwohner orthodoxe Kopten. 2019 hat Präsident Abdel Fattah al-Sisi eine neue Kathedrale für diese christliche Minderheit im Land eröffnet – es soll die größte Kirche im Nahen Osten werden.[36]

Man kann also festhalten: Es gibt muslimische Länder, in denen Kirchenbau verboten ist. Es gibt aber auch muslimische Länder, in denen seit Jahrtausenden Kirchen stehen. Es gibt muslimische Länder, in denen neue Kirchen gebaut werden. Und es gibt muslimische Länder, in denen neue Kirchen nur unter ganz spezifischen Auflagen gebaut werden dürfen. Was man nicht pauschal sagen kann: In muslimischen Ländern dürfen gar keine Kirchen gebaut werden.

Inwiefern der Islam gegenüber anderen Religionen intolerant ist, lässt sich nicht zweifelsfrei aus dem Koran ableiten. Einerseits heißt es in Sure 2, Vers 256: »Es gibt keinen Zwang in der Religion.« Andererseits gibt es Suren, in denen Extremistinnen und Extremisten fündig werden: »(...) so erschlaget die Frevler, wo ihr sie findet, und packet sie und belagert sie und lauert ihnen in jedem Hinterhalt auf«, lautet zum Beispiel der

Schwertvers. »Der Islam hat, wie andere monotheistische Religionen auch, einen Wahrheitsanspruch. Einerseits sieht er sich als Fortsetzung, nicht als Bruch zu den beiden Vorgängerreligionen Christentum und Judentum, er übernimmt deren Propheten, zum Beispiel Jesus Christus. Andererseits sieht er sich aber auch als Korrektur eben dieser Religionen. Im Islam liegt also beides, ein Potenzial für religiöse Gleichberechtigung und für Intoleranz«, sagt Islamwissenschaftler Mathias Rohe.[37] Es liegt also wieder in der Macht der Interpretierenden und Machthabenden, ob religiöse Freiheit möglich ist oder nicht.

Diese Freiheit ist auch immer von aktuellen politischen Bedingungen abhängig: In Syrien gehörten vor Ausbruch des Bürgerkriegs zum Beispiel circa 10 Prozent der Bevölkerung einer christlichen Konfession an, sie konnten ihre Religion ausleben, mit Verteidigungsminister Daud Radschha saß sogar ein orthodoxer Christ in der Regierung. (Radschha starb 2012 bei einem Selbstmordattentat in Damaskus.) Das änderte sich mit dem Einfall der Terrororganisation »Islamischer Staat«. Seine Anhänger verfolgen Christinnen und Christen, ihre Situation wurde und ist lebensbedrohlich.

Wie der Ökumenische Bericht zur Religionsfreiheit der Christen, den die evangelische und die katholische Kirche 2017 gemeinsam herausgegeben haben, beschreibt, ist die Einschränkung der Religionsfreiheit ein weltweites Problem – und trifft nicht nur christliche Gläubige. Im buddhistischen Myanmar wird neben der christlichen Ethnie der Karen auch die muslimische Minderheit der Rohingya unterdrückt.[38] Auch in Staaten wie China und Nordkorea wird die Religionsfreiheit verletzt. So versucht die chinesische Führung, die muslimische Minderheit der Uiguren mittels Propaganda, Überwachung und Umerziehungslagern systematisch »auf Linie« zu bringen. Zu der systematischen Unterdrückung soll anscheinend auch die Zerstörung von Moscheen gehören – wo wir hier gerade über religiöse Bauten und deren Bedeutung für die Religionsfreiheit sprechen.[39]

Und wie steht es um unsere Religionsfreiheit? In Deutschland garantiert das Grundgesetz in Artikel 4 die Religionsfreiheit. Fakt ist: Menschen, die in Deutschland leben, haben nicht nur das Recht, einen religiösen Glauben zu haben, sie dürfen dem Glauben auch nachgehen. Das heißt: Sie dürfen ihr Leben nach den Geboten dieses Glaubens ausrichten. Das wiederum bedeutet: Sie dürfen ihre Religion ausleben, nicht nur im stillen Kämmerlein, privat bei sich zu Hause oder gar versteckt, sondern öffentlich. Und diese Freiheit steht allen Bekenntnissen zu, auch dem Islam. Denn nur Diktaturen beschränkten die Glaubensfreiheit auf eine Art religiöse Gedankenfreiheit, schreibt Kirchenrechtler Hans Michael Heinig in der *ZEIT*.[40] Es ist ein Markenzeichen eines Rechtsstaates wie Deutschland, dass hier Gleichstellung und Religionsfreiheit herrschen. Wer also, egal wem, sein Recht auf Religionsfreiheit abspricht, schneidet sich ins eigene Fleisch. Denn gesetzlich und verfassungsrechtlich ist die Ausübung der Religionsfreiheit garantiert. Wer sie begrenzen will, dem könnte das dann folgerichtig auch für die eigene Religion drohen.

Wer Religionsfreiheit hier unterbinden will, kann sie selbst in anderen Ländern nicht einfordern, denn genau dieses antifreiheitliche Vorgehen führt in anderen Ländern dazu, dass zum Beispiel das Christentum nicht öffentlich gelebt werden darf. Bestimmte Religionsausübungen zu verbieten führt außerdem dazu, dass man aus hier lebenden Staatsangehörigen »die anderen« macht, die damit in die undankbare Position eines unerwünschten Gastes auf Zeit gedrängt werden. Das ist Blödsinn. In Deutschland leben viele Deutsche, die eben auch Musliminnen und Muslime sind. Es ist ihr verfassungsrechtlich garantiertes Recht, ihrer Religion hier nachzugehen.

Trotz aller religiösen Freiheiten darf hier natürlich nicht jeder eine Kirche, eine Moschee oder einen Tempel bauen, wie sie oder er gerade Lust hat. Dazu braucht es Baugenehmigungen, in deren Erstellungsprozess auch die Interessen der jeweiligen Nachbarschaft und der Öffentlichkeit einbezogen werden. Aber seien wir mal ehrlich: Viele Diskussionen um

Religionsfreiheit entzünden sich eher am Moscheebau denn am neuen Kirchengebäude im Nachbardorf. In Erfurt wurde gegen den Bau einer Moschee sogar mit groß aufgestellten Holzkreuzen protestiert. Dabei haben sich sowohl die katholische Kirche in Deutschland, als auch die Evangelische Kirche in Deutschland längst für den Bau von Moscheen positioniert. Die deutsche Bischofskonferenz hat sich in diesem Zusammenhang übrigens auch schon 2008 für die Religionsfreiheit und gegen eine Verknüpfung des daran gebundenen Moscheebaus an andere Forderungen ausgesprochen: »Als grundrechtlich geschütztes Gut darf das Recht auf religiöse Freiheit und das damit verbundene Recht auf den Bau von Moscheen auch nicht daran geknüpft werden, dass Christen in islamischen Ländern gleichfalls individuelle und korporative Religionsfreiheit genießen. Gerade weil wir Christen die Einschränkungen der Religionsfreiheit in muslimisch geprägten Ländern ablehnen und verurteilen, setzen wir uns nicht nur für die Rechte der dortigen Christen ein, sondern auch für die Rechte der Muslime bei uns.«[41]

Was sagt man, wenn jemand für deutsche Moscheen Kirchen in Mekka fordert?

- Muslimisches Land ist nicht gleich muslimisches Land. Nur weil in Saudi-Arabien der Bau von Kirchen verboten ist, trifft das nicht auf jedes muslimische Land zu.
- Bei uns gibt es grundgesetzlich garantierte Religionsfreiheit. Die hebt man auch durch fehlende Religionsfreiheit in anderen Ländern nicht auf. Wer das fordert, schneidet sich ins eigene Fleisch. Sowieso stellt sich bei solchen Forderungen die Frage: Wollen wir wirklich die Maßstäbe anderer Länder zu unseren machen? Frei nach dem Motto: Wie du mir, so ich dir? Weil ein anderes Land Religionsfreiheit beschneidet, tun wir das auch?
- Die Trennung zwischen »ihr« und »wir« ist ein Fehler. Wir sind

eine freiheitliche Gesellschaft, die eben gerade nicht mehr zwischen Religionszugehörigkeit, ethnischen Zugehörigkeiten und Ähnlichem unterscheidet.

- Wir können und dürfen nicht hier lebende Musliminnen und Muslime für das in Sippenhaft nehmen, was in anderen Ländern passiert. Damit wird man weder der Heterogenität der muslimischen Gemeinden und Gläubigen gerecht (und der unseres Landes sowieso nicht) noch dem religionsfreiheitlichen Anspruch der deutschen Verfassung.

Antworten an Menschen, die ein Problem mit Frauen oder Gender haben

- »Frauen sind doch längst gleichberechtigt«
- »Frauen wollen nicht in Führungspositionen«
- »Den Gender Pay Gap gibt es nicht«
- »Männern geht es auch nicht viel besser«
- »Männer und Frauen sind von Natur aus verschieden«
- »Es gibt nur zwei Geschlechter! Jetzt soll der Unterschied zwischen den Geschlechtern abgeschafft werden!«

»Frauen sind doch längst gleichberechtigt«

Am 12. November 1918 wurde in Deutschland das Frauenwahlrecht eingeführt – seit etwas mehr als 100 Jahren dürfen Frauen also wählen. 1949 wurde im Grundgesetz die Gleichberechtigung von Mann und Frau festgeschrieben – ein Artikel, der es übrigens nur dank Elisabeth Selbert (SPD), einer der vier »Mütter des Grundgesetzes«, überhaupt so in die Verfassung schaffte. Seit 1962 dürfen Frauen in der Bundesrepublik ein eigenes Bankkonto haben, seit 1969 gilt eine verheiratete Frau als geschäftsfähig. Seit 2005 hat Deutschland eine Bundeskanzlerin. Frauen fliegen ins All, sie leiten Unternehmen, sie sind gleichzeitig Mütter und berufstätig, sie sitzen im Parlament und in Vorständen. Bis auf Päpstin können Frauen fast alles (werden). Also alles gut. Oder? Nein.

Ja, Frauen können heute viel mehr erreichen als noch vor ein paar Jahrzehnten. Das bedeutet allerdings nicht, dass sie die gleichen Chancen haben wie Männer. Gesetzliche Gleichberechtigung ist noch keine Garantie dafür, dass alle Geschlechter strukturell gleich behandelt werden und keine Diskriminierung stattfindet. Und da hapert es in der Realität (gewaltig). Schauen wir es uns an:

Politik

Eine weibliche Bundeskanzlerin bedeutet noch nicht, dass Frauen und Männer in der Politik gleich vertreten sind. Im Bundestag sitzen nach der Wahl 2017 weniger Frauen als vorher: Sie stellen nur 30,9 Prozent der Abgeordneten. Das ist weniger als ein Drittel und der niedrigste Wert seit 20 Jahren.

In den Landesparlamenten sieht es ähnlich aus: Thüringen hat einen Frauenanteil von mehr als 40 Prozent (Stand vor der Landtagswahl 2019), Schlusslicht ist Baden-Württemberg mit knapp 24,5 Prozent.[1] Auf 50 Prozent kommt keiner. Und auf Kommunalebene ist der Frauenanteil meist noch geringer. So steht lediglich bei 10 Prozent aller Rathäuser eine Frau an der Spitze.

In Diskussionen werden solche Zahlen gelegentlich mit »Frauen interessieren sich nicht so für Politik« gekontert. Dagegen spricht allein schon die Wahlbeteiligung: Die liegt nämlich nur geringfügig unter der der Männer. So gingen bei der Bundestagswahl 2017 76 Prozent der Frauen wählen, bei den Männern waren es 76,3 Prozent.[2] Frauen sind allerdings in politischen Parteien schwächer vertreten: Der höchste Frauenanteil findet sich mit etwa 40 Prozent bei den Grünen, den niedrigsten haben CSU und AfD (Stand Ende 2018).[3]

Aber warum ist das so? Die Europäische Akademie für Frauen in Politik und Wirtschaft (EAF) hat vor einigen Jahren 10.000 Kommunalpolitikerinnen befragt und nach Gründen für eine Unterrepräsentanz von Frauen in der Politik gesucht. Das hohe Arbeitspensum gehört dazu: Hauptamtliche Bürgermeisterinnen und Bürgermeister gaben in der Befragung an, zwischen 50 und 80 Stunden pro Woche zu arbeiten. Da stellt sich natürlich die Frage nach der Vereinbarkeit von Familie und Beruf. Gerade in ländlichen Regionen ist Kinderbetreuung oft nicht flächendeckend vorhanden, traditionelle Rollenbilder noch üblicher. Es ist also nicht verwunderlich, dass laut der EAF-Studie die meisten Bürgermeisterinnen älter als 50 sind und bereits erwachsene Kinder haben.[4] Ähnlich verhält es sich, wenn eine Frau ein politisches Ehrenamt anstrebt, beispielsweise im Gemeinderat: Hier treffen Beruf, Familie und Ehrenamt in dreifacher Belastung aufeinander. Und wer in Deutschland, auch in Großstädten, nach selbstverständlicher Kinderbetreuung für Sitzungen (die ja oft am Abend stattfinden) sucht, wird oft enttäuscht.

In den Parteien stoßen Frauen laut der EAF-Befragung zudem häufig auf männlich dominierte Machtstrukturen.[5] Dazu beschrieben viele der befragten Frauen, dass an sie andere Erwartungen gestellt würden als an Männer: »Man muss doppelt so viel arbeiten und darf nur die Hälfte der

Fehler bringen«, stellt etwa eine parteilose Bürgermeisterin aus Süddeutschland fest.[6]

Es stimmt also, dass Frauen in Deutschland politisch viel erreichen können. Es trifft allerdings auch zu, dass an vielen Stellen strukturelle Defizite vorhanden sind. In einer Demokratie braucht es aber Bürgerinnen und Bürger, die nicht nur partizipieren, sondern neue Gesetze mitgestalten, damit alle Blickwinkel und Perspektiven in die demokratische Entwicklung einfließen. Die CDU-Politikerin Jenna Behrends schreibt zum Beispiel in ihrem Buch *Rabenvater Staat*, Deutschland brauche vielleicht mal »eine Finanzministerin, denn alle Finanzminister seit Gründung der Bundesrepublik waren Männer. Vielleicht sähe die deutsche Familienpolitik dann anders aus.«[7]

Der aktuelle Bundestag ist so männlich wie seit zwei Jahrzehnten nicht mehr. Forderungen nach einer Lösung und neuen Ansätzen gibt es. Zum Beispiel ein Paritätsgesetz wie im Nachbarland Frankreich. Dessen Umsetzung ist umstritten, unter anderem, da noch unklar scheint, ob dafür eine Verfassungsänderung notwendig wäre. Der deutsche Juristinnenbund schrieb in einem Forderungspapier, eine Debatte dazu sei notwendig – und machte außerdem vier Vorschläge, wie Parität, also ein ausgewogenes Verhältnis zwischen Frauen und Männern, ohne Paritätsgesetz umsetzbar sein könnte: Parteien sollten sich selbst verpflichten, mehr Frauen aufzustellen (wie es Grüne, Die Linke und SPD bereits tun), man müsse die Förderung von Frauen in Parteisatzungen verankern, Parteimaßnahmen finanziell fördern, die mehr weibliche Abgeordnete zum Ziel haben und eine 40-Prozent-Quote für Parlamentsausschüsse einführen.[8]

Wie reagiert man auf »Frauen sind doch längst gleichberechtigt« im Bereich Politik?

- Offiziell sind Frauen laut Gesetz gleichberechtigt. Was auch stimmt: Frauen können in der Politik alles erreichen und ja, wir haben sogar eine Bundeskanzlerin. Aber: Nur weil eine Frau alles erreichen kann, reicht das nicht aus. Es braucht gleiche Chancen und Voraussetzungen für alle Frauen UND Männer.
- Aktuell gibt es auf allen politischen (Bundes-, wie Kommunal-) Ebenen noch strukturelle Defizite und Hindernisse, die Frauen daran hindern, politisch Karriere zu machen.
- Es gibt klare Forderungen aus Politik und Gesellschaft nach mehr Parität: Die Frage ist, wann Parteien anfangen sie umzusetzen. Fakt ist: Der jetzige Bundestag ist so männlich wie seit zwei Jahrzehnten nicht mehr.

Gewalt

138.893 Menschen haben 2017 häusliche Gewalt erlebt. Mehr als 80 Prozent davon waren Frauen. Fast die Hälfte von ihnen lebte mit dem Tatverdächtigen zusammen. Bedrohung, Stalking, Körperverletzung, Nötigung, Vergewaltigung: Jede vierte Frau hat in ihrem Leben körperliche oder sexuelle Gewalt erlebt. 2017 haben 147 Frauen diese Angriffe nicht überlebt. Im Durchschnitt bedeutet das: Alle zwei bis drei Tage wurde in Deutschland eine Frau umgebracht.[9]

Es ist für viele schwierig, das mit dem eigenen Bild einer modernen deutschen Gesellschaft zu vereinen. Es erscheint für manche einfacher, das Problem auf »die Ausländer«, überhaupt »die anderen« abzuschieben. Jedes Sexual- oder Gewaltverbrechen ist eines zu viel. Doch man darf nicht ignorieren, dass Gewalt gegenüber Frauen kein ausländischer Import ist, sondern hier immer schon stattfand und weiterhin stattfindet. Fakt ist: 68 Prozent der Tatverdächtigen aus dem Jahr 2017 hatten eine deutsche Staatsangehörigkeit. Man kann das Problem also nicht abschieben.

Gewalt gegen Frauen ist außerdem kein Problem, das nur in bestimmten Milieus vorkommt. Es betrifft Frauen aus allen sozialen Schichten. Häusliche Gewalt ist zudem immer noch ein Ergebnis von Machtstrukturen, wie die Polizei auf einer Online-Beratungsseite schreibt: »Häusliche Gewalt entsteht nicht – wie zum Beispiel bei einer Kneipenschlägerei – aus einer konkreten Situation heraus. Sie ist vielmehr Ausdruck eines andauernden Macht- und Abhängigkeitsverhältnisses zwischen Täter bzw. Täterin und Opfer.«[10] Die MeToo-Bewegung hat viel dazu beigetragen, eine Debatte über Machtstrukturen und Missstände auszulösen. Männer als dominante Täter, Frauen als schwache Opfer: Solche Rollenbilder müssen angegangen werden. Denn nicht nur im realen Leben, auch im Internet werden Frauen verschärft verbal angegangen, sie werden niedergemacht, herabgewürdigt, beschimpft oder auch gestalkt.

Sprache im Umgang mit Gewalt gegen Frauen

Sprache ist wichtig, denn bestimmte Wörter können Gewaltakte, egal wie sie eigentlich gemeint sind, verharmlosen. Deshalb sollte man eine Diskussion (oder auch eine Berichterstattung) zum Thema Gewalt an Frauen bestimmte Begriffe vermeiden.

- **Statt »Opfer«:** Betroffene oder Verletzte sagen oder schreiben. »Opfer« ist ein juristischer Begriff, aus dem sich bestimmte Rechte ableiten, der aber im Alltag oft mit schwach und wehrlos gleichgesetzt wird.
- **Statt »Familiendrama« oder »Familientragödie«:** Von Frauen-

mord oder Tötung von Frauen sprechen bzw. schreiben, Taten sowie Täterinnen und Täter klar benennen. Mehr als hundert Frauen sterben jährlich in Deutschland an den Folgen häuslicher Gewalt. Das Wort »Familiendrama« wird diesen Gewaltsituationen nicht gerecht.[11]

Gesetzlich hat sich in Deutschland einiges getan, um gegen Gewalt gegen Frauen vorzugehen – wenn auch teilweise sehr spät: 1997 wurde Vergewaltigung in der Ehe strafbar. Seit 2002 ist das Gewaltschutzgesetz in Kraft, dank dessen die Polizei Gewalttäter und Gewalttäterinnen aus der jeweiligen Wohnung verweisen kann. 2016 wurde das deutsche Sexualstrafrecht reformiert. Strafbar ist jetzt nicht nur, wer Sex mit Gewalt oder Gewaltandrohung erzwingt. Es machen sich auch all diejenigen strafbar, die ein verbales Nein bei sexuellen Handlungen nicht akzeptieren oder ein Überraschungsmoment ausnutzen.

Dass Gewalt Gleichstellung verhindert, greift auch der Gleichstellungsbericht der Bundesregierung von 2017 auf: »Besonders Gewalt gegen Frauen, begangen durch Partner und Expartner, ist Ausdruck fortbestehender Ungleichheiten und Hierarchien im Geschlechterverhältnis.« Gleichzeitig seien ungleiche Geschlechterverhältnisse und strukturelle Diskriminierung von Frauen die zentralen gesellschaftlichen Faktoren, die Gewalt gegen Frauen durch Männer beförderten, heißt es in dem Bericht weiter. Besonders betroffen seien Frauen mit Migrationshintergrund, geflüchtete und obdachlose Frauen sowie Frauen mit Behinderungen. Diesen Frauen fiele es auch besonders schwer, gewalttätige Situationen zu verlassen. Ähnliches gelte für Frauen mit geringer Bildung und schlechten Arbeitsmarktpotenzialen.[12]

Und für alle, die auf Berichte über Gewalt gegen Frauen mit »Aber es gibt auch Gewalt gegen Männer« reagieren: Es geht nicht um ein Gegeneinander-Abwiegen. Gewalt ist zu verurteilen und zu unterbinden, egal gegen welches Geschlecht sie sich richtet. Im Gleichstellungsbericht von

2017 steht ausdrücklich: »Ein Leben frei von Gewalt ist eine Grundvoraussetzung für gleiche Chancen im Lebensverlauf für Frauen und Männer (…)«.[13] Auch Männer erleben laut Studien mindestens einmal in ihrem Leben von einer vertrauten Person Gewalt. Allerdings werden Männer überdurchschnittlich außerhäuslich, durch ihnen unbekannte Personen, Opfer von Gewalt.[14] Über Zahlen, Strukturen, Geschichten zum Thema Gewalt gegen Frauen zu berichten und aufzuklären enthebt niemanden der Aufgabe, dasselbe über Gewalt gegen Männer zu tun. Es darf aber nicht dazu führen, nicht mehr über Gewalt an Frauen zu berichten oder zu sprechen. Denn die Zahlen über häusliche Gewalt stehen für sich: Gewalt an Frauen ist ein gefährliches Problem, das durch Ignorieren nicht einfach verschwindet.

Wie ordnet man »Frauen sind doch längst gleichberechtigt« in Bezug auf Gewalt ein?

- Ja, Frauen sind laut Gesetz gleichgestellt. Aber Gewalt gegen Frauen ist nach wie vor eines der größten Hindernisse für die Gleichstellung der Geschlechter. In Zahlen ausgedrückt: Alle zwei bis drei Tage wird momentan eine Frau umgebracht.
- Gewalt gegen Frauen passt für viele nicht zum Bild der »eigenen fortschrittlichen Kultur oder Gruppe«: Aber wir müssen uns immer wieder bewusst machen, dass Gewalt gegen Frauen kein Problem ist, das man auf »die anderen« abschieben kann. Es ist auch kein Problem bestimmter Milieus, sondern kommt in allen sozialen Schichten vor.
- Es geht nicht darum, Gewalt gegen Geschlechter gegeneinander aufzurechnen. Auch Männer werden Opfer von Gewalt, auch Transmenschen werden Opfer von Gewalt und auch darüber muss berichtet, gesprochen und Lösungen gefunden werden. Diese Tatsache aber als »Whataboutism«-Argument anzuwen-

den, nur weil jemand über Gewalt gegen Frauen spricht, ist falsch und nicht zielführend. Für kein Geschlecht.

Wirtschaft

Frauen sind in Deutschland noch längst nicht in allen Institutionen gleich vertreten. Da genügt ein Blick in die Wirtschaft: 2017 waren nur 29,2 Prozent der Führungspositionen in Deutschland mit Frauen besetzt.[15] Seit 2016 gibt es eine Quote für die Aufsichtsräte der meisten börsennotierten Unternehmen, das heißt, wenn Plätze frei werden, müssen sie mit Frauen nachbesetzt werden, bis die Quote bei 30 Prozent liegt. Für die Posten der Vorstände müssen die Unternehmen sich allerdings selbst Ziele setzen, die Höhe ist hier nicht vorgegeben. Das Ergebnis laut einer Studie der AllBright Stiftung: 2018 betrug der Frauenanteil in deutschen Vorständen 8,8 Prozent. Der Anteil von Frauen in Aufsichtsräten liegt bei 30,2 Prozent.[16] Doch 53 Aufsichtsräte haben sich für die Vorstandsposten ihrer Unternehmen tatsächlich eine Zielgröße von »null Frauen« gesetzt.[17]

Auch in Bezug auf das Einkommen sind Männer und Frauen längst nicht gleichberechtigt: Männer verdienen durchschnittlich 21 Prozent mehr, das nennt man den Gender Pay Gap (siehe auch: »Den Gender Pay Gap gibt es nicht«, Seiten 198–205). Ähnlich sieht es beim Vermögen aus: Laut einer Studie der Wirtschaftsuniversität Wien besitzen Frauen in deutschen Paarhaushalten 32 Prozent weniger Vermögen als Männer. Bei Singlefrauen beträgt der sogenannte Gender Wealth Gap 22 Prozent. Weltweit stehen Frauen etwas besser da: Laut einer Untersuchung der Credit Suisse besitzen Frauen hier 40 Prozent des weltweiten Vermögens.[18]

Was sagt man auf »Frauen sind doch längst gleichberechtigt« in Sachen Wirtschaft?

- Natürlich sind Männer und Frauen in Deutschland laut Gesetz gleichberechtigt. In der Wirtschaft zeigt sich das allerdings noch nicht. 2017 waren zum Beispiel nur 29,2 Prozent der Führungspositionen in Deutschland mit Frauen besetzt.[19]
- Frauen verdienen außerdem immer noch weniger als Männer, und auch was das eigene Vermögen angeht, stehen Frauen immer noch zahlenmäßig hinter den Männern.

»Frauen wollen nicht in Führungspositionen«

Das Institut der Deutschen Wirtschaft zeigte 2017 in einer Untersuchung, dass der Anteil von Frauen, die sich auf Führungspositionen bewerben, nicht so viel höher liegt als der von Frauen, die in Führungspositionen sitzen: 32 Prozent vs. 29 Prozent.[20] Es bewerben sich also lange nicht so viele Frauen auf Führungspositionen wie Männer.

Was ist da los – trauen sich Frauen Führungspositionen nicht zu? Was Studien belegen: Sowohl Männer als auch Frauen sind selbstkritisch, auch im Job. Gerade Frauen ordnen sich aber insbesondere in Bereichen, die strategisches Verhalten erfordern, anders ein als ihre männlichen Kollegen: Wo Männer sich selbst überschätzen, sind Frauen eher zurückhaltend.[21] Sprich: Wo ein männlicher Kollege »Hier« schreit und denkt »Dafür bin ich geeignet«, fragt sich eine Frau vielleicht erstmal: »Kann ich das überhaupt?«.

Ergeht es Frauen »oben« schlechter? Was die Forschung zeigt; Es braucht einen mindestens 30-prozentigen Frauenanteil – diese 30 Prozent gelten als »kritische Masse« für eine Veränderung der Teamdynamik. Das heißt, eine oder zwei Frauen verändern noch nicht viel – sie werden eventuell sogar von ihrer Umgebung kritisch beäugt, sind eher Fremdkörper und können es schwerer haben, sich durchzusetzen (und wohlzufühlen).[22]

Oder fehlt Frauen einfach die Qualifikation? Immer wieder heißt es in diesem Zusammenhang, Frauen interessierten sich eben weniger für Wirtschaft. Dagegen spricht aber die Tatsache, dass bei Betriebswirtschaft und Wirtschaftsrecht der Studierendenanteil beider Geschlechter fast bei 50/50 liegt. Zu wenig qualifizierte Frauen sind laut Elke Holst, ehemalige Leiterin des Deutschen Instituts für Wirtschaftsforschung (DIW Berlin), heute nicht mehr das Hauptproblem, sondern die Arbeitsbedingungen selbst: »Es gibt einfach auch Frauen, die eine Führungsposition unter den gegebenen Bedingungen in vielen Unternehmen gar nicht attraktiv finden. Denn das bedeutet oft: Lange Arbeitszeiten werden einfach vorausgesetzt, sogar als Maßstab für ›gutes Arbeiten‹ genommen. Auf der anderen Seite wird jenen, die weniger lange arbeiten, oft ein echtes Interesse an Karriere abgesprochen. Im Hintergrund steht die Annahme, dass die Entscheidung, wie Familie und Beruf vereinbart werden, eine private Angelegenheit zwischen den Partner*innen sei – und dass diejenigen, die sich für Teilzeit entscheiden, eben eine individuelle private Entscheidung träfen – gegen die Karriere.«[23] Es stellt sich also die Frage, ob Unternehmen ihre Arbeitsbedingungen den Bedürfnissen ihrer Arbeitnehmerinnen überhaupt gut genug anpassen.

Werden Frauen benachteiligt? Laut der AllBright Stiftung werden deutsche Aufsichtsräte zwar weiblicher, aber Schlüsselpositionen immer noch mit Männern besetzt. Und Männer rekrutierten Männer, die ihnen ähnlich sind. Den »Thomas-Kreislauf« nennt das die AllBright Stiftung: Die häufigsten Vornamen von Vorständen sind demnach: Thomas (der 30-mal vorkommt) und Michael (der 29-mal vorkommt).[24] »Wir dürfen nicht vergessen: Wir stellen Menschen ein, die uns ähnlich sind, das betrifft Männer wie Frauen. Warum ist das so? Da es keine vollkommene Information gibt, müssen wir Entscheidungen unter Unsicherheit treffen. Zur Reduzierung dieser Unsicherheit bedienen wir uns bekannten Mustern, wie etwa dem der Ähnlichkeit: Sind Personen uns selber ähnlich, steigt das Sicherheitsgefühl. Wenn also in der Führungsetage mehr Männer sind, stellen die statistisch eher mehr Männer ein, die ihnen wieder ähnlich sind«, beschreibt Elke Holst das Phänomen.

Frauen stoßen außerdem im Berufsleben auf typische Rollenbilder. Denn natürlich spielen in beruflichen Entscheidungen auch klassische Klischees eine Rolle. Ein wissenschaftlich bewiesenes Phänomen, das hier zum Tragen kommt, ist der »Unconscious Bias«, die unbewusste Voreingenommenheit. Wir haben geschlechterspezifische Stereotype so verinnerlicht, dass wir sie gar nicht mehr wahrnehmen – trotzdem beeinflussen sie unsere Entscheidungen. Und das zuungunsten von Frauen, die bei gleicher Leistung und Qualifikation unbewusst schlechter bewertet werden als Männer. Das zeigt auch ein Experiment der Universität Yale: Dabei wurden 127 Wissenschaftlern Bewerbungen vorgelegt, mal als männliche, mal als weibliche Bewerbung ausgezeichnet. Die Wissenschaftler sollten die Kompetenz der Bewerberinnen und Bewerber einschätzen und sagen, wen sie einstellen und wie viel Gehalt sie der Person bezahlen würden. Das Ergebnis: Die männlichen Studenten erhielten in allen Bereichen bessere Beurteilungen und mehr Gehaltszuspruch.[25]

Zum »Unconscious Bias« gesellt sich noch das Phänomen des »double bind«: Begriffe wie Leadership und bestimmte Positionen wie die von Führungskräften sind mit männlichen Attributen verbunden. Ein Mann, der Führung übernimmt, gilt als stark, durchsetzungsfähig, entscheidungsfähig. Eine Frau mit diesen Attributen wird zwar ebenfalls als kompetent wahrgenommen, gilt dann aber nicht als sympathisch. Anders herum wird eine Frau mit »typisch weiblichen Attributen« als kommunikativ, emotional und fördernd wahrgenommen, sie ist beliebt – wird aber weniger als Führungsposition ernst genommen. An Frauen wird in Führungspositionen zudem gerne das doppelte Maß an Anforderungen gestellt. Das belegt auch eine Studie der Universität Salzburg: Deren Analysen zeigten, dass von Frauen in Führungspositionen einerseits typische männlich konnotierte Verhaltensweisen erwartet werden, sie diese dann aber mit typisch weiblichen Merkmalen ergänzen müssten, um nicht als unsympathisch zu gelten und Widerstand zu ernten.[26] Sprich: Eine Frau, die nicht lächelt, gilt als unsympathisch.

Typische Rollenzuschreibungen beginnen übrigens schon im Kindesalter. Natürlich bestätigen viele Studien, dass Jungs gerne mit Autos und Mädchen mit Puppen spielen. Aber eine Abweichung der »Norm« sorgt für Aufregung. Ein US-amerikanischer Junge, der sich 2015 als Disneyprinzessin verkleidete, schaffte es in die internationale Presse. Vielleicht unter anderem deshalb, weil sein Vater (nicht seine Mutter) sich dann als die Schwester der Disneyprinzessin verkleidete? Die Bossy-Ban-Kampagne, bei der unter anderem Michelle Obama Schirmherrin ist, beschäftigt sich seit 2015 damit, warum wir kleine Mädchen oft so viel eher in die Schranken weisen als Jungs: »Wenn ein kleiner Junge sich behauptet, wird er als Anführer bezeichnet. Wenn ein kleines Mädchen dasselbe macht, riskiert sie, als ›rechthaberisch‹ oder ›herrisch‹ zu gelten. Worte wie ›rechthaberisch‹ vermitteln eine Botschaft: Melde dich nicht, sprich bloß nicht laut. Schon nach der Grundschule sind Mädchen weniger daran interessiert zu führen als Jungs – und dieser Trend setzt sich ins Erwachsenenalter fort«, schreibt die Kampagne auf ihrer Homepage.[27]

Bleibt die Frage, warum sich Frauen weniger bewerben. Die AllBright Stiftung beantwortet in einem »Bullshit-Bingo« stereotypische Ausreden von Unternehmen zu mangelnder weiblicher Führungskraft. Was Aussagen wie »Es haben sich keine Frauen beworben« angeht, verweist die Stiftung auf die Verantwortung der Unternehmen, denn Frauen seien nicht weniger ehrgeizig als Männer: »War die Ausschreibung so formuliert, dass sich eine Frau darin nicht wiederfinden konnte? Oder ist die Position aus anderen Gründen nicht attraktiv für Frauen?«[28]

Was sagt man, wenn jemand meint, Frauen wollten einfach nicht in Führungspositionen?

- Es stimmt nicht, dass Frauen grundsätzlich nicht in Führungspositionen wollen. Sie haben oft nur einen anderen, meist erschwerten Zugang.
- Frauen stoßen in Unternehmen oft auf unzeitgemäße Arbeitsbedingungen. Sie wollen sich nicht gegen die Familie entscheiden müssen, nur weil sie Karriere machen wollen.
- Frauen werden anders eingeschätzt als männliche Kollegen, klassische Rollenbilder und Klischees können immer noch ein Hindernis sein. Sie sind nach wie vor oft in der Unterzahl, was ihnen Einstieg und Position erschweren kann, außerdem stoßen sie in Unternehmen vielfach auf eine männliche Kultur, die ihnen den weiteren Weg erschwert.
- Bei wem zu wenige weibliche Bewerbungen eintrudeln, sollte sich hinterfragen: Warum reizt meine Stelle weibliche Bewerberinnen nicht? Wie kann ich das ändern?

»Den Gender Pay Gap gibt es nicht«

Doch es gibt ihn. Allen Gegenargumentationen zum Trotz werden Frauen im Schnitt immer noch schlechter bezahlt als Männer. Der Gender Pay Gap stellt die Lohnlücke zwischen beiden Geschlechtern dar und sorgt jedes Jahr für Diskussionen. Er liegt in Deutschland laut Daten des Statistischen Bundesamtes bei 21 Prozent. Berechnet werden diese

21 Prozent, indem die Daten von 1,9 Millionen sozialversicherten Beschäftigten aus sämtlichen Berufen und Branchen ausgewertet werden. [29] Die 21 Prozent beziehen sich auf Gesamtdeutschland. Und das ist einer der höchsten Werte im europäischen Vergleich (der Durchschnittswert der EU liegt bei 16 Prozent).[30]

Was ist der Equal Pay Day?

- Der Equal Pay Day steht symbolisch für den Tag, bis zu dem Frauen aufgrund der Lohn- und Einkommenslücke theoretisch »unbezahlt« arbeiten.
- 21 Prozent Lohndifferenz entsprechen dabei aktuell 77 Tagen, das heißt der Equal Pay Day fiel 2019 auf den 18. März.

Der Gender Pay Gap ist nicht unumstritten. Kritik gibt es zum Beispiel daran, dass die 21 Prozent nur die Differenz zwischen dem durchschnittlichen Bruttolohn beider Geschlechter beinhalten und nicht abbilden, dass Frauen sich häufiger für Teilzeit und/oder schlechter bezahlte Jobs entscheiden. Es stimmt, in den 21 Prozent bleiben mehrere Tatsachen unberücksichtigt: Der Umfang der Beschäftigung, die eigene Berufsausbildung, die Berufserfahrung, welche Art von Job man macht oder auch wie unterschiedlich das Verdienstniveau in verschiedenen Branchen und Berufsgruppen aussieht. Ein Teil der Lohnlücke kann also damit erklärt werden, dass Frauen mehr in Teilzeit arbeiten, länger aussetzen (zum Beispiel um ein Kind zu bekommen), eher Jobs wählen, die schlechter bezahlt werden, oder seltener in Führungspositionen tätig sind.

Aber zur Beruhigung all derer, die bei so einer Diskussion sofort Betrug und Verheimlichung der wahren Tatsachen wittern: Die Berücksichtigung dieser Tatsachen ist weder geheim noch versteckt. Das Statistische Bundesamt berechnet nämlich auch den sogenannten »bereinigten« Gender Pay Gap. Dabei werden die oben genannten strukturellen Unterschiede berücksichtigt. Doch auch wenn man nur Männer und Frauen in ähnlichen Berufen und Qualifikationen vergleicht, liegt der »bereinigte Gender Pay Gap« in Deutschland bei etwa 6 Prozent. Diese Lohnlücke weicht je nach Beruf und Region ab: so ist sie zum Beispiel bei Polizei, Justiz und in den neuen Bundesländern am niedrigsten, im Verkauf und in Westdeutschland am höchsten.

Elke Holst, ehemalige Leiterin des DIW, weist darauf hin, dass durch die Verwendung des Begriffes »bereinigt« auch Missverständnisse auftreten können: »Bei der sogenannten ›bereinigten‹ Lohnlücke werden Unterschiede im Verdienst – rein statistisch – in Anteile zerlegt, die etwa auf Unterschiede in der Bildung, der beruflichen Position und Ähnliches zurückzuführen sind. Der Begriff ›bereinigt‹ birgt jedoch die Gefahr, dass die durch eine statistische Zerlegung ermittelte Lücke als gerechtfertigt gedeutet wird. Denn selbst wenn solche strukturellen Unterschiede herausgerechnet werden, verdienen Frauen in nahezu allen Berufen weniger als Männer. Der Begriff ›bereinigt‹ klingt ein bisschen, als ob die Frauen selber schuld wären, dass sie weniger in Führungspositionen oder in schlechter bezahlten Berufen arbeiten.«[31] Im Englischen werde von der »angepassten« Lohnlücke (»Adjusted Gender Pay Gap«) gesprochen, was die Sache besser träfe.

Ein Blick in die Fakten: Warum verdienen Frauen weniger?

An der Bildung liegt es nicht: Wir haben heute sogar mehr junge Akademikerinnen als Akademiker in Deutschland. 30 Prozent der 30- bis 34-jährigen Frauen haben einen Hochschulabschluss – das sind deutlich mehr als in der Generation ihrer Eltern, wo der Anteil der 60- bis 64-jährigen Frauen mit einem Hochschulabschluss bei 15 Prozent liegt. Damit überholen die Frauen die Männer, bei denen unter den 30- bis 34-Jährigen 27 Prozent einen Hochschulabschluss in der Tasche haben.[32]

Allerdings werden bereits bei der Berufswahl bestimmte Weichen für spätere Gehaltszettel-Unterschiede gestellt: So zeigt zum Beispiel eine Untersuchung des KfW-Mittelstandspanels: Frauen werden immer noch eher Arzthelferin, Männer Mechatroniker. Der Studie von 2018 zufolge sind im Bausektor und im verarbeitenden Gewerbe weibliche Azubis selten (14 bzw. 27 Prozent Frauenanteil), im Dienstleistungsbereich hingegen ist ihr Anteil mit 50 Prozent weit überdurchschnittlich. Und das führt zu Nachteilen in puncto Gehalt: 2017 erhielten weibliche Azubis laut der Untersuchung durchschnittlich 860 Euro Tarifvergütung im Monat und damit 25 Euro (3 Prozent) weniger als Männer.«[33] In Pflege und Gesundheitsberufen ist der weibliche Anteil besonders hoch: 80 Prozent laut einer Studie des Gewerkschaftsbundes DGB.[34]

Wäre die Lösung also, dass alle Frauen in »männliche« Berufe wechseln? Mitnichten. Studien aus den USA zeigen: Wenn ein Beruf weiblicher wird, droht die Gefahr, dass dort die Löhne sinken. Soziologin Angelika Wetter beschreibt in ihrem Buch *Arbeitsteilung und Geschlechterkonstruktion*, dass der Wechsel von einem typisch männlichen Beruf in einen weiblichen historisch gesehen sogar relativ häufig vorgekommen ist. Als Beispiele nennt sie Kellner, Friseur oder Lehrer. Der Wechsel ergab aber nicht zwingend einen Vorteil für die Frauen: »In all diesen Fällen kam es vor oder während der Feminisierung zu einem teils erheblichen Statusverlust dieser Berufe, Berufsbereiche oder Branchen«, macht die Soziologin deutlich.[35] Ein Statusverlust, der sich nicht immer, aber oft auch in der Bezahlung zeigte.

Einen finanziellen Nachteil für weiblich geprägte Branchen zeigen auch Untersuchungen des Sozialwissenschaftlers Daniel Oesch und der Sozialwissenschaftlerin Emily Murphy: Wenn in einem Beruf mehr als 60 Prozent Frauen arbeiten, führt das zu weniger Gehalt, zeigt ihre Studie, für die sie die Gehälter von Angestellten in weiblicher werdenden Berufen in der Schweiz, Deutschland und Großbritannien untersuchten.[36] Für Deutschland hat Arbeitsmarktforscherin Corinna Kleinert 2015 mit zwei Co-Autorinnen untersucht, ob auch hier die Löhne sinken, wenn eine

Branche weiblicher wird. Sie kam zu dem Ergebnis: Ein steigender Frauenanteil führt zu sinkenden Löhnen – und zwar vor allem, weil die Frauen systematisch weniger verdienten. Sie nehmen ihren Einkommensnachteil also mit in die Männerberufe.[37]

Warum aber werden frauendominierte Berufe oft schlechter bezahlt? Corinna Kleinert sieht die Ursachen weit in der Vergangenheit: »Historisch galten Frauen als weniger kompetent und leistungsfähig im Bereich der Erwerbsarbeit als Männer.«[38] Ihnen standen also vor allem haushaltsnahe Berufe offen, die als weniger anspruchsvoll angesehen wurden.[39] Hinzu kommt: In traditionellen Männerberufen war Zeit für Familie nicht unbedingt ein Thema, da Frauen ja jahrzehntelang die Sorgearbeit zu Hause übernahmen. Also werden in diesen Berufen auch heute noch oft lange Arbeitsstunden vorausgesetzt, was wiederum Frauen (und Männern), die Familie und Beruf verbinden wollen, nicht entgegenkommt. Umgekehrt erscheint logisch, dass Berufe, in denen traditionell Frauen arbeiteten, nicht so hoch angesehen waren und infolgedessen auch schlechter bezahlt wurden, da man sowieso davon ausging, dass Frauen sich auf Dauer wieder der Familie zuwenden würden und keine lange Karriere anstrebten.

Ein weiterer Grund, warum Frauen schlechter verdienen: Sie arbeiten häufiger in Teilzeit. 2017 lag die Teilzeitquote in Deutschland bei Frauen zwischen 20 und 64 bei 46,8 Prozent. Bei Männern: 8,1 Prozent. Sowieso arbeiten Männer mit Kindern häufiger in Vollzeit: 2017 lag der Anteil erwerbstätiger Väter zwischen 18 und 64 bei 94 Prozent. Dagegen hatte nur ein Drittel der Mütter, also 34 Prozent, einen Vollzeitjob.[40]

Das Problem dabei: Historisch sehen sich Frauen in Deutschland immer noch als Nebenverdienerinnen. Denn jahrzehntelang basierte unser Familienmodell auf einem männlichen Ernährer und einer Hausfrau, die Familie, Haus und Kinder versorgt. Das war lange die sogenannte »Normalfamilie«. Im Laufe der Zeit hat sich das (etwas) gewandelt, der Gleichstellungsbericht der Bundesregierung von 2017 beschreibt das heutige

Erbwerbsleben einer Frau in Deutschland so: »Berufseinstieg, Elternzeit, anschließende Teilzeitarbeit bis zum Wiedereinstieg in die volle Erwerbsarbeit.« Tatsächlich steigen aber nicht alle Frauen (siehe oben) nach Kind und Teilzeit wieder voll ein.

Das klassische Ernährer-Hausfrau-Modell betraf historisch gesehen allerdings vor allem Westdeutschland: In der DDR sah das anders aus. »In der DDR waren die Frauen schon immer erwerbstätig, das wurde vom Staat gefördert, sie wurden im Produktionsprozess gebraucht. Entsprechend unterstützten staatliche Rahmungen wie etwa bei der Kinderbetreuung dieses Modell. Diese Sozialisation hat Auswirkungen bis heute: Frauen mit ostdeutscher Biografie sind nach wie vor deutlich erwerbsorientierter als westdeutsche Frauen. Da sieht man, was politische Hebel ausmachen und bewirken können«, sagt Elke Holst vom DIW Berlin. Auch Studien zeigen Jahre nach der Wiedervereinigung noch entscheidende Unterschiede zwischen Ost und West: Eine Studie der Universität Osnabrück von 2013, die bundesweit 680.000 Chefinnen und Chefs untersuchte, zeigte auf, dass der Anteil von ostdeutschen Frauen in Führungspositionen über dem gesamtdeutschen Durchschnitt lag. Die Gründe laut den Forschern: mehr Vollzeit bei den Frauen und eine bessere Kinderbetreuung.[41] Das bekannte Synonym für »schlechte Mutter«, das Schimpfwort »Rabenmutter«, ist hier ebenfalls seltener anzutreffen.

Ein weiterer Grund, warum Frauen weniger verdienen: Sie suchen sich eher Jobs (und Berufe), die es ihnen ermöglichen, Familie und Beruf zu vereinbaren. Außerdem nehmen immer noch mehr Frauen Elternzeit. Die gute Nachricht: Die Zahl der Väter, die Elternzeit und damit eine berufliche Auszeit nehmen, steigt. Trotzdem beziehen Mütter das Elterngeld immer noch länger als Väter, wie aus den Zahlen des Statistischen Bundesamts hervorgeht: Deren durchschnittliche Bezugsdauer lag im Schnitt bei 11,7 Monaten, die der Vätern dagegen nur bei drei Monaten.[42]

Auch wirtschaftlich gesehen lohnt es sich für den schlechter verdienenden Partner, in Teilzeit zu gehen. Das Ehegattensplitting lohnt sich steuerlich am meisten, wenn es große Einkommensunterschiede gibt – die zum Beispiel durch eine Stundenreduzierung (in Teilzeit) größer werden können. Und das Einkommen entscheidet in vielen Fällen darüber, wer zu Hause bleibt. Da Männer im Schnitt ja mehr verdienen, ist das dann oft die Frau. Familienpolitische Instrumente wie das Ehegattensplitting helfen also nicht unbedingt dabei, eine klassische Rollenaufteilung zu ändern. Stattdessen sei unser Sozialstaat noch immer an der »Normalfamilie« ausgerichtet, beschreibt CDU-Politikerin Jenna Behrends das Dilemma. Die familienpolitische Unterstützung sei am größten, wenn nur ein Elternteil arbeite: »Sobald beide arbeiten, bricht das Kartenhaus zusammen.«[43] Politik und Staat förderten einerseits mit dem Ehegattensplitting und der kostenfreien Mitversicherung finanzielle Abhängigkeiten von Frauen, forderten aber andererseits etwa mit dem neuen Unterhaltsrecht von 2008, dass Frauen im Falle einer Scheidung so schnell wie möglich finanziell wieder auf eigenen Beinen stünden.[44]

Und nach wie vor übernehmen Frauen immer noch mehr Verantwortung für Familie, Hausarbeit und Kinder. Sie verbringen im Schnitt zwei Stunden pro Tag mit Kinderbetreuung, bei Männern sind es im Schnitt 50 Minuten. Dafür sind Männer mehr Stunden im Job. Auch am Sonntag leisten Frauen mit knapp sechs Stunden mehr unbezahlte Arbeit als Männer (sie liegen bei circa vier Stunden).[45] Nicht zu vergessen: Kinderbetreuung ist in vielen Regionen teuer (und in anderen kaum zu bekommen, weil Plätze fehlen). Nicht selten stellen sich Paare dann die Frage, ob es nicht günstiger wäre, wenn ein Elternteil zu Hause bliebe.

Warum Frauen weniger verdienen, hat also viele Gründe und nicht zuletzt strukturelle: Sie gehen häufiger in Teilzeit und arbeiten eher in Berufen, die schlechter bezahlt werden. Dass in diesen Berufen das Lohngefälle höher ist, liegt unter anderem daran, dass weibliche Berufsfelder sogar schon historisch bedingt schlechter bezahlt wurden. Dazu kommt, dass Frauen unbezahlte Haus- und Sorgearbeit übernehmen. Das wiederum liegt oft an ganz praktischen Überlegungen: Männer sitzen häufiger in besser bezahlten Führungspositionen, arbeiten eher in Berufen, die besser bezahlt werden, und so sind es dann eben eher die Frauen, die zu Hause bleiben. Wer aber viel unbezahlt arbeitet, hat auch weniger Berufserfahrung, deshalb geringere Aufstiegschancen und verdient dann auch wieder weniger.

Armut im Alter

Wer viel unbezahlt arbeitet, dem droht auch später im Leben eine schlechtere Altersabsicherung. Und wer weniger verdient, kann ebenfalls weniger fürs Alter zurücklegen. In Deutschland gelten immer mehr Menschen über 65 als armutsgefährdet oder arm. Auch hier sind Frauen stärker gefährdet als Männer: Der sogenannte Gender Pension Gap, die Rentenlücke, liegt bei 53 Prozent.[46] Natürlich betreffen strukturelle Rentenabsenkungen und gleichzeitig ansteigende Lebenskosten (etwa steigende Mieten) auch Männer.

Bei Frauen kommen aber im Alter andere Faktoren dazu: So haben viele von ihnen Lücken in ihrer sogenannten »Erwerbsbiografie«; das heißt, sie haben zu irgendeinem Zeitpunkt weniger oder gar nicht gearbeitet, weil sie sich zum Beispiel um die eigenen Kinder gekümmert oder Verwandte gepflegt haben. Hinzu kommt, dass viele Frauen in Teilzeit arbeiten, was wiederum vor allem bei alleinstehenden Frauen in die Altersarmut führen kann. Armutsforscherin Irene Götz prognostiziert in einem Interview mit der *taz* große Probleme für ältere Frauengenerationen: »Für die große Gruppe der Babyboomer, die nun älter als 50 sind, wird es katastrophal, wenn jetzt nicht umgesteuert wird. Die Frauen dieser Generation sind zwar zunehmend erwerbstätig, aber oft in Teilzeit. Das geht in Zukunft nicht mehr.«[47] Das aktuelle Rentensystem berücksichtige die nicht erwerbstätigen Mütter, auch mit und trotz Mütterrente, kaum.

Was antwortet man, wenn jemand den Gender Pay Gap anzweifelt – oder es gar für einen Mythos hält, dass Frauen weniger verdienen?

- Der unbereinigte Gender Pay Gap liegt bei 21 Prozent. Was stimmt: Ein Teil der Lohnlücke kann damit erklärt werden, dass Frauen mehr in Teilzeit arbeiten, länger aussetzen (zum Beispiel um ein Kind zu bekommen), eher Jobs wählen, die schlechter bezahlt werden, oder seltener in Führungspositionen tätig sind. Aber wer da eine Vertuschung von Tatsachen wittert: Es gibt auch den angepassten Gender Pay Gap. Der liegt immer noch bei 6 Prozent.
- Dass Frauen weniger verdienen liegt an multiplen Gründen: Sie arbeiten in Bereichen, die schlechter bezahlt werden. Sie gehen mehr in Teilzeit, unter anderem weil sie sich mehr um Kinder kümmern. Sie haben einen höheren Anteil an Arbeit, der unbezahlt ist: Haus- und Sorgearbeit (für Kinder oder pflegebedürftige Angehörige). Und all diese Faktoren führen dazu, dass Frauen im Laufe ihres Lebens, auch in Deutschland, immer noch mehr »Lücken im Lebenslauf« kreieren, weniger Berufserfahrungsjahre ansammeln, schlechter Karriere machen und im Alter einer höheren Gefahr für Altersarmut ausgesetzt sind.
- Frauen verdienen nicht einfach nur weniger, sondern es finden sich in Deutschland auf vielen Ebenen strukturelle Defizite – staatlich, gesetzlich, wirtschaftlich, gesellschaftlich –, die genau das auslösen.

»Männern geht es auch nicht viel besser«

Oft landet man in Diskussionen zum Thema Gleichberechtigung in der eigentlich nie beabsichtigten und meistens unangenehmen Position, dass sich ein (männliches, oder auch weibliches) Gegenüber angegriffen fühlt. Man rede Männer nieder, diskriminiere Männer, vergesse, dass Männer auch Probleme, Sorgen, Existenzängste haben.

Was man dann immer thematisieren kann: Es ist klar, dass nur mit einer Perspektive, die alle Geschlechter in den Blick nimmt, letztendlich ein lösungsorientierter Ansatz gefunden werden kann. Denn natürlich leiden auch Männer unter Stereotypen, die ihnen seit Jahrtausenden zugeschrieben werden. Auch Männer entscheiden sich für bestimmte Berufe, weil es ihnen gesellschaftlich und vom Rollenbild her so mitgegeben wird. Wer als Mann einen typischen Frauenberuf ausübt (ob als Geburtshelfer, Krankenpfleger oder Erzieher), dem stoßen im Alltag jede Menge Vorbehalte entgegen. Unsere aktuelle Gesellschaft ist schlicht darauf getrimmt, Männern die Erziehung von Kindern oder die Pflege als »Kümmerer« nicht so zuzutrauen. Stattdessen finden sich Männer immer noch mit der Aufgabe und damit auch der (emotionalen) Last betraut, der »Ernährer« und alleinige (finanzielle) Versorger einer Familie sein zu müssen.

Der Gleichstellungsbericht der Bundesregierung betont deshalb, dass gleiche Chancen zur Verwirklichung – sowohl für Frauen als auch für Männer – nur dann erzielt werden können, wenn auch diejenigen Strukturen abgeschafft werden, die verhindern, dass Männer aufgrund ihres Geschlechts ihre Lebensentwürfe verwirklichen können: »Zum einen lassen sich Vorstellungen über typische Aufgaben und Eigenschaften von Frauen nur auflösen, wenn entsprechende Vorstellungen über Männer ebenfalls aufgegeben werden. Zum anderen behindert ein Denken, das dieses oder jenes dem einen oder anderen Geschlecht zuordnet und zuschreibt, auch Männer oft dabei, ihr Leben nach eigenen Wünschen zu gestalten.«[48] Viele Väter wünschen sich zum Beispiel mehr Zeit mit ihren

Kindern und eine bessere Vereinbarkeit von Familie und Beruf. Und gerade Männer stoßen im Berufsleben auf Hürden, wenn es um Vereinbarkeit geht: Wer als Frau Instrumente zur besseren Vereinbarkeit in Anspruch nimmt, muss »mit Karrierenachteilen rechnen«, schreiben die Forscherinnen des Fraunhofer-Instituts für System- und Innovationsforschung in einer Studie für das Bundesfamilienministerium.[49] Aber: Für Männer sei es noch schwieriger, sich familienorientiert zu geben.[50]

Auch Männer haben erhebliche (Karriere-) Nachteile, wenn sie versuchen, Elternzeit zu nehmen – und im Vergleich zu Müttern sogar schwierigere Bedingungen. Während für Mütter nämlich schon in der Schwangerschaft der besondere Kündigungsschutz greift, sind Väter nicht geschützt, erklärt CDU-Politikerin Jenna Behrends: »Ihnen kann zwar während der Elternzeit nicht gekündigt werden, allerdings erst, wenn der Antrag gestellt wurde – und frühestens acht Wochen vor der Elternzeit. Bekommt der Arbeitgeber eher von den Plänen mit, kann der Mann Pech haben und gekündigt werden. Mindestens sieben Wochen vor dem geplanten Start muss der Antrag eingereicht werden. Bedeutet: Einem Vater bleibt eine Woche, um kündigungsgeschützt Elternzeit zu beantragen.«[51]

Wer also Gleichberechtigung fordert, muss sie für alle Geschlechter fordern. Ohne die Rollen und Geschlechterstereotype aufzubrechen, die Männern angelastet werden, werden sich auch die gesellschaftliche Rolle der Frau und die damit verbundenen Nachteile nicht ändern.

Wie ordnet man »Aber Männer sind doch auch benachteiligt« ein?

- Was stimmt: Auch Männer sind Rollenzuschreibungen und Geschlechterstereotypen ausgesetzt. Auch Männer leiden unter gesellschaftlichen Erwartungen, die ihnen zum Beispiel einerseits keine Kinderbetreuung zutrauen und andererseits weiterhin die komplette finanzielle Ernährerrolle zuschreiben.

- Gleichberechtigung für beide Geschlechter muss aus und für alle Perspektiven gedacht werden, denn eine Adjustierung der Rollenzuschreibungen von Frauen und der strukturellen Benachteiligung von Frauen ist nicht zu lösen, ohne dasselbe für Männer zu fordern.

»Männer und Frauen sind von Natur aus verschieden«

Männer und Frauen sind verschieden, das ist naturgegeben, deshalb kann man die »Natur der Dinge« nicht einfach ändern, auch nicht durch Gesetze, die Gleichberechtigung fördern. Wem kommen diese Aussagen bekannt vor? Richtig: Solche oder ähnliche Argumente finden sich in Talkshows, Büchern, Interviews, Medien wieder und werden auch von bestimmten politischen Gruppierungen vertreten. Um auf dieses Argument konkret einzugehen, ist der jeweilige Zusammenhang relevant. Worauf bezieht sich die Person, was ist der Zweck der Aussage? Wie definiert mein Gegenüber den Begriff Natur? Gehen wir die einzelnen Punkte doch einfach einmal durch.

Sind wir verschieden?

Fangen wir ganz simpel an: Natürlich sind Männer und Frauen verschieden. Ich und mein Diskussionsgegenüber sind es auch. Darauf, dass sich Menschen und Geschlechter voneinander unterscheiden, kann man sich grundsätzlich eigentlich immer einigen.

Ein Forschungsbereich wie Geschlechterforschung konzentriert sich zum Beispiel auch auf die Frage, wie Geschlecht eigentlich in der Gesellschaft ausformuliert wird, denn wie Biologin und Genderforscherin Kerstin Palm von der Humboldt-Universität Berlin es umschreibt: »Geschlecht ist eine wesentliche Strukturkategorie von Gesellschaft.«[52] Die zentrale Frage ist dabei, wie diese Differenz in der Realität ausgearbeitet wird und welche Konsequenzen das für die jeweiligen Geschlechter hat. Die Kultur- und Genderforscherin Christina von Braun ordnet die Unterschiedlichkeit der Geschlechter so ein: »Natürlich sind Männer und Frauen unterschiedlich. Aber einerseits gibt es innerhalb dieser beiden Kategorien breite Auffächerungen, die sowohl biologischer, als auch psychologischer und kultureller Art sind (wie Männlichkeit und Weiblichkeit definiert werden, ändert sich von einer Kultur zur anderen), und andererseits gibt es auch fließende Grenzen zwischen Männlichkeit und Weiblichkeit. Das erklärt aber nicht, weshalb Frauen lieber im Haus sitzen sollen, während Männer arbeiten gehen. Das ist biologisch nicht erklärbar, findet man nicht im gesamten Tierreich und wird ja auch gerne vergessen, sobald der Arbeitsmarkt die Frauen braucht. Mit der angeblichen Schwäche der Frau und der überlegenen Kraft des Mannes kann es auch nichts zu tun haben. In vielen Ländern und auch bei uns werden die körperlich härteren Arbeiten oft den Frauen aufgeladen.«[53] Es geht also nicht darum zu verneinen, dass die Geschlechter unterschiedlich sind, sondern darum, einfach mal die Attribute und Aufgaben, die wir mit den jeweiligen Geschlechtern assoziieren, zu hinterfragen.

Sind wir »von Natur aus« verschieden?

Um das zu beantworten, muss man erst einmal klären, was das Gegenüber unter »Natur« versteht. »Wenn in einem Argument Natur oder Natürlichkeit vorkommen, geht man oft von einer Vorgegebenheit oder

Erblichkeit aus, also dass etwas im Prinzip angeboren und unveränderlich und nicht von irgendwelchen konkreten Situationen abhängig sei. Aber die Natur ist ja veränderbar. Wenn wir auf die naturwissenschaftlichen Erkenntnisse des 20. Jahrhunderts sehen, kommen wir mit der Physik bei der Beschreibung von Prozessen an, nicht von unveränderlich Vorgegebenem. Bei Natur geht es nach neuerer Sicht um das Zusammenspiel von physiologischen und physischen Faktoren sowie auch Umgebungs- und sozialen Faktoren im Entwicklungsgeschehen«, verdeutlicht der Biologe und Sexualwissenschaftler Heinz-Jürgen Voß.

Schwierig wird es dann, wenn die Diskussionspartnerin oder der Diskussionspartner vorgeblich »unveränderbare Naturgesetze« anbringt, die zum Beispiel nur Mann und Frau als Geschlechter zulassen oder die voraussetzen, dass Männer und Frauen aufgrund natürlicher Normen »eben so sind«. Für Christina von Braun zeigt sich in so einer Argumentation ein historisch erworbenes Verhalten: »Wir haben unsere Definitionen von Männlichkeit und Weiblichkeit kulturell, über Jahrtausende hinweg, gelernt, uns antrainiert. Das Problem dabei ist: Viele dieser Definitionen werden einfach mit Biologie in eins gesetzt. Kulturelle Codes werden also gleichgesetzt mit einer angeblichen Natur der Geschlechter. Aber: Eine Natur, die sich in wenigen Jahrzehnten über den Haufen werfen ließ – da kann etwas an dem Argument nicht stimmen.« Die Frage, die man sich (und seinem Gegenüber) also stellen könnte: Wenn die Unterschiede zwischen Mann und Frau so tief in der Natur verwurzelt sind, wie erklärt man dann die letzten 100 Jahre (inklusive Wahlrecht)? Während man Frauen um 1900 herum weder eine akademische Bildung noch politische Entscheidungen zutraute (was unter anderem mit der weiblichen Anatomie des Unterleibs begründet wurde), sind Frauen inzwischen auf allen Entscheidungsebenen vertreten, sie gewinnen Nobelpreise, sie machen Fotos von Schwarzen Löchern, sie fliegen zum Mond, sind Kanzlerin und Präsidentin.

Zusammengefasst gesagt: »Wäre die Natur für die bis dahin bestehende Definition der Geschlechterrollen verantwortlich, so müsste sich innerhalb von weniger als 100 Jahren eine radikale Mutation des weiblichen Körpers vollzogen haben. Zugleich offenbart die Kürze der Zeit, in der dieser Wandel stattfand, dass die angeblich ›natürlichen‹ Geschlechterrollen nie auf der Natur, sondern immer schon auf der Kultur beruht hatten – anders wäre der rasche Wandel nicht möglich gewesen«, erklärt von Braun.[54] Was man sich also für eine Diskussion merken kann: Wer sich auf die Natur beruft, muss sich der Gegenfrage stellen, wieso in dieser Natur innerhalb von wenigen Jahrzehnten so radikale Änderungen möglich waren und wie sich das ohne kulturelle Zuschreibungen erklären lässt.

War das schon immer so?

Was grundsätzlich gilt: Die Haltung, die unsere Gesellschaft zum Thema Geschlecht hat, ist abhängig vom jeweiligen kulturellen und sozialen Kontext. Was man dazu auch wissen sollte: Dieser Kontext unterliegt historischem Wandel, sprich: Je nachdem auf welchen Zeitraum man blickt, gab und gibt es in der Gesellschaft unterschiedliche Blickweisen auf die Geschlechter. Diese Sichtweisen fließen dann wiederum in die Forschung ein und führen dort zu bestimmten wissenschaftlichen Annahmen: »Wie wir über den menschlichen Körper und seine Biologie nachdenken, ist historisch und gegenwärtig verwoben mit Vorstellungen davon, wie Menschen, die bestimmte Körper besitzen, leben sollen und wie Gesellschaft organisiert sein soll«, schreibt Biologin Ruth Müller.[55]

Um das einmal etwas zu verdeutlichen: Für den griechischen Philosophen und Naturforscher Aristoteles (Lebenszeit: 384 v. Chr. bis 322 v. Chr.) war der menschliche Körper in seiner idealen Ausformung männlich. Um die embryonale Entwicklung zu durchlaufen, brauchte der Körper laut Aristoteles Hitze. War nicht genug Hitze vorhanden, würde ein weiblicher Körper entstehen, also quasi eine unfertige Version des männlichen. »Den männlichen Samenzellen wohnt die Essenz des neuen Lebens inne: Bewegung, Form und Seele. Sie transformieren den Stoff, der vom weiblichen Körper kommt, und schaffen daraus einen neuen Körper, einen neuen beseelten Menschen. Für Aristoteles ist damit in erster Linie der Mann der eigentlich Zeugende eines Kindes, die Frau das Gefäß, das das Kind austrägt«, erläutert Müller.[56] Der Mann galt also als aktiv, er war der Zeugende, er konnte das Leben weitergeben, die Frau galt als passiv, sie nahm auf.

Im Zuge der Aufklärung bekam diese Theorie Konkurrenz, es entwickelte sich die Idee einer sogenannten Geschlechterkomplementarität: Mann und Frau wären körperlich grundlegend verschieden. Was blieb: Der Mann war der Aktive, die Frau die Passive, der Mann galt als stark, die Frau als schwach. Was neu dazukam: Man suchte die Gründe für soziale Unterschiede der Geschlechter jetzt auch im Körperlichen. Die Idee: So unterschiedlich wie die Körper seien es auch die Eigenschaften der Geschlechter. Es hieß damals zum Beispiel die Gebärmutter verbrauche so viel Blut, dass das weibliche Gehirn unterversorgt sei. Deshalb eigne sich die Frau nicht für Berufe außerhalb des Hauses, da diese zu viel Aktivität des Gehirns beanspruchen würden.[57] Der französische Arzt Pierre Roussel beschrieb die vorgebliche Schwäche der Frau als »ein ›Geschenk der Natur‹ an die Gattung Mensch, um die Reproduktion zu sichern. [...] Männer wären mit einer ›kalten Vernunft‹ ausgestattet, die sie zu Wissenschaft und Politik befähigt, sie aber gleichzeitig ungeeignet für Aufgaben der reproduktiven Arbeit und der Kinderaufzucht mache.«[58] Die Aufgabenteilung war also klar: Männer waren für Aufgaben außerhalb des Hauses, Frauen für die innerhalb des Hauses zuständig. Das entsprach zwar nicht der Realität der Gesellschaft, in der Frauen einerseits harte Arbeit auf dem Feld verrichteten und andererseits auch in Kunst und Kultur mitwirkten, hatte aber einen Einfluss auf die Rechtslage und lieferte so zum Beispiel ganz konkret auch »wissenschaftliche« Argumente gegen die rechtliche Gleichstellung von Mann und Frau nach der Französischen Revolution.[59]

Tatsächlich darf man auch nicht vergessen, dass so eine Sichtweise auf Mann und Frau auch geografisch sehr einseitig ist: »Diese Idee einer bürgerlichen europäischen Geschlechterordnung, Frauen wären für schwere körperliche oder bestimmte geistige Arbeit nicht gemacht, ist sehr lokal auf einen bestimmten Ausschnitt der Welt begrenzt. Sie entstand eigentlich erst ab dem 18. Jahrhundert und dann auch sehr spezifisch nur innerhalb des europäischen Bürgertums. In der Bauernschaft konnte man darüber nur müde lächeln. Diese Geschlechterordnung bis heute zu verallgemeinern und zu behaupten, dass das schon immer so gewesen bzw. in den Genen festgelegt sei, ist eine unsinnige Argumentation«, so Biologin und Genderforscherin Kerstin Palm.

Das Prinzip, dass beide Geschlechter grundlegend unterschiedlich sein müssten, nahm auch auf andere Forschungsbereiche Einfluss: In der Hormonbiologie ging man zum Beispiel am Anfang davon aus, »dass männliche und weibliche Körper von unterschiedlichen und ausschließlich geschlechtsspezifischen Hormonen geprägt und geformt wurden.«[60] Während man also bis circa 1920 annahm, dass es eben für jeden Körper jeweils ein Geschlechtshormon gebe, wurden in den Folgejahren Östrogen bei Männern und Testosteron bei Frauen nachgewiesen. (Die Entdeckung von Östrogen bei Männern löste allerdings deutlich mehr Aufmerksamkeit aus.)

Zur besseren Einordnung, wie man mit so einem »Alles naturgegeben«-Argument umgeht, kann also ein Blick in die Geschichte helfen: Die Sichtweise auf das Verhältnis der Geschlechter ist immer auch vom jeweiligen gesellschaftlichen Kontext geprägt. Das Komplizierte daran ist, dass sich dieser Blick ständig ändert.

Worum es aber grundsätzlich nicht geht: Menschen das Recht abzusprechen, sich ihrem Geschlecht zugehörig zu fühlen. Und es geht auch nicht darum, aus allen Geschlechtern eins zu machen. Im Gegenteil: Ziel ist es, die Vielfältigkeit aufzuzeigen. Was man aber wissen sollte: Wie Mann und Frau bzw. Geschlechter sich verhalten, hat nicht nur biologische Einflüsse, sondern auch vor allem kulturelle, soziale, gesellschaftliche. Was wir denken, wie Mann und Frau angeblich sind, haben wir auch so gelernt. Und zwar über Jahrtausende hinweg. Dass es keine rein naturgegebenen Vorgaben für eine gesellschaftliche Stellung oder für Aufgaben von Männern und Frauen gibt, zeigt sich auch daran, dass wir Menschen in der Lage sind, innerhalb weniger Jahrzehnte einen Status quo nicht nur in Frage zu stellen, sondern auch zu ändern.

Doch warum ist es für einige so wichtig, »natürliche Geschlechterdifferenzen« zu betonen? Die Geschlechterforscherin Franziska Schutzbach beschreibt es als eine Taktik, um »traditionelle Vorstellungen zu zementieren und Emanzipationsbestrebungen abzuwehren.«[61] Ihre These: In unserer heutigen Gesellschaft sei es nicht mehr akzeptiert, Frauen per se das Recht auf Gleichheit abzusprechen oder sie als weniger wert als Männer darzustellen. Also müssten neue Gründe her: »Dass Frauen und Männer gleich an Rechten sind, wird als formale Formel weiterhin akzeptiert. Aber – so das Argument – trotz gleicher Rechte seien die Geschlechter von Natur aus verschieden. Und deshalb sind letztlich fortbestehende Ungleichheiten normal, legitim oder sogar notwendig«, erklärt Schutzbach.[62] Worum es also am Ende ginge: traditionelle und hierarchische Geschlechterverhältnisse zu erhalten.

Bei Kritik an Genderthemen geht es letztendlich – leider – oft auch um Definitionsmacht: Man will entscheiden, welche Lebensweise die richtige ist, und hat dafür auch eine Antwort parat: Zwei Geschlechter. Punkt. Wenn man solchen Aussagen begegnet, darf man deshalb ruhig auch darauf hinweisen, dass wir a) in einer Demokratie leben, die Diskriminierung aufgrund von Geschlecht schon allein vom Grundgesetz her ausschließt und wir b) als Mitglieder einer demokratischen Gesellschaft die Aufgabe haben, Menschen und Minderheiten zu schützen. Das gilt für alle Demokratinnen und Demokraten.

Was kann man antworten, wenn Menschen sich auf »naturgegebene« Unterschiede zwischen Mann und Frau berufen?

- Wie wir uns verhalten, liegt nicht nur an unserer Geschlechterausrichtung: Es wird von vielen anderen Dingen bestimmt. Dazu gehören zum Beispiel: Kultur, unsere Erziehung oder die Gesellschaft, in der wir aufwachsen.
- Wie wir auf Geschlecht und Biologie schauen, hat sich historisch immer wieder gewandelt.
- Es geht nicht darum, Menschen das Recht abzusprechen, sich ihrem Geschlecht zugehörig zu fühlen. Und es geht auch nicht darum, aus allen Geschlechtern eins zu machen. Im Gegenteil: Ziel ist es, die Vielfältigkeit von Geschlechtern aufzuzeigen und Diskriminierungen entgegenzuwirken.
- Es kann sich bei der Argumentation von »Mann und Frau sind naturgegeben anders« auch um eine absichtliche Strategie handeln, die vor allem ein Ziel hat: bestehende traditionelle Rollenmuster und Lebensweisen nicht nur zu den angeblich einzig »richtigen« zu erklären, sondern diese auch möglichst weiter zu erhalten.

»Es gibt nur zwei Geschlechter! Jetzt soll der Unterschied zwischen Geschlechtern abgeschafft werden!«

Um das voranzustellen: Wer sich selbst als Mann oder Frau definiert und heterosexuell leben will, sollte das tun. Und kann das im Übrigen auch, niemand hindert sie oder ihn daran. Es kann helfen, das in einer Diskussion auch zu erwähnen, um klarzustellen, dass es bei diesem Thema nicht um ein Infragestellen des Gegenübers und dessen Geschlechterzuordnung geht. Genauso richtig ist es aber auch, darauf einzugehen, dass eine Einteilung in nur zwei Geschlechter nicht korrekt ist.

Die biologischen Grundfakten

Am Anfang hat jeder menschliche Embryo das Potenzial, sich in jede mögliche Geschlechtsrichtung zu entwickeln, er trägt nämlich beide Geschlechtsanlagen in sich. Enthalten die Zellkerne zwei X-Chromosome, entwickelt sich - wahrscheinlich - ein Mädchen. Enthalten sie ein X- und ein Y-Chromosom wird daraus - wahrscheinlich - ein Junge. Allerdings bestimmt erst ein komplexes Zusammenspiel aus Hormonen und weiteren Faktoren die tatsächliche Geschlechtsentwicklung. Bei einer »typisch männlichen« Geschlechtsentwicklung bilden sich Hoden, die dann unter anderem das Hormon Testosteron ausschütten. Das löst dann zusammen mit anderen Faktoren die Entwicklung von Geschlechtsorganen wie Samenleiter, Samenblase und Prostata aus, es entstehen Penis, Eichel, Vorhaut. Im Laufe einer »typisch weiblichen Entwicklung« bilden sich Eierstöcke, die unter anderem das Hormon Östradiol ausschütten. Es bewirkt die Entstehung von Gebärmutter, Scheide und Eileiter, äußerlich entstehen Klitoris, Schamlippen und die Öffnung der Harnröhre.

Die Entscheidung, was man wird, ist also nicht bereits in den Erbanlagen gefällt, der Prozess bestimmt das Ergebnis. Bei jedem Schritt dieses Entwicklungsprozesses kann etwas anders kommen und den Ausgang bestimmen. Dann bleibt der Embryo intersexuell, also mit Anteilen beider Geschlechtsmerkmale. So können bei der Geschlechtsentwicklung viele Variationen entstehen, und zwar so viele, dass einige Forscher inzwischen davon ausgehen, dass jeder hundertste Mensch eine nicht eindeutige Form von Geschlecht aufzeigt.[63] Es gibt nämlich neben Mann und Frau noch andere Variationen der Geschlechter: zum Beispiel Intersexualität oder Transsexualität. Da aber viele intersexuelle Kinder immer noch als Säugling oder Kleinkinder umoperiert werden, nehmen wir sie weniger wahr. Wer sich später im Leben weder als Mann noch als Frau definieren kann oder will, leidet dann häufig darunter, genau das tun zu müssen.

Was man also sagen kann: In der geschlechtlichen Entwicklung spielen verschiedene Faktoren eine Rolle, die dann das Ergebnis beeinflussen. Was man aber auch sagen muss: Nicht alle unsere (gelernten) Annahmen zum menschlichen biologischen Geschlecht sind immer ganz richtig. Das bestätigt auch Sexualwissenschaftler Voß. Er weist darauf hin, dass manche Annahme, die in der Gesellschaft als »gängiges Wissen« gehandelt wird, nicht korrekt ist: »Viele von uns haben diese klassische Vorannahme, dass nur mit Chromosomen schon angelegt sei, was aus dem Menschen werde. Das ist Quatsch. Der Embryo hat das Potenzial sich in jegliche geschlechtliche Richtung zu entwickeln. Auch die gängige Annahme, es brauche ein Y-Chromosom, um sich männlich zu entwickeln, ist falsch. Es gibt auch zum Beispiel sogenannte XX-Männer, die einen als typisch weiblich betrachteten Chromosomenbestand, also kein Y-Chromosom, haben, dafür aber als ›typisch männlich‹ eingeordnete Genitalien. Genauso gibt es sogenannte ›XY‹-Frauen, mit als ›typisch weiblich‹ betrachteten Genitalien und einem als männlich angesehenen Chromosomenbestand.«[64] Was unser Geschlecht ausmacht, hängt also auch von einem vielfältigen Zusammenspiel ab, an dem nicht nur Chromosomen beteiligt sind, sondern auch Hormone und weitere Faktoren wie Rezeptoren, die für Anatomie, Geschlechtsorgane und auch für unser Gehirn eine Rolle spielen.

Was ist Intersexualität?

Intersexuelle Menschen können nicht eindeutig einem weiblichen oder männlichen Geschlecht zugeordnet werden. Der Bundesverband Intersexualität e.V. beschreibt es so: »Der Begriff Intersexualität bezeichnet biologische Besonderheiten bei der Geschlechtsdifferenzierung. Intersexuelle Körper weisen deshalb Merkmale vom weiblichen und vom männlichen Geschlecht auf. Es handelt sich also um Menschen, deren geschlechtliches Erscheinungsbild von Geburt an, hinsichtlich der Chromosomen, der Keimdrüsen, der Hormonproduktion und der Körperform nicht nur männlich oder nur weiblich ausgeprägt ist, sondern scheinbar eine Mischung darstellt.«
Intergeschlechtliche Kinder werden oft nach der Geburt einer geschlechtsangleichenden Operation unterzogen. Selbsthilfeverbände wie der Bundesverband Intersexuelle Menschen verurteilen solche Eingriffe als Menschenrechtsverletzung. Inzwischen empfehlen auch ärztliche Leitlinien äußerste Zurückhaltung und die Einbindung der Kinder. Diese Richtlinien sind aber nicht bindend. Eine Studie der Ruhr-Universität Bochum von 2019 zeigt, dass die Zahl der operativen Eingriffe auch seit der Änderung der Leitlinien nicht signifikant zurückgegangen ist. Die Studie untersuchte den Zeitraum von 2005 bis 2016 und kommt zu dem Ergebnis, dass kein Anhaltspunkt für einen Rückgang geschlechtsangleichender Operationen an Kindern nachzuweisen sei. Allein 2016 wurden 2079 Kinder einer sogenannten geschlechtszuweisenden Operation unterzogen.[65]

Was ist Trans*?

Trans* ist nach einer Definition der Antidiskriminierungsstelle des Bundes ein Oberbegriff, der verschiedene Menschen bezeichnet, die sich nicht beziehungsweise nicht nur mit dem ihnen bei der Geburt zugewiesenen Geschlecht identifizieren: »Dazu zählen beispielsweise auch

Menschen, die geschlechtsangleichende Behandlungen anstreben. Trans* sind beispielsweise »Mann-zu-Frau«-Transsexuelle oder »Frau-zu-Mann«-Transsexuelle, aber auch Menschen, die sich geschlechtlich nicht verorten (lassen) möchten.«[66]

Was ist Transgender?

Der Begriff Transgender bezeichnet Menschen, deren äußerliche Geschlechtsmerkmale (und damit das bei der Geburt zugewiesene Geschlecht) nicht mit ihrem gefühlten Geschlecht, also ihrem sogenannten Identitätsgeschlecht, übereinstimmen. Sie fühlen sich dem ihnen zugeschriebenen Geschlecht nicht zugehörig oder wollen sich einer solchen Kategorisierung nicht unterwerfen. Wichtig: Nicht alle Menschen, die sich als Transgender bezeichnen, wollen ihr biologisches Geschlecht operativ ändern.

Was ist Transsexualität?

Transsexuelle Menschen haben zwar eindeutige Geschlechtsmerkmale, fühlen sich aber dem anderen Geschlecht zugehörig und somit als Mensch im falschen Körper. Viele Transsexuelle streben eine Umwandlung ihres biologischen Geschlechts via Hormonbehandlungen und operativen Eingriffen an. »Transsexualität« wird erst seit 2018 nicht mehr als psychische Störung geführt: Das stellte die Weltgesundheitsorganisation (WHO) in ihrer »Internationalen Klassifikation von Krankheiten« (ICD) fest.[67]

In der Forschung geht man inzwischen von einem größeren Spektrum geschlechtlicher Entwicklungsmöglichkeiten aus.[68] Nicht nur, dass schon im Mutterleib viele Faktoren eine Rolle spielen, auch wenn ein Körper zur Welt kommt, ist er ja noch nicht fertig, er steht von der ersten Sekunde an mit seiner Umgebung in einer Wechselwirkung, wird von ihr beeinflusst, entwickelt sich weiter und verändert sich. Muskelbildung, Gehirnentwicklung oder auch der Hormonhaushalt, um nur einige Beispiele zu nennen, sind auch davon abhängig, welcher Umgebung, welchen Situationen der (heranwachsende) Körper ausgesetzt ist und wird.

Immer mehr Forschende betrachteten »weiblich« und »männlich« als ein Kontinuum, sagt Biologin und Genderforscherin Kerstin Palm: »Wenn man sich die Palette an Spielarten vorstellt, die es im Rahmen der körperlichen Ausprägungen gibt, wird deutlich, dass man nicht einfach sagen kann, es gäbe nur zwei Geschlechter, es gibt eben auch verschiedenste Formen von Intersexualität. Viele Biologinnen und Biologen schlagen deshalb vor, von einem Geschlechterspektrum zu sprechen. In diesem Spektrum sollten ›männlich‹ und ›weiblich‹ nicht nur die jeweiligen Endpole darstellen, da viele unterschiedliche Vorstellungen davon existieren, wie man einen männlichen oder weiblichen Körpers definiert.«[69]

Zur Erinnerung auch für jede Diskussion zu diesem Thema: Die eine, für immer gültige biologisch unumstößliche Antwort kann und wird es nie geben. »Die Biologie ist nicht deshalb auf das Kontinuum der Geschlechter gekommen, weil sie sich das so wünscht, sondern weil es das empirische Ergebnis vieler Studien ist. Geschlechtsforschung schaut ergebnisoffen, wie die Realität aussieht und beschreibt diese dann. Die Wissenschaft kann immer nur so gut sein, wie der aktuelle Forschungsstand, und dieser verändert sich. Der aktuelle Forschungsstand sagt: Der biologische Körper wächst nicht unabhängig vom Kontext auf, er ist stattdessen in einen Kontext eingebettet, und dieser Kontext ist sowohl physikalischer als auch sozialer als auch kultureller Art«, erläutert Biologin Palm. Und ergänzt: »Im Deutschen wird unter Geschlecht meist nur sehr reduziert das biologische Geschlecht verstanden und darunter dann nur die zwei Geschlechter ›männlich‹ und ›weiblich‹. Die Vieldimensionalität von Geschlecht wird dabei übersehen: Geschlecht hat eine körperliche, eine psychische, eine soziale und eine kulturelle Dimension.«

Es gibt also neben der körperlichen Ebene auch noch andere, die für das Geschlecht eine Rolle spielen. Die körperliche, also biologische Dimension umfasst dabei die Anatomie und Physiologie des Körpers. Die psychologische Dimension betrifft die Geschlechteridentität, welche sich bei einigen Personen im Laufe ihres Lebens ändern kann. Das bedeutet konkret: Die Geschlechteridentität muss mit der geschlechtlichen Zuschreibung bei Geburt, die am Körper festgemacht wird, nicht zwingend übereinstimmen. Eine Person, die mit einem Penis zur Welt kommt, kann sich zum Beispiel auch als weiblich empfinden. Das heißt: Das biologische und das psychologische Geschlecht stimmen nicht immer überein.

Die soziale Dimension umreißt den Bereich, in dem das Geschlecht im Rahmen gesellschaftlicher Strukturierung auftritt. »Das ist oft verbunden mit geschlechtsspezifischer Arbeitsteilung, Zuteilung von Berufen zu Geschlechtergruppen oder auch ökonomischen Phänomenen, wie dem Gender Pay Gap«, erläutert Palm. Das kulturelle Geschlecht beinhaltet die sogenannte Geschlechterbewertung: Wie wird Weiblichkeit, wie wird Männlichkeit gedacht? Welches Geschlecht bekommt welche Zuschreibungen? Und dazu sollte man nicht vergessen, dass sich diese Sichtweise auf das Geschlecht immer wieder ändert, sie ist abhängig von dem Blick, den unsere Gesellschaft darauf richtet, und somit kann das, was in einem Jahrzehnt als gesellschaftlich »typisch männlich« oder »typisch weiblich« gilt, im nächsten nicht mehr gelten. Die Arbeit an Computern war zum Beispiel in ihren Anfängen ein »typischer Frauenberuf«, was sich dann im Laufe des 20. Jahrhunderts wandelte, aus der weiblich besetzten Szene wurde eine »männliche Aufgabe«. Oder: »Die Kinderversorgung war im ausgehenden 18. Jahrhundert unter anderem auch die Aufgabe von Männern, wurde dann im 19. Jahrhundert zur Frauenaufgabe, und im 21. Jahrhundert ändert sich diese Sichtweise jetzt wieder, es entwickeln sich neue Vorstellungen davon, wie ein guter Vater aussehen soll«, beschreibt Kerstin Palm.

In Deutschland wird die Tatsache, dass es mehr als zwei Geschlechter gibt, auch staatlich anerkannt: Seit dem 1. Januar 2019 existiert hierzulande neben »männlich« und »weiblich« »divers« als offizielles drittes Geschlecht. Der Hintergrund ist eine Entscheidung des Bundesverfassungsgerichts vom Oktober 2017: Spätestens zum 1. Januar 2019 sollte es ein drittes Geschlecht geben – oder der Staat sollte ganz auf die Erhebung des Geschlechts verzichten.[70] An der Entscheidung gibt es auch Kritik, zum Beispiel dass ein intergeschlechtlicher Mensch über die Benennung nicht selbst entscheiden kann und dass dieses Geschlecht nur für Personen gilt, bei denen eine medizinisch diagnostizierte Intersexualität vorliegt. Wer sein Geschlecht im Personenstandsregister umtragen lassen will, muss dafür ein medizinisches Gutachten vorlegen.

Solche Gesetze und Sichtweise sind historisch gesehen übrigens auch nicht ganz neu, wie Sexualwissenschaftler Voß verdeutlicht: »Die Einschränkung, es gebe nur zwei Geschlechter, ist etwas, das erst in der Moderne vorkommt. Auch im Preußischen Allgemeinen Landrecht gab es bis 1791 noch den sogenannten ›Zwitterparagrafen‹ für untypisches Geschlecht, sodass die Personen sich erst mit 18 Jahren für das eine oder andere Geschlecht entscheiden mussten. Ähnliches finden wir um 1850 auch noch im Bayerischen Bürgerlichen Gesetzbuch. Erst in ganz modernen gesetzlichen Regelungen, die sich mehr auf ein ›Naturrecht‹ beziehen, finden wir dann eine größere Vereinheitlichung nach dem zweigeschlechtlichen Prinzip.«

Festzuhalten bleibt: Es gibt vielfältige Geschlechtervariationen. Es geht aber nicht darum, den Unterschied zwischen den Geschlechtern abzuschaffen. »Vielmehr geht es darum, bestimmte Situationen, unter denen Menschen leiden, stereotype Zuschreibungen, unter denen auch Männer und Frauen leiden, mehr in den Blick zu bekommen und dann daran zu arbeiten, dass Menschen sich eher mit sich selbst wohlfühlen, auch wenn sie sich klar als Mann oder Frau verstehen«, ordnet Voß ein. Nur so könnten letztendlich alle mit ihren individuellen Merkmalen wahrgenommen und nicht diskriminiert werden.

Zu vielfältigen Geschlechtervariationen kommen auch vielfältige sexuelle Orientierungen. Dabei handelt es sich nicht um medizinische Störungen. Das ist deshalb wichtig, weil es in dieser Gesellschaft noch immer weder selbstverständlich ist, sich zwischen den Geschlechtern zu bewegen und dafür akzeptiert zu werden, noch zu lieben, wen man liebt, ohne irritiert angeschaut zu werden, sobald es von der klassischen Mann-Frau-Beziehung abweicht. Deutschland hat 2017 – also vergleichsweise spät – die Ehe für alle eingeführt. Während die Frage, ob Heterosexualität angeboren ist oder nicht, nie gestellt wird, sehen sich Homosexuelle dieser Frage immer noch – auch im (beruflichen) Alltag – ausgesetzt. Wer nicht in eine vorgegebene »Norm« passt, wird oft nicht toleriert, diskriminiert, ausgegrenzt, im schlimmsten Fall auch körperlich angegriffen.

Ein kurzes *FYI* an dieser Stelle: Homosexualität gibt es, seit es Menschen gibt, sie existiert auch im Tierreich. Homosexualität wird nicht »anerzogen«, und Menschen werden auch nicht zur Homosexualität »verführt«. Was wissenschaftlich ebenfalls nicht belegt werden konnte: ein Gen, das Homosexualität »auslöst«. Manche Forscher vertreten dafür heute die These, dass bestimmte Gen-Aktivitäten durch äußere Einflüsse wie Sexualhormone während der Schwangerschaft »aus- oder angeknipst« werden. Das würde sich dann auf die sexuelle Orientierung auswirken können.[71]

Was sagt man, wenn jemand darauf besteht, dass es nur zwei Geschlechter gibt?

- In der Wissenschaft spricht man inzwischen eher von einem Kontinuum, einem Geschlechtsspektrum, in und auf dem viele unterschiedliche Geschlechtervariationen existieren.
- In Deutschland wird die Tatsache, dass es mehr als zwei Geschlechter gibt, auch staatlich anerkannt: Seit 2019 gibt es das sogenannte dritte Geschlecht »divers«, das bei der Geburt oder nachträglich eingetragen werden kann.

Antworten an Menschen, die gegen Geflüchtete hetzen

- »Es findet ein Bevölkerungsaustausch statt«
- »Das sind doch alles nur Wirtschaftsflüchtlinge«
- »Flüchtlinge bekommen mehr Geld als bedürftige Deutsche«
- »Private Seenotrettung ist illegal«

»Es findet ein Bevölkerungsaustausch statt«

Nur kurz vorab: Es findet kein Bevölkerungsaustausch statt. Auch kein »großer Austausch«, keine »Umvolkung« und schon gar kein »weißer Genozid«. Was diese Begriffe und Ausdrücke gemein haben: Sie stehen für eine ganz bestimmte Sicht auf die Welt, für eine rechte Ideologie, und befüttern eine (oder gleich mehrere) Verschwörungstheorie(n). Auch der Attentäter von Christchurch, der am 15. März 2019 in zwei Neuseeländer Moscheen 51 Menschen erschossen hat, hatte vor seinen Morden ein »Manifest« (in Anführungszeichen, um dem Papier nicht mehr Bedeutung zu geben, als es verdient) veröffentlicht und das mit »The Great Replacement« (zu Deutsch: »Der große Austausch«) betitelt. Hinter diesem Ausdruck verbirgt sich die in rechtsextremen Kreisen propagierte Verschwörungstheorie, es gäbe einen Plan, die einheimische Bevölkerung durch andere, fremde Bevölkerungen auszutauschen.

Woher kommt diese Verschwörungstheorie?

Der Begriff »Bevölkerungsaustausch« stammt nicht aus der Wissenschaft. Er wird häufig auf den französischen Autor Renaud Camus zurückgeführt, der 2011 das Buch *Le grand replacement*, zu Deutsch »Der große Austausch«, herausbrachte.

Camus ist aber nicht der Erfinder dieser Verschwörungstheorie. Laut dem französischen Historiker Nicolas Lebourg reichen ihre Wurzeln bis in die Zeit nach dem Zweiten Weltkrieg. Nach Lebourg hätten Rechtsextreme, wie ehemalige Mitglieder der Waffen-SS eine Beherrschung Europas durch schwarze und asiatische Soldaten prophezeit: »Ab 1946 behaupteten ehemalige Kämpfer der Waffen-SS, dass mittlerweile ganz

Europa von ›Negern‹ (amerikanischen Soldaten) und ›Mongolen‹ (russischen Soldaten) besetzt sei und dass der Kontinent durch eine ›neue Widerstandsbewegung‹ von der ‹Besatzung› befreit werden müsse«, schreibt der Historiker in der französischen Zeitung *Le Mediapart.*[1] Drahtzieher des Austauschplans sollten dabei angeblich »jüdische Verschwörer« gewesen sein. Auffällig: Wenn es um »Masterminds des großen Austauschs« geht, fällt heutzutage wiederholt der Name des jüdischen Ex-Investors und Philanthropen George Soros, der als Strippenzieher im Hintergrund für den Bevölkerungsaustausch mitverantwortlich sei (siehe hierzu auch »Die jüdische Weltverschwörung«, Seiten 108–115)

Tatsächlich geht die Begrifflichkeit »Bevölkerungsaustausch« aber noch weiter zurück. Die gefährliche Legende findet schon Parallelen bei völkischen Vordenkern: »Es gab schon viel früher nationalistische Kreise, schon im 19. Jahrhundert und in der Nazizeit erst recht. Da wurde mit ähnlichen Vokabeln gearbeitet«, erklärt der Sprachwissenschaftler Thomas Niehr. »Wird beispielsweise im Zusammenhang mit den aktuellen Flüchtlingsbewegungen von einer Umvolkung oder einem Bevölkerungsaustausch gesprochen, so wird damit - auch wenn es vielen gar nicht bewusst sein mag - ein nationalsozialistischer Topos aktiviert.«[2] Schon im Nationalsozialismus sei von einem »Volkstod« die Rede gewesen, man habe vor der »Zersetzung des deutschen Volkskörpers« gewarnt, der durch fremde Rassen, etwa durch Juden, gefährdet sei. Das Wort Umvolkung, das auch heute in rechten Kreisen noch verwendet wird, hatte damals allerdings eine andere Bedeutung. Während heute damit auf eine angebliche Überfremdung Deutschlands hingewiesen werden soll, planten die Nationalsozialisten damals eine »Umvolkung des Lebensraums im Osten (das heißt, die Vertreibung der dort Ansässigen und gleichzeitige Re-Germanisierung der dort lebenden ›Volksdeutschen‹)«.[3]

Was all diese Theorien eint: Sie bauen auf der Hypothese eines Staatsvolkes auf, das ethnisch über Generationen homogen bleibt. Volkszugehörigkeit bleibt darin eine Frage der Abstammung. Über allem schwebt der drohende Untergang des »deutschen Volkes« (je nachdem wo man sich befindet »des weißen Volkes«), was durch die erzwungene, geplante Einwanderung »heterogenisiert« werden soll – zu seinem Nachteil. Heutzutage werden solche Aussagen also nicht mehr wie früher biologistisch begründet, sondern kulturell. Statt von verschiedenen Völkern spricht man von verschiedenen Kulturen. Das nennt sich: Ethnopluralismus. »Ethnopluralismus bedeutet, dass Völker als kulturell-ethnische Einheiten definiert und damit gegen andere, gegen ›Fremde‹ gestellt werden«, schreibt Soziologin Franziska Schutzbach in ihrem Buch *Die Rhetorik der Rechten*.[4]

Laut Migrationsforscher Jochen Oltmer von der Universität Osnabrück greifen diejenigen, die solche Theorien verbreiten, auf einen historischen Fundus zurück: »Rechte Ideologen bewegen sich in einer bestimmten Denkrichtung, die nicht von ungefähr kommt. Sie schließen an eine bestimmte Vorstellung an, so etwas wie eine homogene Gesellschaft sei möglich und sogar nötig, um eine Bevölkerung regierbar zu machen. Vorstellungen, wie Nationen zu sein haben, sind in unserem Denken sehr stark verankert, weil wir in den letzten 200 Jahren durch die Bildung der Nationalstaaten lernen mussten, dass wir in solchen Kategorien zu denken haben.«[5] Bei der Idee einer homogenen Bevölkerung handele es sich jedoch immer um eine reine Vorstellung, eine menschengemachte Konstruktion: »Wenn wir uns die Entwicklung vieler europäischer Staaten in den letzten Jahrzehnten anschauen, werden wir schnell merken, dass diese Homogenität konstruiert ist. Mittels Gewalt und Zwang wurden spezifische Aspekte, die als heterogen wahrgenommen wurden, zerstört. Es heißt immer: Eine Gesellschaft soll homogen sein, um zu funktionieren. Dabei leben wir in einer Gesellschaft mit Vielfalt und Heterogenität und haben viele Mittel und Wege gefunden, dass diese funktioniert.«

Wer Bevölkerungsaustausch-Theorien verbreitet, beruft sich immer wieder auf unterschiedliche »Beweise«, die zeigen sollen, dass ein Austausch längst stattfinde bzw. geplant sei. Einige Stichworte, die dabei fallen, sind etwa der »Hooton Plan«, europäische »Neuansiedlungs-Kampagnen«, über die uns scheinbar Informationen vorenthalten würden, oder ein UN-Bericht, der den Bevölkerungsaustausch-Plan beweisen soll. Gehen wir diese angeblichen Beweise nacheinander durch:

Der »Hooton-Plan« basiert auf einem Zeitungsartikel vom Januar 1943 im *New York Daily Newspaper Picture Magazine*, in dem Earnest Albert Hooton, ein US-amerikanischer Anthropologe und Hochschullehrer, vorschlug, US-Besatzungssoldaten in Deutschland zu stationieren, um diese zu ermutigen, sich mit deutschen Frauen zu verheiraten und so die Geburtenrate »reiner Deutscher« zu senken.[6] Das Ziel: »die deutsche Aggressivität herauszuzüchten«. Nicht schwer zu erkennen: Earnest Hooton war Anhänger der Rassenlehre und vertrat damit Theorien, die heute längst überholt sind. Zu seiner Glaubwürdigkeit sagt zum Beispiel der deutsche Amerikanist Michael Butter in einem Interview: »Angeblich beinhaltet dieser Plan eine Gebrauchsanweisung dazu, wie man das deutsche Volk verschwinden lassen soll. Sicher gab es dieses Traktat, aber niemand hat Hooton ernst genommen, schon gar nicht die US-Regierung. Die Vorstellung, dass sein Plan jetzt im Geheimen umgesetzt wird, ist absurd.«[7] Man kann also sagen: Der Plan stammt aus einer Zeitung, die es nicht mehr gibt, wurde von einem Hochschullehrer geschrieben, der keinen politischen Einfluss hatte, und beinhaltet Theorien, die heute längst überholt sind. An der Verschwörungstheorie über den »Hooton-Plan« zeigt sich aber vor allem eins: Der angebliche »Plan« ist so absurd, dass er kaum widerlegbar ist. Wie will man widerlegen, dass es keine »geheimen Mächte«, keine »Geheimpläne« gibt? Verschwörungstheoretiker verkaufen den »Hooton-Plan« deshalb gerne als historische Tatsache, anstatt als das, was er ist: ein Artikel, dem niemand Bedeutung beimaß.

Neben dem »Hooton-Plan« bringen Vertreter des »Großen Austauschs« auch immer, gerne in Nebensätzen, die Resettlement-Kampagnen auf. Oft zitiert wird dabei eine Pressemitteilung der Europäischen Kommission von 2016, in der vorgeschlagen wird, einen gemeinsamen

EU-Neuansiedlungsrahmen festzulegen und die Zahl der Neuansiedlungen zu erhöhen.[8] Was stimmt: Es gibt sogenannte Resettlement-, also Neuansiedlungsprogramme. Nicht nur in der EU, sondern weltweit. Es stimmt auch, dass die EU deren Zahl erhöht hat.

Resettlement-Programme sind für diejenigen Menschen gedacht, die bereits in ein anderes Land (einen sogenannten Erstzufluchtsstaat) geflohen sind, dort aber nicht integriert werden können und weiterhin als gefährdet und besonders schutzbedürftig gelten. Um für ein Resettlement-Programm in Frage zu kommen, muss man vom Flüchtlingshilfswerk der Vereinten Nationen (UNHCR) als Flüchtling anerkannt sein, zudem muss ein besonderer Grad an Schutzbedürftigkeit vorliegen. Dabei handelt es sich oft um Kinder, Eltern mit minderjährigen Kindern, Opfer von Folter, Kranke oder Behinderte. Menschen, die in der Regel zu schwach sind, die Migration in ein anderes Land anders zu schaffen. Ein Ziel von Resettlement ist es auch, illegale Migration einzudämmen, bei der Geflüchtete in die Hände von Kriminellen und Schleppern geraten. Vorgeschlagen werden für das Resettlement geeignete Personen vom UNHCR, das auch die Bedarfslagen der Betroffenen prüft. Die letztendliche Entscheidung, ob jemand aufgenommen wird, liegt immer beim Aufnahmestaat.

Konkret funktioniert das so: Geflüchtete werden im Land, in das sie geflohen sind, ausgewählt und von dort aus in ein Land gebracht, das sich bereit erklärt hat, ihnen volles Flüchtlingsrecht zu gewähren und sie zu integrieren. Das nennt man dann Resettlement bzw. dauerhafte Neuansiedlung.[9] In der Realität sieht das aber ganz anders aus. Denn die Anzahl der tatsächlich verfügbaren Resettlement-Plätze ist übersichtlich: 2018 benötigten laut UNHCR 1,2 Millionen Menschen Resettlement. Tatsächlich angebotene Plätze gab es 55.692. Deutschland stellt im Rahmen des EU-Resettlement-Programmes 10.200 Plätze.[10] Wenn man sich die Zahlen anschaut, möchte man zynisch sagen: Wer auf die Anzahl der Resettlement-Plätze setzt, um eine Bevölkerung auszutauschen, setzt quasi auf eine Lotterie. (In Deutschland lebten Ende 2018 nach Schätzung des Statistischen Bundesamtes etwa 83 Millionen Menschen.[11]) Resettlement-Programme sind im Übrigen auch nicht geheim. Unter anderem lassen sich alle Bedingungen und Hintergründe dazu auf offiziellen Seiten wie der des Bundesamtes für Migration und Flüchtlinge oder des UNHCR nachlesen.[12]

Desinformation erkennen und prüfen

- **Doppelter Quellencheck**: Woher stammt meine Information, kenne ich die Quelle? Gilt sie als seriös (das heißt, arbeitet die Quelle nach journalistischen oder wissenschaftlichen Kriterien) oder eventuell als befangen (ist die Quelle PR eines Unternehmens, stammt von einer Partei, einer bestimmten Organisation)? Kann ich ausschließen, dass es sich um eine Satiremeldung handelt? Stammt ein Post von einem verifizierten Konto?
- **Googeln**: Berichtet mehr als eine Quelle über diese Information und wenn ja, welche?
- **Belege und Verweise**: Werden Behauptungen belegt, gibt es Fotos, werden weiterführende Quellen genannt, sogar verlinkt?
- **Welche Expertinnen oder Experten werden genannt**: Gibt es diese wirklich, und in welchem Feld arbeiten sie, haben sie also tatsächlich Expertise in dem Bereich für den sie auftreten?
- **Bilder prüfen**: Mit der Bilderrückwärtssuche (bei Google, TinEye oder Yandex) kann man selbst Bilder hochladen (oder die Bilder-URL einfügen) und so checken, ob es sich vielleicht um Fakes handelt.
- **Videos überprüfen**: Die Hilfsorganisation Amnesty International hat den YouTube Data Viewer entwickelt, mit dessen Hilfe man alle Metadaten eines YouTube-Videos, die öffentlich verfügbar sind, einsehen kann. Einfach den YouTube-Videolink dort in der Suchmaske eingeben.

Last, but not least verweisen Anhänger der Austauschtheorie auf einen UN-Plan, der beweisen soll, dass ein Bevölkerungsaustausch langfristig geplant sei. Dahinter steckt ein Bericht der Vereinten Nationen aus dem Jahr 2000 mit dem Titel: »Replacement Migration: Is it a Solution to Declining and Ageing Populations?« Während das Papier in der rechten Szene seit Jahren als faktischer Beweis für eine UN-Forderung nach einem Bevölkerungsaustausch via Migration herumgereicht wird, könnte allein schon das Fragezeichen im Titel darauf hinweisen, dass es sich hier um keine konkreten Forderungen handelt. Was der Bericht konkret berechnet: Welche Zuwanderung vonnöten wäre, um sinkende Bevölkerungszahlen auszugleichen. Der Bericht nimmt dabei acht Länder, nicht nur Deutschland, in den Blick und berechnet Szenarien für die nächsten Jahrzehnte.

Ziel des Berichts war es, »die Auswirkungen unterschiedlich großer Migrationsströme auf den Umfang der Bevölkerung und ihren Alterungsprozess deutlich« zu machen.[13] Dabei handelt es sich um Berechnungen, die keinen Plan beinhalten: »Das ist die Aufgabe von Demografen: Sie entwickeln Szenarien zur Frage, wie sich die Bevölkerung weltweit entwickelt, wie sich die Bevölkerung eines Staates entwickelt, zum Beispiel wenn es keine Zuwanderung gibt, wenn es doch Zuwanderung gibt oder wenn es besonders hohe Zuwanderung gibt. Da wird ständig gerechnet, das ist ein ganz normaler demografischer Bericht ohne konkrete Forderung«, beschreibt das Migrationsforscher Oltmer.

Fakt ist: Als der Bericht herauskam, wurde vielfach darüber geschrieben, auch in der deutschen Presse. Er wurde weder verschwiegen noch ignoriert – anders als Verbreitende der »Großer Bevölkerungsaustausch«-Theorie gerne behaupten. Der Bericht erwähnt außerdem mögliche negative Konsequenzen einer wie auch immer gearteten Zuwanderung. Im Bericht wird explizit darauf hingewiesen, dass eine Folge von Zuwanderung auch soziale Spannungen sowohl in den Aufnahme- als auch in den Herkunftsländern sein können.[14] Migrationsforscher Oltmer erklärt darüber hinaus, dass über die aktuellen Migrationsbewegungen viel zu wenig Menschen ihre Heimatländer verließen, als dass sie eine andere Bevölkerung austauschen könnten: »Wenn es darum ginge, mittels Migration das Verhältnis zwischen Erwerbstätigen und Nicht-Erwerbstätigen aufrechtzuerhalten, dann müssten wir von Mengen an Menschen ausgehen, die deutlich über das Ausmaß von 2015 hinausgehen. Die Einwanderung, die wir jetzt haben, wird in puncto Demografie gar nichts aufhalten, in keiner Weise. Denn: Die Migrantinnen und Migranten die nach Deutschland einwandern, passen sich, was ihre Geburtenrate angeht, schon in der zweiten Generation an.«

Was kontert man, wenn jemand mit dem »Bevölkerungsaustausch« ankommt?

- Es handelt sich hierbei um eine Verschwörungstheorie, die in vielen Deckmäntelchen daherkommt. Deshalb ist es per se schwer, sie einfach zu widerlegen. Was man sagen kann: Es gibt weder wissenschaftlich noch historisch einen Beweis für einen lang angelegten Plan, die Bevölkerung auszutauschen.
- Die Vorstellung, die eigene Kultur »gegen fremde Kulturen« verteidigen zu müssen, nennt man auch Ethnopluralismus. Diese Ideologie wird unter anderem von den Neuen Rechten vertreten und ist in sich menschenfeindlich.
- Die vorgeblichen »Beweise«, die für einen angeblich stattfindenden Bevölkerungsaustausch angebracht werden, sind historisch und politisch irrelevant (»Hooton-Plan«), stellen die Ergebnisse einer damals aktuellen demografischen Studie dar und keinen faktischen Plan (der UN-Bericht); oder sie basieren auf tatsächlichen politischen Absprachen für besonders schutzbedürftige Geflüchtete (EU-Neuansiedelungen) namens *Resettlement*, deren Auswirkungen allein schon zahlenmäßig in keiner Weise auf den Austausch einer Gesellschaft abzielen und die auch nicht neu erfunden wurden.

»Das sind doch alles nur Wirtschaftsflüchtlinge«

Ein Wirtschaftsflüchtling ist jemand, der laut Genfer Flüchtlingskonvention kein Flüchtling ist. Ein Mensch, der zum Beispiel vor Armut flieht. Als Wirtschaftsflüchtling gilt, wer seine Heimat verlässt, um die eigenen Lebensbedingungen zu verbessern, dem aber in seinem Heimatland weder Verfolgung noch schwerste Menschenrechtsverletzungen drohen.

Im deutschen Asylrecht gibt es den Fluchtgrund »wirtschaftliche Perspektive« nicht. Weshalb man Menschen, die mit solchen Argumenten kommen, vielleicht erstmal das Asylsystem in Deutschland erklären könnte. Das sieht eine Aufnahme von Wirtschaftsflüchtlingen nämlich gar nicht vor. Würden in Deutschland also jede Menge sogenannter Wirtschaftsflüchtlinge Asyl beantragen, läge deren Chance auf Anerkennung praktisch bei null. Denn die gesetzlichen Grundlagen, wann und wie jemand in Deutschland bleiben darf, sind klar geregelt. Das Asylverfahren prüft nur, ob den Asylsuchenden in ihren Herkunftsländern maßgebliche Gefahren drohen würden. Sprich: Wer in Deutschland Schutz sucht, kann zwar unterschiedliche Gründe und Motivation dafür haben, das deutsche Asylrecht erkennt aber längst nicht alle davon an.

Das Grundrecht auf Asyl regelt Artikel 16a des Grundgesetzes: Es steht denen zu, die durch staatliche oder staatsähnliche Akteure verfolgt werden.[15] Auf dieses Grundrecht auf Asyl kann sich aber in Deutschland seit 1993 niemand mehr berufen, der aus einem sogenannten sicheren Drittstaat einreist. Unter anderem zählen alle EU-Staaten und damit auch unsere direkten Nachbarn zu den sicheren Drittstaaten. Eine wirkliche Chance auf diese Asylberechtigung hat also eigentlich nur, wer über den See- oder Luftweg nach Deutschland kommt. 2018 wurden 2.841 Menschen als Asylberechtigte nach Art. 16a des Grundgesetzes anerkannt.[16]

Beim Flüchtlingsschutz richtet sich Deutschland nach der Genfer Flüchtlingskonvention. Und die besagt: Laut Artikel 1A der Genfer Flüchtlingskonvention ist ein Flüchtling eine Person, die »aus der begründeten Furcht vor Verfolgung wegen ihrer Rasse, Religion, Nationalität, Zugehörigkeit zu einer bestimmten sozialen Gruppe oder wegen ihrer politischen Überzeugung sich außerhalb des Landes befindet, dessen Staatsangehörigkeit sie besitzt, und den Schutz dieses Landes nicht in Anspruch nehmen kann oder wegen dieser Befürchtungen nicht in Anspruch nehmen will.«[17] Die Genfer Konvention ist weniger eingeschränkt als die Asylberechtigung nach dem Grundgesetz: Sie schließt die Verfolgung von nicht staatlichen Akteuren ein, und auch wer über einen sicheren Drittstaat einreist, ist nicht automatisch davon ausgeschlossen. Wichtig für die Anerkennung als Flüchtling ist: »Es muss sich dabei um ein angeborenes Merkmal (wie Hautfarbe oder Geschlecht) oder eine charakteristische Eigenschaft (wie religiöse Überzeugung oder die sexuelle Orientierung) handeln, die so wesentlich für die Identität oder das Gewissen ist, dass der Betreffende nicht gezwungen werden sollte, darauf zu verzichten. Man spricht hier auch von unveräußerlichen Merkmalen.«[18]

Insgesamt hat das Bundesamt für Migration und Flüchtlinge im Jahr 2018 216.873 Entscheidungen gefällt, davon waren 75.971 positiv.[19] Aus dieser Zahl berechnet man die sogenannte Schutzquote. Für 2018 betrug sie 35 Prozent. Es werden also längst nicht alle, die in Deutschland einen Antrag auf Asyl oder Flüchtlingsschutz stellen, auch anerkannt. Die Schutzquote bezieht sich auf die in Deutschland möglichen Schutzformen. Denn in Deutschland gibt es neben dem Recht auf Asyl und der Anerkennung als Flüchtling noch zwei weitere Schutzformen: den subsidiären Schutz und das Abschiebungsverbot. Subsidiär Schutzberechtigte sind die, bei denen weder der Flüchtlingsschutz noch die Asylberechtigung gewährt werden kann, die aber glaubhaft nachweisen können, dass ihnen im Herkunftsland ernsthafter Schaden droht. Es handelt sich also auch hier nicht um Wirtschaftsflüchtlinge. 2018 erhielten

25.055 Menschen subsidiären Schutz. Greifen weder Asyl-, noch Flüchtlingsschutz oder subsidiärer Schutz, kann ein Abschiebeverbot verhängt werden, wenn im Zielstaat eine unmittelbare »Gefahr für Leib, Leben oder Freiheit besteht. Das kann zum Beispiel bei einer schweren Erkrankung der Fall sein, die sich im Herkunftsland aufgrund fehlender Behandlungsmöglichkeiten deutlich verschlechtern würde.«[20]

Wer also mit Wirtschaftsflüchtlingen gegen Flüchtlingsaufnahme argumentiert, dem kann man antworten: Wer in Deutschland nicht nachweisen kann, dass er verfolgt wird, hat nach dem Asylrecht kein Bleiberecht und kein Recht auf Schutz. 2018 wurden in Deutschland 23 617 Menschen abgeschoben, 2 497 wurden zurückgewiesen (diese Menschen wurden direkt an der Grenze abgewiesen) und 12 079 Menschen zurückgeschoben (das heißt, Menschen, die unerlaubt nach Deutschland eingereist sind, werden entweder in das Schengen-Land, das eigentlich für sie zuständig ist, zurück- oder direkt in ihr Herkunftsland abgeschoben).[21]

Wenn man sich außerdem ansieht, aus welchen Staaten die Menschen kommen, die hier Schutz suchen, spricht einiges dafür, dass diese nicht in erster Linie nur aus wirtschaftlichen Gründen in ein anderes Land geflohen sind: Die Topdrei der Herkunftsländer von Antragstellenden im Jahr 2018 waren Syrien, der Irak und der Iran. Der syrische Bürgerkrieg ist immer noch nicht beendet, der Irak ist nach wie vor ein instabiles Land, in dem beständig Unruhen ausbrechen und in weiten Teilen Islamisten die Bevölkerung bedrohen, und im Iran herrscht ein autoritäres System, das Menschenrechte beschneidet.

Außerdem darf man nicht vergessen, dass sich wirtschaftliche Gründe und anerkannte Fluchtgründe nicht gegenseitig ausschließen. Prof. Dr. Nora Markard, Juristin an der Universität Hamburg, macht deutlich, dass zum Beispiel Angehörige einer Minderheit, die diskriminiert und verfolgt wird, oft auch wirtschaftlich benachteiligt seien, keinen Zugang zu staatlichen Leistungen hätten und deshalb ihre Existenzgrundlage nicht sichern könnten. »Oft ist es eine Vielzahl von Faktoren, die Menschen bewegen, ihre Heimat zu verlassen. Dass auch ökonomische Faktoren dabei eine Rolle spielen, bedeutet aber nicht, dass sie keine Flüchtlinge sein können. In Ausnahmefällen kann auch die Existenzvernichtung als Verfolgung anerkannt werden und zur Gewährung des Flüchtlingsstatus führen. Voraussetzung ist, dass der Entzug der Lebensgrundlage aus diskriminierenden Gründen erfolgt.«[22]

Drei weiterführende Gedanken zum Thema »Wirtschaftsflüchtlinge«

1. Auch wenn das Wort »Wirtschaftsflüchtling« laut Duden und gefühlt sowieso eher abwertend genutzt wird: Wenn man so will, sind viele Menschen Wirtschaftsflüchtlinge. Es ist nachvollziehbar, dass sich Menschen wegen ihrer wirtschaftlichen Perspektive ein neues Leben woanders aufbauen wollen, ob sie das nun in einem anderen Bundesland, einer größeren Stadt oder einem anderen Staat tun. Im 19. und 20. Jahrhundert wanderten viele Deutsche in die USA aus, weil sie in Europa keine Perspektive mehr sahen. Auch die polnische Altenpflegerin, der tschechische Koch, die portugiesische Grafikerin suchen sich vielleicht Jobs in anderen EU-Ländern. Wir würden sie nicht Wirtschaftsflüchtlinge nennen, aber auch sie suchen woanders eine bessere wirtschaftliche Perspektive für sich.

2. Die Welt entwickelt sich weiter. Einerseits zum Guten. So ist die Lebenserwartung gestiegen, die globale Ungleichheit der Einkommen gesunken, auch die Kindersterblichkeit geht zurück. Andererseits sind Frauen immer noch ärmer als Männer, und die Ungleichheit der Einkommen innerhalb der einzelnen Länder ist angestiegen. Viele Menschen leben in Armut und haben keinerlei Entwicklungschancen. 821 Millionen Menschen hungern (Welthunger-Index 2018). 98 Prozent von ihnen leben in Entwicklungsländern. Da ist es verständlich, dass sich Menschen auf den Weg machen, um woanders die Chance auf ein besseres Leben oder vielleicht sogar überhaupt eine Chance auf Leben zu haben. Übrigens: Sowieso tragen westliche Staaten einen Teil dazu bei, dass in anderen Regionen der Welt Menschen die Existenzgrundlage fehlt. So fischen zum Beispiel vor der Küste Senegals riesige Fischereiflotten der EU-Staaten die Bestände leer. Das trifft dann die lokalen Fischer.

3. »Den Armutsflüchtling« gibt es laut Genfer Konvention genauso wenig wie »den Wirtschaftsflüchtling«. Oder auch den Umwelt-, oder Klimaflüchtling. Denn Hunger oder Umweltzerstörung sind keine laut Genfer Konvention anerkannten Fluchtgründe. Beim Klimaflüchtling fehlt zum Beispiel das diskriminierende Element, wenn die Vernichtung der Existenzgrundlage die gesamte Bevölkerung betrifft und keine Verfolgung aus Gründen der Rasse, Religion, Nationalität, politischen Überzeugung oder Zugehörigkeit zu einer bestimmten sozialen Gruppe zu befürchten ist. Während wir als Gesellschaft aber für aktuelle Fluchtursachen und die daraus folgende Migration keine Lösungen finden, tun sich bereits neue Fluchtgründe auf. Die Auswirkungen des Klimawandels (siehe zu diesem Thema auch »Antworten an Leute, die den Klimawandel leugnen«, Seiten 21–54) können weltweit zur Flucht vieler Menschen beitragen. Anfang 2018 warnte die Weltbank bereits, dass es immer mehr »Klimaflüchtlinge« geben könnte, wenn die Politik nicht ambitionierter gegen den Klimawandel vorgeht.[23] Wasserknappheit in bestimmten Regionen, der Anstieg des Meeresspiegels oder weniger landwirtschaftliche Produktion in manchen Gegenden sind nur einige der möglichen Konsequenzen des Klimawandels. Und zu den Hauptverursachern des Klimawandels gehören die Menschen, die in westlichen Staaten leben und seit mehr als 200 Jahren, also lange vor den Entwicklungs- oder Schwellenländern, CO_2 verbrennen.

Wie reagiert man, wenn Menschen pauschal »alles Wirtschaftsflüchtlinge« urteilen?

- In unserem Asylsystem werden wirtschaftliche Fluchtgründe nicht berücksichtigt. Wer in Deutschland nicht nachweisen kann, dass er verfolgt wird, hat nach dem Asylrecht kein Bleiberecht und kein Recht auf Schutz.
- Wirtschaftliche Gründe für Migration und anerkannte Fluchtgründe müssen sich aber nicht ausschließen. Oft bedingt das eine das andere. Wer in seinem Heimatland verfolgt wird, hat meistens auch nicht die gleichen Rechte und wird wirtschaftlich benachteiligt.
- Es ist kein Verbrechen, sein Land zu verlassen, weil einem dort die Existenzgrundlage fehlt. Allein wenn wir in unsere Historie blicken, finden sich dort viele Beispiele, in denen Deutsche auswanderten, um in anderen Ländern eine Chance auf Leben zu haben.

»Flüchtlinge bekommen mehr Geld als bedürftige Deutsche«

Das Internet ist voller – oft falscher – Behauptungen darüber, wie viel Geld Asylsuchende oder »die Flüchtlinge« bekommen. Teils ist da von Tausenden Euro die Rede. Eine grundsätzliche Diskussion über »wir gegen die« gewinnt man natürlich nicht mit den reinen Fakten. In solchen Aussagen steckt viel Angst, Sorge und meist ein Gefühl mangelnder Gleichberechtigung. Trotzdem gilt es, auch in solchen Gesprächen, sachlich zu bleiben. Zuallererst muss man unterscheiden, was eigentlich gemeint ist. »Flüchtlinge« per se ist viel zu pauschal. Was es gibt: soziale

Unterstützung für Asylsuchende. Es gibt aber zum Beispiel einen Unterschied zwischen den Sozialleistungen, die Asylsuchende erhalten, und dem, was man nach einer Anerkennung erhält.

Das Asylbewerberleistungsgesetz regelt, was Asylsuchende, die nach Deutschland geflüchtet sind und über deren Asylantrag noch nicht entschieden wurde, in Deutschland bekommen. Diese finanziellen Leistungen wurden 2019 neu sortiert, das entsprechende Gesetz am 28.06.2019 durch den Bundesrat verabschiedet.[24] Im Juli 2019 war das Gesetz allerdings noch nicht verkündet und damit in Kraft getreten, weshalb in diesem Kapitel sowohl der gesetzliche Stand von Juli 2019 als auch die Zahlen des neuen Gesetzes wiedergegeben werden.

Das Asylbewerberleistungsgesetz unterscheidet zwischen einem »notwendigen Bedarf«, dazu gehören Ernährung und Kleidung, und einem »notwendigen persönlichen Bedarf«, dazu gehören zum Beispiel die Kosten für ein Handy, Internet oder Transportkosten.

Asylsuchende, die in einer Erstaufnahmeeinrichtung untergebracht sind, erhalten pro Monat 135 Euro für den »notwendigen persönlichen Bedarf«. Der »notwendige Bedarf« erfolgt in Form von Sachleistungen (also Verpflegung, Unterkunft). Nach Inkrafttreten des neuen Gesetzes wird diese Summe 150 Euro betragen.[25]

Asylsuchende, die in einer Gemeinschaftsunterkunft, einer Wohnung, einem Hostel, einer Pension, einer Notunterkunft für Wohnungslose oder einer sonstigen Unterkunft leben, erhalten derzeit 219 Euro im Monat für den »notwendigen Bedarf«. Dazu gibt es 135 Euro für den »notwendigen persönlichen Bedarf«. Beides zusammen ergibt: 354 Euro. In Zukunft würden alleinstehende Asylsuchende 194 Euro für den »notwendigen Bedarf« und 150 Euro für den »notwendigen persönlichen Bedarf« erhalten. Dazu kämen dann noch 38 Euro für die Stromkosten. (Zum Vergleich: Deutsche Alleinstehende erhalten nach dem seit 2019 gültigen Hartz-IV-Satz 424 Euro pro Monat.[26])

Paare, die sich eine Wohnung teilen, bekommen weniger: Derzeit

196 Euro für den »notwendigen Bedarf« und 122 für den persönlichen. In Zukunft bekäme ein Paar 174 bzw. 136 Euro.

Durch die Gesetzesänderung 2019 würden Geflüchtete, die in Gemeinschaftsunterkünften leben, so eingestuft, als lebten sie in einer Partnerschaft. Das bedeutet konkret, sie erhielten den niedrigeren Regelsatz von 136 Euro.

Dürfen Geflüchtete in Deutschland arbeiten?

Das hängt davon ab, welchen Aufenthaltsstatus sie haben. Wer um Asyl nachsucht, ist Asylsuchende oder Asylsuchender. Wer beim Bundesamt für Migration und Flüchtlinge (BAMF) einen Asylantrag gestellt hat, ist Asylbewerberin oder Asylbewerber. Die Prüfung des Antrags kann zu folgenden Ergebnissen führen.[27]

- Man erhält einen negativen Bescheid, bekommt keinen Aufenthaltstitel und muss der Ausreisepflicht nachkommen. Als geduldet gilt, bei wem die Abschiebung (die zwangsweise Durchsetzung der Ausreisepflicht) ausgesetzt ist.
- Man erhält einen positiven Bescheid, gilt somit als Asylberechtigte oder Asylberechtigter, wird als Flüchtling anerkannt oder es wird subsidiärer Schutz gewährt bzw. es wird ein Abschiebeverbot festgestellt. In allen Fällen bekommt man eine Aufenthaltserlaubnis.

Asylbewerberinnen und Asylbewerber: Wer noch auf den Bescheid vom BAMF wartet, darf in Deutschland leben und unter bestimmten Bedingungen auch arbeiten. In den ersten drei Monaten ihres Aufenthaltes dürfen Asylbewerberinnen und Asylbewerber derzeit nicht arbeiten. Ab dem 4. Monat entfällt dieses Arbeitsverbot, es sei denn, sie leben immer noch in einer Erstaufnahmeeinrichtung und wurden noch nicht einer Kommune zugewiesen. Die Beschäftigung muss außerdem von der Ausländerbehörde erlaubt werden und in der Regel muss auch die Bundesagentur für Arbeit zustimmen.[28]

Aber: Wer (auch nach drei Monaten noch) in einer Erstaufnahmeeinrichtung lebt, also nicht einer Kommune zugewiesen wurde, darf weiterhin nicht arbeiten. Einer Erstaufnahmeeinrichtung dürfen Asylbewerberinnen und Asylbewerber nach aktueller Gesetzeslage maximal sechs Monate zugewiesen werden. Die Länder können aber bestimmen, dass diese Unterbringung bis zu 24 Monate verlängert werden kann.

Menschen aus sogenannten »sicheren Herkunftsstaaten«, die nach dem 31.08.2015 einen Asylantrag gestellt haben, müssen bis zur Entscheidung über ihren Asylantrag in der Erstaufnahmeeinrichtung bleiben, sie haben also keinen Zugang zu Arbeit oder Ausbildung.[29]

Nach dem vom Bundesrat am 28.06.2019 verabschiedeten »Gesetz zur verbesserten Durchsetzung der Ausreisepflicht« wird – wenn das Gesetz in Kraft tritt – die Verpflichtung in einer Erstaufnahmeeinrichtung zu leben, auf einen Zeitraum von bis zu 18 Monate (sechs Monate für Familien mit minderjährigen Kindern), statt bisher bis zu sechs Monate, verlängert.[30] Für Menschen aus sogenannten »sicheren Herkunftsstaaten« ist die Dauer der Unterbringung bis zur Entscheidung über ihren Asylantrag nach wie vor unbegrenzt, genauso wie für diejenigen, die ihren Asylantrag zurückgenommen oder gar nicht erst gestellt haben. Geflüchtete aus allen anderen Staaten, die in einer Erstaufnahmeeinrichtung untergebracht sind, dürfen nach dem neuen Gesetz erst nach neun Monaten arbeiten.

Geduldete: Wer nach Abschluss des Asylverfahrens keine Aufenthaltsgenehmigung erhält, aber trotzdem aus rechtlichen oder tatsächlichen Gründen nicht abgeschoben werden darf, darf – zumindest vorübergehend bis zum Wegfall dieser Gründe – in Deutschland bleiben. Geduldete Menschen dürfen derzeit mit Erlaubnis der Ausländerbehörde in der Regel auch erst nach drei Monaten arbeiten oder bereits vom ersten Tag der Erteilung der Duldung eine Ausbildung beginnen. Geduldete aus sogenannten »sicheren Herkunftsstaaten«, die nach dem 31.08.2015 in Deutschland einen Asylantrag gestellt haben, der abgelehnt wurde, dürfen nicht arbeiten.

Nach einem weiteren am 28.06.2019 vom Bundesrat verabschiedeten Gesetz dürfen Geduldete in den Erstaufnahmeeinrichtungen – wenn das Gesetz in Kraft tritt – erst nach sechs statt bisher drei Monaten arbeiten. Dieses neue Gesetz beinhaltet außerdem eine sogenannte »Duldung light«. Diesen Status erhält, wessen Identität ungeklärt ist. Menschen mit diesem Duldungsstatus dürfen nach dem neuen Gesetz in Deutschland gar nicht arbeiten.

Geflüchtete mit Asyl- oder Flüchtlingsanerkennung oder subsidiärem Schutz haben uneingeschränkten Zugang zu Arbeit. Wer asylberechtigt, als Flüchtling anerkannt ist oder subsidiären Schutz erhalten hat und keinen Job findet, hat Anspruch auf Arbeitslosengeld II, umgangssprachlich Hartz IV genannt. Hier gilt der normale Hartz-IV-Regelsatz, sie erhalten also weder mehr noch weniger als bedürftige Deutsche.

In der Realität bedeutet das: Zwei von drei Geflüchteten beziehen laut Zahlen der Agentur für Arbeit von Dezember 2018 Hartz IV.[31] In die Rechnung gehören aber auch Kinder und diejenigen, die zwar einen Job haben, aber mit Hartz IV aufstocken müssen. Gleichzeitig bedeutet das auch: Jeder/ jede Dritte hat einen Job in Deutschland gefunden.

Was antwortet man, wenn jemand fordert, Deutsche sollten mehr Geld erhalten als Geflüchtete?

- Das Existenzminimum muss sowohl für Geflüchtete gesichert werden als auch für deutsche Staatsangehörige.
- Die Sätze für Geflüchtete liegen nicht über den Hartz-IV-Sätzen, sondern darunter.

»Private Seenotrettung ist illegal«

Ist Seenotrettung legal?

Seenotrettung – egal ob durch ein privates oder ein staatliches Schiff – ist nicht rechtswidrig. Im Gegenteil ist Seenotrettung eine völkerrechtliche Pflicht von Staaten genauso wie der Flüchtlings- und der Menschenrechtsschutz. Allerdings gibt es Grenzen und Grauzonen rechtlicher Regulierung. Und es sind viele unterschiedliche Rechtsgebiete, um die es geht: Das internationale Seerecht zum Beispiel, das internationale Flüchtlingsrecht, das nationale Schifffahrts- und Strafrecht einzelner europäischer Staaten, das EU-Recht und natürlich vor allem die europäischen Menschenrechte.

Wo fange ich also an bei so einer Diskussion? Ganz simpel: Wer in Seenot gerät, dem muss man helfen. Das steht so auch im Seerechtsübereinkommen der Vereinten Nationen vom 10. Dezember 1982: »Jeder Staat verpflichtet den Kapitän eines seine Flagge führenden Schiffes, soweit der Kapitän ohne ernste Gefährdung des Schiffes, der Besatzung oder der Fahrgäste dazu imstande ist, jeder Person, die auf See in Lebensgefahr angetroffen wird, Hilfe zu leisten.«[32] Dazu eine Erklärung: Schiffe (ab einer bestimmten Größe) fahren immer unter einer Flagge, sie haben also die Nationalität dieses Staates. Das Recht dieses sogenannten Flaggenstaates gilt dann auch für das Schiff und die Personen darauf, also zum Beispiel das Recht der Niederlande auf einem niederländisch beflaggten Schiff. Das ist wichtig, damit klar ist, welches Recht auf dem Schiff gilt – egal wo auf der Welt es gerade unterwegs ist. Falls dem Schiff etwas passiert, kann auch nur der Flaggenstaat sich bei einem Rechtsbruch eines anderen Staates gegenüber dem Schiff für eben dieses einsetzen.

Alle Staaten müssen dafür sorgen, dass ihre staatlichen Schiffe, also etwa Marineschiffe oder Schiffe der Küstenwache, denen helfen, die in Seenot geraten. Zudem müssen sie in ihrem nationalen Recht auch

Privatpersonen verpflichten, bei Seenot zu helfen. Daher macht sich zum Beispiel nach deutschem Recht strafbar, wer unter deutscher Flagge an einem Seenotrettungsfall vorbeifährt. Diese Pflicht greift aber nur, wenn man wirklich vor Ort ist, also sich auf See in unmittelbarer Nähe zu den Menschen in Not befindet.

In Diskussionen zu diesem Thema fallen immer wieder Aussagen, wie »Aber die sind ja selber schuld«. Dazu sagt Seerechtlerin Prof. Dr. Nele Matz-Lück: »Wer in Seenot ist, muss gerettet werden. Der Status der Menschen ist bei der Rettung völlig irrelevant. Es kommt also bei Pflicht zur Seenotrettung nicht darauf an, welchen Status diese Menschen haben, es ist egal, ob es sich um Touristen oder Flüchtlinge handelt, und es ist auch egal, ob sie ein Mitverschulden an der Situation haben, sich also in ein bestimmtes Boot gesetzt haben.«[33] Was es nicht gibt: Eine völkerrechtliche Pflicht, als Staat Kapazitäten dorthin zu schicken, wo es besonders viele Seenotrettungsfälle gibt. Moralisch und politisch kann man natürlich darüber streiten, ob es richtig wäre. Aber eine völkerrechtliche Pflicht hierzu gibt es nicht.

Ob sich ein Schiff in Seenot befindet, sei eine Tatsachenfrage, so Matz-Lück, die der Kapitän des Schiffes, das zur Rettung in der Lage sei, beurteilen müsse: »Allein der Umstand, dass zum Beispiel nicht genügend Schwimmwesten an Bord vorhanden sind oder ein Schiff überladen ist, genügt nicht, um einen Seenotfall zu begründen und darüber die Rettungspflicht auszulösen. Es müssen Umstände einer konkreten Gefährdungslage hinzutreten, zum Beispiel dass die Überladung dergestalt ist, dass sie zur Instabilität des Schiffes und somit zur konkreten Gefahr des Kenterns oder des Unterganges führt, das Schiff manövrierunfähig oder aus sonstigen Gründen akute Gefahr für Leib und Leben der an Bord befindlichen Personen besteht.«[34]

Was sagt man, wenn jemand die Legalität von Seenotrettung anzweifelt?

- Die Seenotrettung ist eine völkerrechtliche Pflicht. Wer in Seenot gerät, muss von dem Schiff gerettet werden, das in der Nähe ist. Das besagt das Seerechtsübereinkommen der Vereinten Nationen.
- Wer als Deutsche oder Deutscher Seenotrettung unterlässt, macht sich sogar strafbar. Das gilt auch, wenn man auf einem Schiff mit nichtdeutscher Flagge ist, denn deutsches Strafrecht gilt parallel auch für deutsche Staatsangehörige.

»Seenotretter müssen die Migranten nach Libyen zurückbringen«

Wer dieses Argument korrekt einordnen will, muss sich genauer mit der rechtlichen Lage auf See beschäftigen. Erstens sind internationale Gewässer in Rettungszonen aufgeteilt, und zwar nach der sogenannten SAR-Konvention (»search and rescue«). Ziel dieser Konvention und der »search and rescue«-Zonen ist es, die Koordination von Seenotrettungseinsätzen möglichst effektiv zu gestalten. Staaten müssen, wenn sie ausgewiesene Seenotrettungszonen haben, einen Seenotrettungsdienst aufrechterhalten, ein eigenes Koordinationszentrum errichten oder sich einem anderen anschließen. Die Koordination übernehmen Leitungsstellen an Land, die sogenannten Maritime Rescue Coordination Centres (MRCCs). Seit 2018 gibt es zum Beispiel für Libyen eine eigene solche Zone mit einer eigenen Leitungsstelle in Tripolis. Die Koordination durch die Leitungsstelle soll unter anderem dafür sorgen, dass nicht mehr Schiffe bei einer Seenotrettung involviert werden als nötig und so auch Verzögerungen oder Umwege etwa von Handelsschiffen verhindert werden können.[35] Was Staaten in ihren Rettungszonen übrigens nicht haben: »Ein ausschließliches Rettungsrecht. Kein Staat darf sich darauf berufen, dass nur er in seiner SAR-Zone retten darf«, erklärt Prof. Dr. Matz-Lück.

Was zweitens die Einteilung des Meeres in solche Rettungszonen aber nicht ändert: den Status von Meereszonen nach dem Seerecht. In diesen Meereszonen stehen den Küstenstaaten unterschiedliche Rechte zu. Die Pflicht zur Seenotrettung gilt dort überall: Im Küstenmeer (auch Territorialgewässer genannt, bis 12 Seemeilen vor der Küste), in der Anschlusszone (bis 24 Seemeilen), in der ausschließlichen Wirtschaftszone (bis 200 Seemeilen) und auf der hohen See (meist »internationale Gewässer« genannt).[36] Auf hoher See dürfen sich private und staatliche Schiffe aufhalten, wie sie möchten. Sie dürfen also von hier aus auf Rettungseinsätze warten und sie von hier aus durchführen. Im fremden Küstenmeer, also im territorialen Hoheitsgewässer, gilt die nationale Rechtsordnung des jeweiligen Küstenstaates parallel zum Recht des Flaggenstaates. Ein Schiff, egal unter wessen Flagge es fährt, muss sich in dieser Meereszone an die Rechtslage des jeweiligen Küstenstaates halten.[37] Was im fremden Küstenmeer erlaubt ist: die friedliche Durchfahrt nach dem Seerechtsübereinkommen. Diese gilt aber nicht, wenn man dort auf einen Rettungseinsatz wartet, ohne die Erlaubnis des jeweiligen Küstenstaates.

Zusammengefasst: Private Seenotrettende dürfen mit ihren Schiffen fremdes Küstenmeer zwar durchfahren, sie dürfen dort aber nicht auf einen Einsatz warten. Auf hoher See aber schon. Wenn Schiffe mit geretteten Personen zurückkehren, dürfen sie fremdes Küstenmeer wiederum durchfahren, aber dort nicht verweilen oder unerlaubt Menschen absetzen. Die italienische Regierung hat trotzdem im Juni 2019 ein Dekret verabschiedet, mit dem sie privaten Rettungsschiffen das Anlaufen des italienischen Küstenmeeres verbietet. Kapitänen oder Betreibern sollen künftig bis zu 50.000 Euro Geldstrafe drohen. »Schiffe an der Durchfahrt durch italienische Küstengewässer zu hindern, nur weil diese Seenotrettung betrieben haben, ist dabei aber nicht erlaubt«, erläutert Seerechtler Valentin Schatz. »In den inneren Gewässern gibt es nicht mal Durchfahrtsrecht. Das gilt vor allem für die Häfen. Dort hat der jeweilige Küstenstaat komplette Souveränität und darf Schiffe nach Belieben reinlassen oder eben die Einfahrt verweigern. Er kann also auch bestimmen, ob ein Schiff mit Geretteten einfahren und Menschen ausschiffen darf.«

Grundsätzlich können die Küstenstaaten Schiffe auch festhalten, wenn sie den Verdacht haben, dass gegen ihr eigenes Recht verstoßen wurde. Es gibt Ausnahmen: Manchmal müssen Staaten Schiffe bei schlechtem Wetter in ihre Häfen lassen oder zum Beispiel medizinische Hilfe an Bord eines Schiffes schicken. Ein Recht auf »Ausschiffung«, also jemanden von Bord eines Schiffes an Land zu lassen, egal ob europäischer Bürger oder Migrantin, gibt es nicht.[38]

Jetzt also zur Frage, ob Seenotrettungsschiffe Migranten an afrikanische Küsten zurückbringen müssen: Völkerrechtlich lautet die Antwort: Nein. Gemeint ist damit das »Non-refoulement-Prinzip«: Artikel 33 der Genfer Flüchtlingskonvention enthält nämlich das Verbot, einen Flüchtling »auf irgendeine Weise über die Grenzen von Gebieten auszuweisen oder zurückzuweisen, in denen sein Leben oder seine Freiheit wegen seiner Rasse, Religion, Staatsangehörigkeit, seiner Zugehörigkeit zu einer bestimmten sozialen Gruppe oder wegen seiner politischen Überzeugung bedroht sein würde«.[39] Ebenso gilt das Verbot einer Zurückweisung an der Grenze oder einer Abschiebung, wenn die betroffene Person dadurch dem Risiko einer unmenschlichen oder erniedrigenden Behandlung oder Folter ausgesetzt wird. Das beschloss der Europäische Gerichtshof für Menschenrechte 2012.[40] Das Gericht urteilte damals, der italienische Staat habe Migranten nicht nach Libyen zurückführen dürfen, da sie dort der Gefahr der Folter ausgesetzt waren.

Was man festhalten kann: Die Genfer Flüchtlingskonvention, die Anti-Folter-Konvention und die Europäische Menschenrechtskonvention gelten auf jeden Fall für staatliche europäische Schiffe. Diese dürfen Menschen zum Beispiel nicht nach Libyen zurückbringen. Für die libysche Küstenwache ist das nicht relevant, Libyen hat die Genfer Flüchtlingskonvention nicht unterzeichnet und gehört nicht zu den Vertragspartnern der Europäischen Menschenrechtskonvention.

Worüber man jetzt streiten könnte: Gelten diese völkerrechtlichen Refoulment-Verbote ebenfalls für private Seenotrettungsschiffe? Was für sie auf jeden Fall gilt: Die seevölkerrechtliche Pflicht, gerettete Schiffbrüchige an einen sicheren Ort zu bringen. Und das wird oft verwechselt. Es geht nämlich nicht unbedingt darum, sie an den nächsten sicheren Hafen zu bringen. Ein »sicherer Ort« ist der, »an dem das Leben der Überlebenden nicht mehr weiter in Gefahr ist und an dem ihre menschlichen Grundbedürfnisse (wie zum Beispiel Nahrung, Unterkunft und medizinische Bedürfnisse) gedeckt werden«.[41] Ein »sicherer Ort« kann also der nächstgelegene sichere Hafen sein, muss es aber nicht. Auch ein anderes Schiff, das zum Beispiel mehr Kapazitäten oder bessere Versorgungsbedingungen hat, kann zunächst ein sicherer Ort sein. Libyen erfüllt aus Sicht der europäischen Staaten nicht die Voraussetzungen als »sicherer Ort«. »Dann würde ein Widerspruch zwischen Seerecht und den europäischen Menschenrechten entstehen«, so Valentin Schatz, Seerechtler der Uni Hamburg. »Diesen Widerspruch muss man aufheben, indem man den ›sicheren Ort‹ so auslegt, dass nur ein Hafen in einem Land in Frage kommt, in dem die grundlegenden Menschenrechte gewahrt sind. Dabei darf das kein Hafen sein, bei dem das refoulment-Verbot greift.«

Die Route über Libyen und das Mittelmeer ist für die Migranten sowieso sehr gefährlich: Die Sterblichkeitsrate hat sich 2018 im Vergleich zu 2017 fast verdreifacht, wie das UN-Flüchtlingshilfswerk festgestellt hat.[42] Zudem drohen Geflüchteten Folter und sexuelle Gewalt. Das belegt eine Studie der Organisation »Women's Refugee Commission«. Für die Studie sprach die Organisation in Italien mit Überlebenden der Überfahrt und mit humanitären Helfern.[43] Ein UN-Bericht vom Dezember 2018 kommt zu dem Ergebnis, dass Menschen in den libyschen Haftanstalten, also dort, wohin sie zurückgebracht würden (und von der sogenannten libyschen Küstenwache zurückgebracht werden) nicht nur Folter und erzwungene Arbeit drohen, sondern auch Erschießungen.[44]

Als Hintergrund für die Diskussion: Das Seerecht ist nicht für die aktuelle Migrationsfrage ausgelegt. Die Regulierungen zur Seenotrettung wurden nicht geschaffen, um Migrationsbewegungen auf dem Mittelmeer zu kontrollieren, sie können sie weder lösen noch als »Lücke im System« auf Dauer tragfähig machen. Private Seenotrettung ist ein Symptom. Ein Symptom dafür, dass das vorhandene System nicht funktioniert. Staatliche bzw. europäische Seenotrettungsprogramme wurden allesamt eingeschränkt bzw. existieren nicht mehr. Im März 2019 hat die EU ihre Rettungsaktion vor der Küste Libyens beendet (Stand Juni 2019). Solche Einschränkungen haben den Bedarf an privater Seenotrettung ursprünglich überhaupt erst notwendig gemacht und erst eine Wiederaufnahme derselben könnte dieses Problem lösen. Die jeweiligen Nicht-Regierungs-Organisationen (NGOs) füllen eine Lücke, die die europäischen Staaten geschaffen haben. Die Aufgabe des Transports der Menschen an Land sollte bei staatlichen Akteuren bleiben. Am Anfang der Missionen wurden die Geflüchteten ebenfalls meistens von anderen Schiffen transportiert, nachdem sie zum Beispiel von einem privaten Schiff gerettet wurden.

Ein Hinweis an dieser Stelle: Aktuell ist nicht abzusehen, wie sich die politische Lage dort entwickelt und ob (und wenn wie viele) beim Erscheinen dieses Buches noch private Rettungsschiffe auf dem Mittelmeer unterwegs sein werden. Aufgrund des hohen politischen Drucks haben viele Rettende ihre Arbeit eingestellt.

Aber: Egal ob man jetzt zu den Menschen gehört, die glauben, dass niemand freiwillig flieht oder seine Familie in ein seeuntüchtiges Boot setzen würde, wenn das Land hinter einem nicht viel zu gefährlich wäre, oder nicht, niemand sollte auf der Suche nach einem neuen Leben ertrinken müssen.

Wie reagiert man, wenn jemand »Bringt sie zurück nach Afrika« fordert?

- Es ist illegal, Schiffsbrüchige generell zum Beispiel nach Libyen zurückzubringen. Warum? Staatliche Schiffe unterliegen der Europäischen Menschenrechtskonvention und dem »Non-refoulement-Prinzip«, das ihnen diese Zurückweisung verbietet.
- Private Schiffe unterliegen dem völkerrechtlichen Seerecht. Und das besagt: Schiffbrüchige müssen an einen »sicheren Ort«, nicht zwingend den nächsten sicheren Hafen gebracht werden. Und Libyen ist aus europäischer Sicht kein sicherer Ort. Aus diesem Grund können Seenotretter nicht dafür bestraft werden, dass sie die geretteten Menschen nicht nach Libyen zurückbringen: Was der Staat selbst nicht darf, darf er auch bei Privatpersonen nicht erzwingen.

»Danksagungen sind langweilig«

Das ist falsch. Danksagungen sind rührend. Und schön. Und notwendig. Weil ich endlich noch mal all denen danken kann, die an diesem Buch mitgewirkt haben. Was an der Aussage stimmt: Diese Danksagung ist eventuell etwas lang. Was aber nur daran liegt, dass so viele geniale Personen an diesem Buch mitbeteiligt waren – und es falsch wäre, sie nicht möglichst alle zu nennen. Also gehen wir sie der Reihe einmal durch.

Ich danke all denen, die mir ihre Zeit für Interviews, Hintergrundgespräche und Faktenchecks geschenkt haben. Auch wenn ich nicht alle direkt zitieren kann, wäre es ohne ihre Expertise nicht möglich gewesen, dieses Buch zu schreiben: Cornelia Betsch, Teresa Bücker, Manfred Bekker-Huberti, Christina von Braun, Marina Chernivsky, Georg Feulner, Irene Götz, Natalie Grams, Juna Grossmann, Kai Hafez, Elke Holst, Uffa Jensen, Miriam Junge, Andreas Kaplony, Michael Kiefer, Doritt Komitwoski, Beate Küpper, David Lanius, Jörg Lorenz, Kristina Lunz, Nora Markard, Nele Matz-Lück, Thomas Niehr, Saba-Nur Cheema, Jochen Oltmer, Kerstin Palm, Matthias Quent, Simone Rafael, Jan Rathje, Judith Rahner, Mathias Rohe, Samuel Salzborn, Esther Schapira, Dorothee Scholz, Riem Spielhaus, Valentin Schatz, Philip Schmid, Hauke Schmidt, Toralf Staud, Heinz-Jürgen Voß, Christian Walburg, Andre Wolf, Martin Ziegenhagen und viele mehr.

Besonders bedanken möchte ich mich an dieser Stelle bei Farah Bouamar, Jannis von Buttlar, Johannes Baldauf, Giulia Silberberger und Alex Urban: für all die Zeit, Geduld und Inspiration.

Und natürlich hatte und habe ich das beste unterstützende Beratungs- und Korrekturteam, das eine Autorin nur haben kann: Tatjana Heid, dank deren Genauigkeit, Geduld und Edelfeder überhaupt ein Manuskript entstehen konnte. Marc von Lüpke, Ilse Mohr, Jenny von Rumohr und Muriel Vandenberg: Eure Kommentare und Ergänzungen haben die Kapitel zu einem Buch gemacht. Carline Mohr, Jenna Behrends und Miriam Junge haben die gesamte Buchentstehung begleitet, waren mit Ideen, Verbesserungsvorschlägen und Lösungen für jede Situation am Start: Ihr seid einfach großartig. Und meine Familie, die immer da ist und mitfiebert. Ich danke euch allen!

Last, but not least danke ich Nico Lindken und Julia Althoff. Ohne euch hätte es keine »Besorgte Bürgerin« gegeben. Danke dem »Besorgten Bürger« hinter der Kamera, der bis heute jede Video-Idee unterstützt. Danke der Freundin, die von der ersten YouTube-Sekunde an an dieses Projekt geglaubt hat.

Anmerkungen

Wie diskutiert man (richtig)?

1 Alle Aussagen von David Lanius, Forscher am DebateLab des Karlsruher Instituts für Technologie (KIT) und Gründer des Forums für Streitkultur, stammen aus dem Interview mit der Autorin vom 31.03.2019, wenn nicht anders angegeben.

2 Alle Aussagen von Miriam Junge, Psychotherapeutin und Manager Head Space Deutschland, stammen aus dem Interview mit der Autorin vom 31.06.2019, wenn nicht anders angegeben.

3 Die Inhalte dieses Kastens basieren auf dem Interview der Autorin mit der Psychologischen Psychotherapeutin Dorothee Scholz.

4 Dennett, Daniel C.: *Intuition Pumps And Other Tools for Thinking, Kap. 2.3.*, New York/London 2014 (E-Book).

Antworten an Menschen, die den Klimawandel leugnen

1 Vgl. hierzu: van der Linden, Sander, Leiserowitz, Anthony, Rosenthal, Seth, Maibach, Edward: »Inoculating the Public against Misinformation about Climate Change«. In: *Global Challenges* 2017, 1, 1600008, unter: https://onlinelibrary.wiley.com/doi/full/10.1002/gch2.201600008, abgerufen am 12.07.2019

2 Diethelm, Pascal, McKee, Martin: »Denialism: What is it and how should scientists respond?«, *European Journal of Public Health*, Volume 19, Issue 1, January 2009, Pages 2–4, unter https://doi.org/10.1093/eurpub/ckn139, abgerufen am 12.07.2019.

3 Siehe zu dieser Aufzählung auch: Cook, John: »Inoculating against science denial«, unter https://skepticalscience.com/inoculating-against-science-denial.html, abgerufen am 12.07.2019.

4 Literatur zu diesen Themen finden sich unter anderem (hier nur eine Auswahl) auch auf folgenden Webseiten: https://www.klimafakten.de/
https://skepticalscience.com/
https://scilogs.spektrum.de/klimalounge/

5 Den Verein findet man hier: https://www.ichbinhier.eu/ oder hier: https://www.facebook.com/ichbinhierDerVerein

6 Siehe hierzu: »How do human CO2 emissions compare to natural CO2 emissions?«, unter: https://skepticalscience.com/human-co2-smaller-than-natural-emissions.htm, abgerufen am 12.07.2019

7 Siehe hierzu: »Atmosphärische Treibhausgas-Konzentrationen«, 19.02.2019, unter: https://www.umweltbundesamt.de/daten/klima/atmosphaerische-treibhausgas-konzentrationen#textpart-1, abgerufen am 12.07.2019

8 Rahmstorf, Stefan: »Das Schüler-Klimaquiz der AfD: die Auflösung«, 16.03.2019, unter: https://scilogs.spektrum.de/klimalounge/das-klimaquiz-der-afd-die-aufloesung/, abgerufen am 12.07.2019

9 Ebd.

10 Abzurufen sind die »Assessment Reports« des IPCC unter: www.ipcc.ch

11 Zitat im Original: »Anthropogenic greenhouse gas emissions have increased since the pre-industrial era, driven largely by economic and population growth, and are now higher than ever. This has led to atmospheric concentrations of carbon dioxide, methane and nitrous oxide that are unprecedented in at least the last 800,000 years. Their effects, together with those of other anthropogenic drivers, have been detected throughout the climate system and are extremely likely to have been the dominant cause of the observed warming since the mid-20th century.« »Climate Change 2014 Synthesis Report Summary for Policymakers«, in: *IPCC, 2014: Climate Change 2014: Synthesis Report. Contribution of Working Groups I, II and III to the Fifth Assessment Report of the Intergovernmental Panel on Climate Change* [Core Writing Team, R.K. Pachauri and L.A. Meyer (eds.)]. IPCC, Geneva, Switzerland., S. 4, unter: https://www.ipcc.ch/site/assets/uploads/2018/02/AR5_SYR_FINAL_SPM.pdf, abgerufen am 12.07.2019.

12 Siehe hierzu auch: »10 Indikatoren für einen menschlichen Fingerabdruck beim Klimawandel«, unter: https://skepticalscience.com/translationblog.php?n=292&l=6, abgerufen am 12.07.2019.

13 Ebd.

14 Vgl. hierzu: Russel, John: »Behauptung: Die Sonne verursacht den Klimawandel«, Juli 2014, unter: https://www.klimafakten.de/behauptungen/behauptung-die-sonne-verursacht-den-klimawandel, abgerufen am 12.07.2019

15 Rahmstorf, Stefan, Schellnhuber, Hans Joachim: *Der Klimawandel: Diagnose, Prognose, Therapie.* München 2018, Kapitel 2, Unterkapitel »Die Ursachen der Erwärmung« (E-Book).

16 Ebd.

17 Russel, John: »Behauptung: Die Sonne verursacht den Klimawandel«, Juli 2014, unter: https://www.klimafakten.de/behauptungen/behauptung-die-sonne-verursacht-den-klimawandel, abgerufen am 12.07.2019

18 Eine ausführliche Liste mit Widerlegung von logischen Fehlschlüssen in Klimawandel-Leugner-Argumenten, findet sich hier: https://iopscience.iop.org/1748-9326/13/2/024018/media/ERL_aaa49f_Table_S2_Analysis_of_42_Contrarian_Claims.pdf, abgerufen am 12.07.2019

19 Alle Zitate von Georg Feulner, Paläoklimatologe und stellvertretender Leiter des PIK-Forschungsbereichs Erdsystemanalyse, stammen aus dem Interview mit der Autorin vom 15.03.2019, wenn nicht anders angegeben.

20 Siehe dazu auch: Wight, James: »Behauptung: Das Klima hat sich doch immer schon gewandelt«, November 2014, unter: https://www.klimafakten.de/behauptungen/behauptung-das-klima-hat-sich-immer-schon-gewandelt, abgerufen am 12.07.2019; Rahmstorf, Stefan, Schellnhuber, Hans Joachim: *Der Klimawandel: Diagnose, Prognose, Therapie,* München 2018, Kapitel 1, »Aus der Klimageschichte lernen« (E-Book).

21 Vgl. dazu auch: Russel, John: »Behauptung: Die globale Erwärmung stoppte 1998«, Januar 2016, unter: https://www.klimafakten.de/behauptungen/behauptung-die-globale-erwaermung-stoppte-1998-0, abgerufen am 12.07.2019.

22 Alle Zitate von Toralf Staud, Wissenschaftsjournalist und Redakteur beim Wissenschaftsportal klimafakten.de, stammen aus dem Interview mit der Autorin vom 22.02.2019, wenn nicht anders angegeben.

23 Wer es genauer wissen will, wird zum Beispiel hier fündig: https://www.mpimet.mpg.de/kommunikation/fragen-zu-klima-faq/was-ist-der-unterschied-zwischen-wetter-und-klima/, abgerufen am 12.07.2019

24 Vgl. dazu: »The difference between weather and climate«, 25.10.2016, unter: https://skepticalscience.com/weather-forecasts-vs-climate-models-predictions-intermediate.htm, abgerufen am 12.07.2019.

25 Vgl. dazu: Cook, John: »Behauptung: »Es gibt (noch) keinen wissenschaftlichen Konsens zum Klimawandel«, Juni 2016, unter: https://www.klimafakten.de/behauptungen/behauptung-es-gibt-noch-keinen-wissenschaftlichen-konsens-zum-klimawandel, abgerufen am 12.07.2019

26 Siehe dazu auch: »Climate Scientists are in it for the Money«, 25.11.2017, unter: https://skepticalscience.com/climate-scientists-in-it-for-the-money.htm, abgerufen am 12.07.2019

27 Vgl. dazu: Gardner, Timothy: »US climate skeptic soon funded by oil, coal firms«, 28.07.2011, unter: https://af.reuters.com/article/energyOilNews/idAFN1E75Q1ZO20110628, abgerufen am 12.07.2019; »Climate Scientists are in it for the money«, 25.11.2017, unter: https://skepticalscience.com/climate-scientists-in-it-for-the-money.htm, abgerufen am 12.07.2019

28 Zu diesem Ergebnis kommt die Studie »Deconstructing climate misinformation to identify reasoning errors« von John Cook, Peter Ellerton und David Kinkead, abzurufen unter: https://iopscience.iop.org/article/10.1088/1748-9326/aaa49f/meta. Eine genaue Liste mit Widerlegung von logischen Fehlschlüssen in Klimawandel-Leugner-Argumenten findet sich hier: https://iopscience.iop.org/1748-9326/13/2/024018/media/ERL_aaa49f_Table_S2_Analysis_of_42_Contrarian_Claims.pdf, abgerufen am 12.07.2019

29 Zitat im Original: »There is very high confidence that glaciers world-wide are persistently shrinking (...) The few exceptions are regionally and temporally limited.«, IPCC, 2013: Summary for Policymakers. In: *Climate Change 2013: The Physical Science Basis. Contribution of Working Group I to the Fifth Assessment Report of the Intergovernmental Panel on Climate Change* [Stocker, T.F., D. Qin, G.-K. Plattner, M. Tignor, S.K. Allen, J. Boschung, A. Nauels, Y. Xia, V. Bex and P.M. Midgley (eds.)]. Cambridge University Press, Cambridge, United Kingdom, and New York, NY, USA, S. 41, unter: https://www.ipcc.ch/site/assets/uploads/2018/03/WG1AR5_SummaryVolume_FINAL.pdf, abgerufen am 12.07.2019

30 »Studie zum Klimawandel: Alpengletscher könnten bis 2100 fast verschwinden«, 09.04.2019, unter: https://www.zeit.de/wissen/umwelt/2019-04/klimawandel-alpen-gletscher-schmelzen-2100 abgerufen am 12.07.2019

31 Maurer, J.M., Schaefer, J.M., Rupper, S., Corley, A.: »Acceleration of ice loss across the Himalayas over the past 40 years«, in: *SCIENCE ADVANCES*, 19.06.2019, EAAV7266, unter: https://advances.sciencemag.org/content/5/6/eaav7266, abgerufen am 12.07.2019

32 Siehe dazu auch: »Was ist der Unterschied zwischen Klima und Wetter«, unter: https://www.mpimet.mpg.de/kommunikation/fragen-zu-klima-faq/was-ist-der-unterschied-zwischen-wetter-und-klima/, abgerufen am 12.07.2019

33 Zu diesem Ergebnis kommt folgende Studie: Cook, John, Ellerton, Peter, Kinkead, David: »Deconstructing climate misinformation to identify reasoning errors«, in: *Environmental Research Letters*, Volume 13, Number 2, 06.02.2018, unter: https://iopscience.iop.org/article/10.1088/1748-9326/aaa49f/meta, abgerufen am 12.07.2019. Eine genaue Liste mit Widerlegung von logischen Fehlschlüssen in Klimawandel-Leugner-Argumenten findet sich hier: https://iopscience.iop.org/1748-9326/13/2/024018/media/ERL_aaa49f_Table_S2_Analysis_of_42_Contrarian_Claims.pdf, abgerufen am 12.07.2019

34 »Behauptung: Aber am Südpol nimmt die Eismasse zu!«, Juni 2016, unter: https://www.klimafakten.de/behauptungen/behauptung-aber-am-suedpol-nimmt-die-eismasse-zu, abgerufen am 12.07.2019

35 Siehe hierzu auch: Bromwich, David H., Nicolas, Julien P., Monaghan, Andrew J., Lazzara, Matthew A., Keller, Linda M., Weidner, George A., Wilson, Aaron B.: »Central West Antarctica among the most rapidly warming regions on Earth«, in: *Nature Geoscience* , volume 6, pages 139–145 (2013), unter: https://www.nature.com/articles/ngeo1671#auth-4, abgerufen am 12.07.2019

36 Für mehr Hintergrund siehe dazu auch: »IPCC, 2013: Summary for Policymakers«, in: *Climate Change 2013: The Physical Science Basis. Contribution of Working Group I to the Fifth Assessment Report of the Intergovernmental Panel on Climate Change* [Stocker, T.F., D. Qin, G.-K. Plattner, M. Tignor, S.K. Allen, J. Boschung, A. Nauels, Y. Xia, V. Bex and P.M. Midgley (eds.)]. Cambridge University Press, Cambridge, United Kingdom and New York, NY, USA, S. 9 unter: http://www.climatechange2013.org/images/report/WG1AR5_SPM_FINAL.pdf, abgerufen am 12.07.2019

37 Kiselev, Sergey, Romashkin, Roman, Nelson, Gerald C., Mason-D'Croz, Daniel, Palazzo, Amanda: »Russia's Food Security and Climate Change: Looking into the Future«, in: *Economics: The Open-Access, Open-Assessment E-Journal*, 7 (2013-39): 1–66, unter: http://dx.doi.org/10.5018/economics-ejournal.ja.2013-39, abgerufen am 12.07.2019

38 Die Studie ist zu finden unter: Quintero, Ignacio, Wiens, John J.: »Rates of projected climate change dramatically exceed past rates of climatic niche evolution among vertebrate species«, 26.06.2013, in: *Ecology Letters*, Volume 16, Issue 8, August 2013, Pages 1095-1103, unter: https://doi.org/10.1111/ele.12144, abgerufen am 12.07.2019.

39 Urban, Marc C.: »Accelerating extinction risk from climate change«, in: *SCIENCE* 01, Vol. 348, Issue 6234, pp. 571-573, unter: https://science.sciencemag.org/content/348/6234/571.abstract, abgerufen am 12.07.2019

40 Zitat im Original: »A large fraction of species faces increased extinction risk due to climate change during and beyond the 21st century, especially as climate change interacts with other stressors (high confidence). Most plant species cannot naturally shift their geographical ranges sufficiently fast to keep up with current and high projected rates of climate change in most landscapes (...)«, aus: »Climate Change 2014 Synthesis Report Summary for Policymakers«, in: *IPCC, 2014: Climate Change 2014: Synthesis Report. Contribution of Working Groups I, II and III to the Fifth Assessment Report of the Intergovernmental Panel on Climate Change* [Core Writing Team, R.K. Pachauri and L.A. Meyer (eds.)]. IPCC, Geneva, Switzerland., S. 13 unter: https://www.ipcc.ch/site/assets/uploads/2018/02/AR5_SYR_FINAL_SPM.pdf, abgerufen am 12.07.2019

41 Siehe auch: »Behauptung: »Tiere und Pflanzen werden sich an den Klimawandel anpassen«, unter: https://www.klimafakten.de/behauptungen/behauptung-tiere-und-pflanzen-werden-sich-den-klimawandel-anpassen#kurz, abgerufen am 09.03.2019

42 Siehe hierzu auch: »The IPCC: Who Are They and Why Do Their Climate Reports Matter?«, 11.10.2018, unter: https://www.ucsusa.org/global-warming/science-and-impacts/science/ipcc-backgrounder.html#bf-toc-4, abgerufen am 12.07.2019

43 Vgl. hierzu: Knauer, Sebastian: »IPCC-Bericht auf Deutsch: Angriff auf die Leugner des Klimawandels«, 18.09.2007, unter: https://www.spiegel.de/politik/deutschland/ipcc-bericht-auf-deutsch-angriff-auf-die-leugner-des-klimawandels-a-506355.html, abgerufen am 12.07.2019

44 Vgl. hierzu: Endres, Alexandra: »UN-Klimakonferenz: Die Welt brennt, der Gipfel streitet«, 12.12.2018, unter: https://www.zeit.de/wirtschaft/2018-12/un-klimakonferenz-welt-klima-gipfel-klimaschutz-kattowitz, abgerufen am 22.06.2019

45 Gilbert, Daniel: »If only gay sex caused global warming: Why we're more scared of gay marriage and terrorism than a much deadlier threat«, *LA Times*, 02.07.2006, unter: http://www.danielgilbert.com/Los%20Angeles%20Times.htm, abgerufen am 12.07.2019

46 Marshall, George: *Don't even think about it: Why our brains are wired to ignore Climate Change.* Bloomsbury 2015, S. 226f

47 Ebd., S. 229

Antworten an Menschen, die Antisemitismus verbreiten

1 Schwarz-Friesel, Monika: »Antisemitismus 2.0 und die Netzkultur des Hasses. Judenfeindschaft als kulturelle Konstante und kollektiver Gefühlswert im digitalen Zeitalter«, TU Berlin, 18.07.2018, unter: https://www.linguistik.tu-berlin.de/fileadmin/fg72/Antisemitismus_2-0_kurz.pdf, abgerufen am 12.07.2019

2 Bundesregierung unterstützt internationale Arbeitsdefinition von Antisemitismus«, 22.09.2017, unter: https://www.auswaertiges-amt.de/de/aussenpolitik/themen/kulturdialog/-/216610, abgerufen am 12.07.2019

3 Vgl. hierzu: Benz, Wolfgang: »Antisemitismus im 19. und 20. Jahrhundert«, 27.11.2006, unter: http://www.bpb.de/politik/extremismus/antisemitismus/37948/19-und-20-jahrhundert, abgerufen am 12.07.2019

4 Siehe hierzu: Jecker, Tobias: »Judenemanziaption und Antisemitismus im 19. Jahrhundert«, 30.03.2002, unter: http://www.jaecker.com/2002/03/judenemanzipation-und-antisemitismus-im-19-jahrhundert/, abgerufen am 12.07.2019

5 Vgl. hierzu: Bergmann, Werner: »Was heißt Antisemitismus«, 27.11.2006, unter: http://www.bpb.de/politik/extremismus/antisemitismus/37945/antisemitismus?p=all, abgerufen am 12.07.2019

6 Alle Zitate von Uffa Jensen, Stellvertretender Leiter des Zentrums für Antisemitismusforschung der Technischen Universität Berlin, stammen aus dem Interview mit der Autorin vom 30.11.2018, wenn nicht anders angegeben.

7 Alle Zitate von Marina Chernivsky, Psychologin und Leiterin des Berliner Kompetenzzentrums für Prävention und Empowerment, stammen aus dem Interview mit der Autorin vom 27.02.2019, wenn nicht anders angegeben.

8 Spiegel, Paul: *Was ist koscher? Jüdischer Glaube-jüdisches Leben.* Ullstein 2018, S. 278f

9 Vgl. hierzu: Hüfner, Thomas: »Nach jüdischem Recht hätte es keine Kreuzigung gegeben«, unter: https://www.lto.de/recht/hintergruende/h/prozess-jesu-christus-karfreitag-kreuzigung/, abgerufen am 12.07.2019

10 Vgl. hierzu: Bergmann, Werner: »Was heißt Antisemitismus«, 27.11.2006, unter: http://www.bpb.de/politik/extremismus/antisemitismus/37945/antisemitismus?p=all, abgerufen am 12.07.2019 und Herzig, Arno: »Judentum in Antike und Frühmittelalter«, 05.08.2010, unter: http://www.bpb.de/izpb/7646/judentum-in-antike-und-fruehmittelalter?p=all, abgerufen am 12.07.2019

11 Salzborn, Samuel. *Globaler Antisemitismus: Eine Spurensuche in den Abgründen der Moderne. Mit einem Vorwort von Josef Schuster*, Kapitel 4.1. Beltz,2018 (E-Book).

12 Zitiert nach: Kiefer: Michael: »Antisemitismus und Migration«, in: *Bausteine* (5), S. 22, unter: http://www.schule-ohne-rassismus.org/fileadmin/Benutzerordner/PDF/Publikationen__als_pdf_/SORSMC-Baustein5-LoRes-Web.pdf, abgerufen am 12.07.2019

13 Alle Zitate von Michael Kiefer, Islamwissenschaftler an der Universität Osnabrück, stammen aus dem Interview mit der Autorin vom 02.04.2019, wenn nicht anders angegeben.

14 Salzborn, Samuel. *Globaler Antisemitismus: Eine Spurensuche in den Abgründen der Moderne. Mit einem Vorwort von Josef Schuster*, Kapitel 4.1. Beltz 2018 (E-Book).

15 Zitiert nach: Cohen, Mark R.: *Unter Kreuz und Halbmond. Die Juden im Mittelalter*, München 2005

16 Kiefer, Michael: »Antisemitismus und Migration«, in: *Bausteine* (5), S. 22, unter: http://www.schule-ohne-rassismus.org/fileadmin/Benutzerordner/PDF/Publikationen__als_pdf_/SORSMC-Baustein5-LoRes-Web.pdf, abgerufen am 12.07.2019

17 Kiefer, Michael: »Islam und Antisemitismus: Der Islam ist nicht pauschal antisemitisch«, 20.12.2017, unter: https://www.fr.de/kultur/islam-nicht-pauschal-antisemitisch-11002713.html, abgerufen am 12.07.2019

18 Ebd.

19 Alle Zitate von Saba-Nur Cheema, Politologin und Pädagogische Leitung der Bildungsstätte Anne Frank in Frankfurt am Main, stammen aus dem Interview mit der Autorin vom 26.03.2019, wenn nicht anders angegeben.

20 Siehe hierzu auch: Bergmann, Werner: »Was heißt Antisemitismus«, 27.11.2006, unter: http://www.bpb.de/politik/extremismus/antisemitismus/37945/antisemitismus?p=all, abgerufen am 12.07.2019 und Herzig, Arno: »Judentum in Antike und Frühmittelalter«, 05.08.2010, unter: http://www.bpb.de/izpb/7646/judentum-in-antike-und-fruehmittelalter?p=all, abgerufen am 12.07.2019

21 König, Julia: »Judenfeindschaft von der Antike bis zur Neuzeit«, 23.11.2006, unter: http://www.bpb.de/politik/extremismus/antisemitismus/37951/von-der-antike-bis-zur-neuzeit?p=all, abgerufen am 12.07.2019

22 Siehe hierzu auch: ebd.

23 Siehe hierzu: Bergmann, Werner: »Was heißt Antisemitismus«, 27.11.2006, unter: http://www.bpb.de/politik/extremismus/antisemitismus/37945/antisemitismus?p=all, abgerufen am 12.07.2019 und Herzig, Arno: »Judentum in Antike und Frühmittelalter«, 05.08.2010, unter: http://www.bpb.de/izpb/7646/judentum-in-antike-und-fruehmittelalter?p=all, abgerufen am 12.07.2019

24 Siehe hierzu auch: Kaufmann, Sabine, Aufmkolk, Tobias: »Juden und Verschwörungstheorien«, 16.10.2018, https://www.planet-wissen.de/gesellschaft/psychologie/verschwoerungstheorien/pwiejudenundverschwoerungstheorien100.html, abgerufen am 12.07.2019

25 Vgl. hierzu: König, Julia: »Judenfeindschaft von der Antike bis zur Neuzeit«, 23.11.2006, unter: http://www.bpb.de/politik/extremismus/antisemitismus/37951/von-der-antike-bis-zur-neuzeit?p=all, abgerufen am 12.07.2019

26 Alle Zitate von Johannes Baldauf, Antisemitismus-Experte und Literaturwissenschaftler, stammen aus dem Interview mit der Autorin vom 07.09.2018, wenn nicht anders angegeben.

27 Siehe hierzu auch: Benz, Wolfgang: »Antisemitismus im 19. und 20. Jahrhundert«, 27.11.2006, unter: http://www.bpb.de/politik/extremismus/antisemitismus/37948/19-und-20-jahrhundert, abgerufen am 12.07.2019

28 Alle Zitate von Judith Rahner, Fachstelle Gender und Rechtsextremismus der Amadeu Antonio Stiftung, stammen aus dem Interview mit der Autorin vom 22.11.2018, wenn nicht anders angegeben.

29 Salzborn, Samuel. *Globaler Antisemitismus: Eine Spurensuche in den Abgründen der Moderne. Mit einem Vorwort von Josef Schuster.* Beltz 2018, Kapitel 4.1. (E-Book).

30 Siehe hierzu auch: Loewy, Hanno, Schlatter, Helmut: »Antworten auf häufig gestellte Fragen zum Antisemitismus und dem Nahostkonflikt«, aus: *Didaktikmappe zur Ausstellung: Antijüdischer Nippes, populäre Judenbilder und aktuelle Verschwörungstheorien*, JMH – 2005), unter: http://www.erinnern.at/bundeslaender/oesterreich/e_bibliothek/antisemitismus-1/Antworten%20auf%20haufig%20gestellte%20Fragen%20JMH.pdf, abgerufen am 12.07.2019

31 Alle Zitate von Samuel Salzborn, Gastprofessor für Antisemitismusforschung am Zentrum für Antisemitismusforschung der Technischen Universität Berlin, stammen aus dem Interview mit der Autorin vom 10.10.2018, wenn nicht anders angegeben.

32 Vgl. hierzu: § 130 Abs. 3, unter: https://dejure.org/gesetze/StGB/130.html; Egenberger, Christoph: »Holocaustleugnung«, 16.06.2008, unter: https://www.bpb.de/politik/extremismus/rechtsextremismus/41342/holocaustleugnung, abgerufen am 12.07.2019

33 Vgl. hierzu: Shermer, Michael »Das Gewicht der Fakten. Die Widerlegung des Holocaust-Revisionismus«, in: Shermer, Michael, Maidhof-Christig, Benno und Trainer, Lee (Hrsg.): *Skeptisches Jahrbuch I: Rassismus, die Leugnung des Holocaust, AIDS ohne HIV und andere fragwürdige Behauptungen*, unter: http://www.alibri-buecher.de/docs/probe635.pdf, abgerufen am 12.07.2019; Egenberger, Christoph: »Holocaustleugnung«, 16.06.2008, unter: https://www.bpb.de/politik/extremismus/rechtsextremismus/41342/holocaustleugnung abgerufen am 12.07.2019

34 Egenberger, Christoph: »Holocaustleugnung«, 16.06.2008, unter: https://www.bpb.de/politik/extremismus/rechtsextremismus/41342/holocaustleugnung abgerufen am 12.07.2019

35 Das Protokoll ist auf der Webseite der Gedenkstätte Haus der Wannseekonferenz für jeden nachlesbar: https://www.ghwk.de/fileadmin/user_upload/pdf-wannsee/dokumente/protokoll-januar1942_barrierefrei.pdf; siehe zum Nationalsozialismus auch: Benz, Wolfgang: »Antisemitismus im 19. und 20. Jahrhundert«, 27.11.2006, unter: http://www.bpb.de/politik/extremismus/antisemitismus/37948/19-und-20-jahrhundert , abgerufen am 12.07.2019

36 *Monologe im Führerhauptquartier 1941-1944. Die Aufzeichnungen Heinrich Heims.* Hg. von Werner Jochmann. Hamburg 1980, zitiert nach Longerich, Peter (Hg.): *Die Ermordung der europäischen Juden. Eine umfassende Dokumentation des Holocaust 1941-1945.* München 1989, S. 76ff.

37 Zum Beispiel: Tiedemann, Markus: *»In Ausschwitz wurde niemand vergast«: 60 rechtsradikale Lügen und wie man sie widerlegt*, Mühlheim an der Ruhr 2018

38 Bastian, Till: *Auschwitz und die »Auschwitz-Lüge«: Massenmord, Geschichtsfälschung und die deutsche Identität*, München 2016, Kapitel 3, Unterkapitel »Das zentrale Argument« (E-Book)

39 Tiedemann, Markus: *»In Ausschwitz wurde niemand vergast«: 60 rechtsradikale Lügen und wie man sie widerlegt*, Mühlheim an der Ruhr 2018, S. 146

40 Vgl. hierzu: Bastian, Till: *Auschwitz und die »Auschwitz-Lüge«: Massenmord, Geschichtsfälschung und die deutsche Identität*, München 2016, Kapitel 3, Unterkapitel »Das zentrale Argument« (E-Book)

41 Vgl. hierzu: Tiedemann, Markus: *»In Ausschwitz wurde niemand vergast«: 60 rechtsradikale Lügen und wie man sie widerlegt*, Mühlheim an der Ruhr 2018, S. 147

42 Vgl. hierzu: ebd., S. 91ff

43 Siehe hierzu auch: »Was ist der Leuchter-Report«, 23.01.2017, unter: https://www.geschichtscheck.de/2017/01/23/was-ist-der-leuchter-report/, abgerufen am 12.07.2019

44 Siehe hierzu auch: Bastian, Till. *Auschwitz und die »Auschwitz-Lüge«: Massenmord, Geschichtsfälschung und die deutsche Identität.* C.H. Beck (E-Book) und »Was ist der Leuchter-Report«, 23.01.2017, unter: https://www.geschichtscheck.de/2017/01/23/was-ist-der-leuchter-report/, abgerufen am 12.07.2019

45 Vgl. hierzu: Egenberger, Christoph: »Holocaustleugnung«, 16.06.2008, https://www.bpb.de/politik/extremismus/rechtsextremismus/41342/holocaustleugnung abgerufen am 12.07.2019

46 Vgl. hierzu: Tiedemann, Markus: *»In Ausschwitz wurde niemand vergast«: 60 rechtsradikale Lügen und wie man sie widerlegt*, Mühlheim an der Ruhr 2018, S. 92

47 Siehe hierzu auch: »Die Vernichtungslager«, unter: https://www.yadvashem.org/de/holocaust/about/final-solution/death-camps.html, abgerufen am 12.07.2019

48 Vgl. hierzu: Sofsky, Wolfgang: *Die Ordnung des Terrors: Das Konzentrationslager*, Frankfurt am Main 1993, S. 57.

49 Vgl. dazu: Tiedemann, Markus: *»In Ausschwitz wurde niemand vergast«: 60 rechtsradikale Lügen und wie man sie widerlegt*, Mühlheim an der Ruhr 2018, S. 98

50 Quelle: »Fragen zum Holocaust: Wie viele Juden wurden im Holocaust ermordet und woher stammen diese Zahlen«, Webseite Yad Vashem, unter: https://www.yadvashem.org/de/archive/hall-of-names/database/faq.html, abgerufen am 12.07.2019. Weiter heißt es dort: »Frühe Berechnungen reichen von 5,1 Millionen (Raul Hilberg) bis zu 5,96 Millionen (Demograph Jacob Leschinsky). Spätere Untersuchungen haben Opferzahlen von 5,59 bis 5,86 Millionen (Israel Gutman und Robert Rozett in der Enzyklopädie des Holocaust) und 5,29 bis 6 Millionen (Wolfgang Benz) ergeben.«

51 »Stichtag: 20.11.1945 – Beginn der Nürnberger Prozesse«, 20.11.2005, unter: https://www1.wdr.de/stichtag/stichtag1030.html , abgerufen am 12.07.2019

52 Das Protokoll ist auf der Webseite der Gedenkstätte Haus der Wannseekonferenz für jeden nachlesbar: https://www.ghwk.de/fileadmin/user_upload/pdf-wannsee/dokumente/protokoll-januar1942_barrierefrei.pdf

53 Quelle: »Fragen zum Holocaust: Wie viele Juden wurden im Holocaust ermordet und woher stammen diese Zahlen«, Webseite Yad Vashem, unter: https://www.yadvashem.org/de/archive/hall-of-names/database/faq.html, abgerufen am 12.07.2019

54 Vgl. hierzu: Tiedemann, Markus: *»In Ausschwitz wurde niemand vergast«: 60 rechtsradikale Lügen und wie man sie widerlegt*, Mühlheim an der Ruhr 2018, S. 134

55 Eventuell kann es auch hilfreich sein, ein direktes Beispiel zu nennen oder darauf zu verweisen, dass man gerne Vorschläge liefert. Die hier genannten Beispiele lassen sich natürlich ergänzen, austauschen, ändern und sind nicht als finale Auswahl zu betrachten: Eine detaillierte Darstellung der Judenvernichtung findet sich bei Raul Hilberg: *Die Vernichtung der europäischen Juden.* Einen Überblick über die Auschwitz-Lüge gibt Till Bastian: *Auschwitz und die Auschwitz-Lüge.*

56 Dieser Widerspruch wurde frei nach dem Brief der Historikerin und Holocaust-Forscherin Deborah Lipstadt an Bischof Williamson formuliert, das Original findet sich hier: http://lipstadt.blogspot.com/2009/02/my-letter-email-to-bishop-williamson.html, abgerufen am 12.07.2019

57 Vgl. hierzu: Kaplan, Michael: »The word Jew was not a common insult when I went to school. It is now«, 28.11.2018, unter: https://edition.cnn.com/2018/11/28/europe/germany-anti-semitism-education-intl/index.html, abgerufen am 12.07.2019

58 »Trügerische Erinnerungen – wie sich Deutschland an die Zeit des Nationalsozialismus erinnert: Studie der Stiftung EVZ und der Universität Bielefeld untersucht Status quo der deutschen Erinnerungskultur«, 13.02.2018, https://www.stiftung-evz.de/presse/pressemitteilungen-2018/pm-studie-erinnerungskultur.html, abgerufen am 12.07.2019

59 Hellpoldt, Doris, Schloz, Rabea: »Neue Umfrage zum Wissen über den Holocaust: Schockierend, aber wenig überraschend«, 29.11.2018, unter: https://detektor.fm/gesellschaft/wissen-ueber-den-holocaust, abgerufen am 12.07.2019

60 Vgl. hierzu: Doerfler, Kordula: »Studie zu NS-Erinnerungen. Die Deutschen: Ein Volk der Helfer und Opfer«, 13.02.2018, unter: https://www.berliner-zeitung.de/politik/studie-zu-ns-erinnerungen-die-deutschen--ein-volk-der-helfer-und-opfer-29695666, abgerufen am 12.07.2019

61 Zitat aus: Roth, Harald. *Was hat der Holocaust mit mir zu tun?: 37 Antworten.* S. 234-235. Pantheon Verlag (E-Book)

62 Einen guten Überblick bietet hier zum Beispiel die Webseite »Vergessene Biografien«: https://www.vergessene-biografien.de

63 Diese Sammlung findet man auf der Webseite der Stiftung unter: https://www.amadeu-antonio-stiftung.de/die-stiftung-aktiv/themen/gegen-as/antisemitismus-heute/chronik-antisemitischer-vorfaelle-1/.

64 Gessler, Philipp: »Sekundärer Antisemitismus: Argumentationsmuster im rechtsextremistischen Antisemitismus«, 21.11.2006, unter: http://www.bpb.de/politik/extremismus/antisemitismus/37962/sekundaerer-antisemitimus?p=all abgerufen am 12.07.2019

65 Quelle: Allgemeine Erklärung der Menschenrechte, Artikel 15, Absatz 1, unter: https://www.menschenrechtserklaerung.de/asylrecht-3625/ abgerufen am 12.07.2019

66 Oltmar, Jochen: »Wie ist das Asylrecht entstanden«, 21.04.2016, unter: https://www.bpb.de/gesellschaft/migration/kurzdossiers/224641/wie-ist-das-asylrecht-entstanden?p=all, abgerufen am 12.07.2019

67 Vgl. hierzu auch: Gessler, Philipp: »Sekundärer Antisemitismus: Argumentationsmuster im rechtsextremistischen Antisemitismus«, 21.11.2006, unter: http://www.bpb.de/politik/extremismus/antisemitismus/37962/sekundaerer-antisemitimus?p=all abgerufen am 12.07.2019

68 Vgl. hierzu: Riebe, Jan: »Was ist israelbezogener Antisemitismus«, in: *»Man wird ja wohl Israel noch kritisieren dürfen ...?« Eine pädagogische Handreichung zum Umgang mit israelbezogenem Antisemitismus.* Amadeu Antonio Stiftung (Hrsg.), 2017, S. 18, unter: https://www.amadeu-antonio-stiftung.de/wp-content/uploads/2018/12/paedagogischer-umgang-mit-israelbezogenem-antisemitismus.pdf, abgerufen am 12.07.2019

69 Alle Zitate von Esther Schapira, Journalistin und Abteilungsleiterin Fernsehen, Politik und Gesellschaft beim Hessischen Rundfunk, stammen aus dem Interview mit der Autorin vom 10.01.2019, wenn nicht anders angegeben.

70 »israelkritisch« auf Duden online, unter: https://www.duden.de/rechtschreibung/israelkritisch, abgerufen am 12.07.2019

71 Vgl. hierzu: »Wie kommt ein Wort in den Duden«, unter: https://www.duden.de/ueber_duden/wie-kommt-ein-wort-in-den-duden, abgerufen am 12.07.2019

72 »Arbeitsdefinition Antisemitismus«, unter: https://european-forum-on-antisemitism.org/definition-of-antisemitism/deutsch-german, abgerufen am 12.07.2019

73 Alle Zitate von Juna Grossmann, Autorin und Bloggerin, stammen aus dem Interview mit der Autorin vom 26.10.2018, wenn nicht anders angegeben.

Antworten an Menschen, die an Verschwörungstheorien glauben

1 Siehe hierzu auch: Butter, Michael: »*Nichts ist, wie es scheint*«: *Über Verschwörungstheorien*. Suhrkamp 2018, S. 21; »No World Order. Wie antisemitische Verschwörungsideologien die Welt verklären.«, Informationsbroschüre der Amadeu Antonio Stiftung (Hrsg.), S. 13, unter: https://www.amadeu-antonio-stiftung.de/w/files/pdfs/verschwoerungen-internet.pdf, abgerufen am 12.07.2019

2 Siehe hierzu auch: Butter, Michael: »*Nichts ist, wie es scheint*«: *Über Verschwörungstheorien*. Suhrkamp 2018, S. 37ff

3 Mehr zur Vorgehensweise bei solchen Diskussionen: »No World Order. Wie antisemitische Verschwörungsideologien die Welt verklären«, Informationsbroschüre der Amadeu Antonio Stiftung (Hrsg.), S. 33 ff, unter: https://www.amadeu-antonio-stiftung.de/w/files/pdfs/verschwoerungen-internet.pdf, abgerufen am 12.07.2019

4 Vgl. hierzu auch: ebd.

5 Vgl. dazu: ebd.

6 Ebd., S. 21-24

7 Siehe dazu auch diese Studie: Nyhan, Brendan, Reifer, Jason: »When Corrections Fail: The Persistence of Political Misperceptions«(2010) 32: 303. https://doi.org/10.1007/s11109-010-9112-2, abgerufen am 12.07.2019

8 Vgl. hierzu: »Memory for Flu Facts and Myths and Effects on Vaccine Intentions«, University of Michigan, 24.02.2006, unter: https://clinicaltrials.gov/ct2/show/NCT00296270, abgerufen am 12.07.2019
Siehe hierzu außerdem: Cook, John, Lewandosky, Stephan: »Widerlegen, aber richtig«, November 2011 (dt. Übersetzung 2012), unter: https://skepticalscience.com/docs/Debunking_Handbook_German.pdf, abgerufen am 12.07.2019

9 Vgl. hierzu: ebd., S. 3

10 Vgl. hierzu folgende Studie: Dahlstrom, Michael F.: »Using narratives and storytelling to communicate science with nonexpert audiences«, *Proceedings of the National Academy of Sciences*, Sep 2014, 111 (Supplement 4) 13614-13620; unter: DOI: 10.1073/pnas.1320645111, abgerufen am 12.07.2019; Lorch, Mark: »Why people believe in conspiracy theories and how to change their minds«, 18.08.2017, unter: https://theconversation.com/why-people-believe-in-conspiracy-theories-and-how-to-change-their-minds-82514, abgerufen am 12.07.2019

11 Vgl. hierzu: »No World Order. Wie antisemitische Verschwörungsideologien die Welt verklären«, Informationsbroschüre der Amadeu Antonio Stiftung (Hrsg.), S. 7, unter: https://www.amadeu-antonio-stiftung.de/w/files/pdfs/verschwoerungen-internet.pdf, abgerufen am 12.07.2019

12 Vgl. hierzu: Baldauf, Johannes: »Jüdische Weltverschwörung, UFOs und das NSU-Phantom«, 14.10.2015, unter: http://www.bpb.de/politik/extremismus/rechtsextremismus/210327/juedische-weltverschwoerung-ufos-und-das-nsu-phantom, abgerufen am 12.07.2019

13 Interview der Autorin mit Prof. Dr. Samuel Salzborn, Gastprofessor für Antisemitismusforschung am Zentrum für Antisemitismusforschung der Technischen Universität Berlin, geführt am 10.10.2018

14 Vgl. hierzu: Herzinger, Richard: »Die Protokolle der Weisen von Zion«, 25.08.1998, unter: https://www.deutschlandfunk.de/die-protokolle-der-weisen-von-zion.700.de.html?dram:article_id=79840, abgerufen am 12.07.2019; siehe auch: »Sind die ›Protokolle der Weisen von Zion‹ echt«? 11.10.2016, unter: https://www.geschichtscheck.de/2016/10/11/sind-die-protokolle-der-weisen-von-zion-echt/, abgerufen am 12.07.2019

15 Siehe hierzu auch: Reinalter, Helmut: »Jüdisch-Freimaurerische Weltverschwörung«, in: Reinalter, Helmut (Hrsg.): *Handbuch der Verschwörungstheorien*. Spalier Verlag 2018, S. 160; Baldauf, Johannes: »Jüdische Weltverschwörung, UFOs und das NSU-Phantom«, 14.10.2015, unter: http://www.bpb.de/politik/extremismus/rechtsextremismus/210327/juedische-weltverschwoerung-ufos-und-das-nsu-phantom, abgerufen am 12.07.2019

16 Siehe hierzu auch: Benz, Wolfgang: »Die mächtigste aller Lügen«, 24.10.2017, unter: https://www.zeit.de/zeit-geschichte/2017/03/protokolle-weisen-zion-antisemitismus-faelschung abgerufen am 12.07.2019

17 Vgl. hierzu: Bergman, Werner: »Antisemitismus«, in: Reinalter, Helmut (Hrsg.): *Handbuch der Verschwörungstheorien*. Spalier Verlag 2018, S. 52

18 Weaver, Courtney, Hopkins, Valerie: »The Soros conspiracy theory goes global«, 04.11.2018, unter: https://www.ft.com/content/e2a1ecb0-dc0d-11e8-9f04-38d397e6661c, abgerufen am 12.07.2019

19 »›Reichsbürger‹ und ›Selbstverwalter‹ – eine zunehmende Gefahr?« unter: https://www.bmi.bund.de/SharedDocs/topthemen/DE/topthema-reichsbuerger/topthema-reichsbuerger.html, abgerufen am 12.07.2019

20 Eine Leseempfehlung zu diesem Thema: Hinsburg, Tobias: *Die Reise ins Reich. Unter Reichsbürgern*. Berlin 2018.

21 Zu finden unter: https://www.deutsche-finanzagentur.de/, abgerufen am 12.07.2019

22 »Leichte Sprache: Was macht die deutsche Finanzagentur?«, unter: https://www.deutsche-finanzagentur.de/de/leichte-sprache/#c1784, abgerufen am 12.07.2019

23 Ebd.

24 Siehe hierzu auch: »Faktencheck: Ist Deutschland eine GmbH?«. 18.05.2018, unter: https://anwaltauskunft.de/magazin/gesellschaft/staat-behoerden/ist-deutschland-eine-gmbh, abgerufen am 12.07.2019

25 Vgl. hierzu auch: ebd.

26 Ebd.

27 »Historie«, unter: https://www.deutsche-finanzagentur.de/de/finanzagentur/ueber-uns/historie/, abgerufen am 12.07.2019

28 »personal« auf Duden online, unter: http://www.duden.de/suchen/dudenonline/personal, abgerufen am 12.07.2019

29 Nachzulesen unter: »Übereinkommen über die Rechtsstellung der Staatenlosen vom 28. September 1954 (In Kraft getreten am 6. Juni 1960). Übereinkommen zur Verminderung der Staatenlosigkeit vom 30. August 1961 (In Kraft getreten am 13. Dezember 1975)«, Februar 2015, UNHCR, S.17, unter: https://www.unofluechtlingshilfe.de/shop/media/pdf/dc/58/bb/Staaten-Abkommen_2015.pdf, abgerufen am 12.07.2019

30 Ebd., S. 23.

31 Vgl. hierzu »›Wir sind wieder da‹. Die ›Reichsbürger‹: Überzeugungen, Gefahren und Handlungsstrategien«, Informationsbroschüre der Amadeu Antonio Stiftung 2014, unter: https://www.amadeu-antonio-stiftung.de/w/files/pdfs/reichsbuerger_web.pdf, abgerufen am 12.07.2019

32 Vgl. hierzu »Ist die Bundesrepublik Deutschland ein souveräner Staat?«, unter: https://www.geschichtscheck.de/2016/10/03/ist-die-bundesrepublik-deutschland-ein-souveraener-staat/, abgerufen am 12.07.2019

33 »Vertrag vom 12. September 1990 über die abschließende Regelung in Bezug auf Deutschland«, einzusehen unter: https://www.auswaertiges-amt.de/blob/243466/2851e102b97772a5772e9f-db8a978663/vertragstextoriginal-data.pdf, abgerufen am 12.07.2019

34 Vgl. hierzu: »›Wir sind wieder da‹. Die ›Reichsbürger‹: Überzeugungen, Gefahren und Handlungsstrategien«, Informationsbroschüre der Amadeu Antonio Stiftung 2014, unter: https://www.amadeu-antonio-stiftung.de/w/files/pdfs/reichsbuerger_web.pdf, abgerufen am 12.07.2019

35 Ebd.

36 Stern, Klaus: *Das Staatsrecht der Bundesrepublik Deutschland*, Bd. 5, München 2000, S. 2071.

37 Nachzulesen im Grundgesetz, Artikel 146, unter: https://dejure.org/gesetze/GG/146.html, abgerufen am 12.07.2019

38 Vgl. hierzu: Görtemaker, Manfred: »Von den Londoner Empfehlungen zum Grundgesetz. Ein kurzer Überblick zur Entstehung der Bundesrepublik Deutschland«, 01.09.2007, unter: http://www.bpb.de/geschichte/deutsche-geschichte/grundgesetz-und-parlamentarischer-rat/38975/kurzueberblick, abgerufen am 12.07.2019

39 Vgl. hierzu: »Ist die Bundesrepublik Deutschland ein souveräner Staat?«, unter: https://www.geschichtscheck.de/2016/10/03/ist-die-bundesrepublik-deutschland-ein-souveraener-staat/, abgerufen am 12.07.2019

40 Michael F. Feldkamp, *Der Parlamentarische Rat 1948-1949. Die Entstehung des Grundgesetzes*, Göttingen 2008, S. 198f.

41 Vgl. hierzu: Die Annahme der »Bonn Constitution« von 1949 im Brief an Adenauer, unter: https://usa.usembassy.de/etexts/ga4-490512.htm, abgerufen am 12.07.2019

42 Weiterführende Artikel zum Thema:
http://www.theeuropean.de/heinrich-schmitz/9416-nationale-identitaet-und-deutschsein
http://www.zeit.de/2014/47/verschwoerung-bunderepublik-keine-verfassung http://indub.io/blog/2014/08/28/brd-gmbh-fakten/
http://www.vice.com/de/read/deutschland-hat-also-keinen-friedensvertrag-brd-gmbh-reichsbuerger-110

43 Vgl. hierzu: Münch, Ursula: »1990: Grundgesetz oder neue Verfassung?«, 01.09.2008, unter: http://www.bpb.de/geschichte/deutsche-geschichte/grundgesetz-und-parlamentarischer-rat/38984/deutsche-einheit, abgerufen am 12.07.2019

44 Ebd.

45 Horstkötter, N., Müller, U., Ommen, O., Platte, A., Reckendrees, B., Stander, V., Lang, P., Thaiss, H. (2017): »Einstellungen, Wissen und Verhalten von Erwachsenen und Eltern gegenüber Impfungen – Ergebnisse der Repräsentativbefragung 2016 zum Infektionsschutz«, BZgA-Forschungsbericht. Köln: Bundeszentrale für gesundheitliche Aufklärung, unter: https://www.bzga.de/fileadmin/user_upload/PDF/studien/infektionsschutzstudie_2016--f4f414f596989cf814a77a0 3d45df8a1.pdf, S. 31, abgerufen am 12.07.2019

46 Siehe hierzu: »Ten threats to global health in 2019«, unter: https://www.who.int/emergencies/ten-threats-to-global-health-in-2019?fbclid=IwAR2-jgLYauo8eOE_EnMNhBSZGrMkK8DAY pcuJbDpViswnP1ooK4h7qj9EsU , abgerufen am 12.07.2019

47 Alle Zitate von Natalie Grams, Ärztin und Leiterin des kritischen Informationsnetzwerks Homöopathie, stammen aus dem Interview mit der Autorin vom 08.02.2019, wenn nicht anders angegeben.

48 Alle Zitate von Philipp Schmid, Psychologe und wissenschaftlicher Mitarbeiter an der Universität Erfurt, stammen aus dem Interview mit der Autorin vom 26.03.2019, wenn nicht anders angegeben.

49 Grimes, David Robert: »On the Viability of Conspiratorial Beliefs«, 26.01.2016, *PLoS ONE* 11(1): e0147905. https://doi.org/10.1371/journal.pone.0147905, abgerufen am 12.07.2019

50 »Dokumentation ›Eingeimpft‹ und eine Art wissenschaftliche Rezension«, 17.08.2018, unter: https://www.sciencemediacenter.de/alle-angebote/rapid-reaction/details/news/dokumentation-eingeimpft-und-eine-art-wissenschaftliche-rezension/, abgerufen am 12.07.2019

51 Einen ausführlichen Ratgeber für Dialog mit Impfgegnern gibt es von der WHO unter: http://www.euro.who.int/__data/assets/pdf_file/0005/315761/Best-practice-guidance-respond-vocal-vaccine-deniers-public.pdf, abgerufen am 12.07.2019

52 »Dokumentation ›Eingeimpft‹ und eine Art wissenschaftliche Rezension«, 17.08.2018, unter: https://www.sciencemediacenter.de/alle-angebote/rapid-reaction/details/news/dokumentation-eingeimpft-und-eine-art-wissenschaftliche-rezension/, abgerufen am 12.07.2019

53 Siehe hierzu: »Sicherheit von Impfungen«, 28.07.2017, unter: https://www.rki.de/DE/Content/Infekt/Impfen/Nebenwirkungen/nebenwirkungen_node.html, abgerufen am 12.07.2019. Zum Meldeformular für Nebenwirkungen: https://nebenwirkungen.pei.de/nw/DE/home/home_node.html

54 Vgl. hierzu: »Nationaler Impfplan: Impfwesen in Deutschland – Bestandsaufnahme und Handlungsbedarf«, 01.01.2012, S. 123, unter: https://www.saarland.de/dokumente/res_gesundheit/Impfplan.pdf, abgerufen am 12.07.2019. Den Impfplan findet man auch unter: https://www.saarland.de/93913.htm

55 Siehe hierzu: »Nationaler Impfplan: Impfwesen in Deutschland – Bestandsaufnahme und Handlungsbedarf«, 01.01.2012, unter: https://www.saarland.de/dokumente/res_gesundheit/Impfplan.pdf, abgerufen am 12.07.2019

56 Vgl. hierzu: »9: Zu früh durchgeführte Impfungen bilden für Kinder vermeidbare Risiken«, in: *Antworten des Robert-Koch-Instituts und des Paul-Ehrlich-Instituts zu den 20 häufigsten Einwänden gegen das Impfen*. Stand: 22.04.2016 (Erstveröffentlichung: 2007), unter: https://www.rki.de/DE/Content/Infekt/Impfen/Bedeutung/Schutzimpfungen_20_Einwaende.html#doc2378400bodyText10, abgerufen am 12.07.2019

57 Ebd.

58 Vgl. hierzu: »15: Bei der Impfstoffherstellung kann es zu Verunreinigungen kommen, die für Erkrankungen wie BSE, AIDS oder Krebs verantwortlich sind«, in: *Antworten des Robert-Koch-Instituts und des Paul-Ehrlich-Instituts zu den 20 häufigsten Einwänden gegen das Impfen*. Stand: 22.04.2016 (Erstveröffentlichung: 2007), unter: https://www.rki.de/DE/Content/Infekt/Impfen/Bedeutung/Schutzimpfungen_20_Einwaende.html#doc2378400bodyText15, abgerufen am 12.07.2019

59 Vgl. hierzu: »EFSA-Beratung zur Sicherheit von Aluminium in Lebensmitteln«, 15.07.2008, unter: https://www.efsa.europa.eu/de/press/news/080715, abgerufen am 12.07.2019

60 Die zurückgezogene Studie ist hier abrufbar: https://www.ncbi.nlm.nih.gov/pubmed/9500320

61 Vgl. dazu auch folgende Studie: DeStefano, F.: »Vaccines and Autism: Evidence Does Not Support a Causal Association«, in: *Clinical Pharmacology & Therapeutics*, Volume 82, Number 6, December 2007, unter: http://www.miottawa.org/Health/OCHD/pdf/2007_Nature_DeStefano_Vaccines_and_Autism.pdf, abgerufen am 12.07.2019

62 Vgl. dazu: »13: Die Nebenwirkungen und Risiken von Impfungen sind unkalkulierbar«, in: *Antworten des Robert-Koch-Instituts und des Paul-Ehrlich-Instituts zu den 20 häufigsten Einwänden gegen das Impfen*. Stand: 22.04.2016 (Erstveröffentlichung: 2007), unter: https://www.rki.de/DE/Content/Infekt/Impfen/Bedeutung/Schutzimpfungen_20_Einwaende.html#doc2378400bodyText13, abgerufen am 12.07.2019

63 Vgl. hierzu auch folgende Studie: Demicheli, V., Rivette, A., Debalini, MG, Petrantoni, C.: »Vaccines for measles, mumps and rubella in children«, Cochrane Database Syst Rev., 15.02.2012, unter: https://www.ncbi.nlm.nih.gov/pubmed/22336803, abgerufen am 12.07.2019

64 Vgl. dazu: »19: Der Rückgang von Erkrankungen ist eine Folge verbesserter Hygiene und Ernährung und hat nichts mit Impfungen zu tun«, in: *Antworten des Robert-Koch-Instituts und des Paul-Ehrlich-Instituts zu den 20 häufigsten Einwänden gegen das Impfen*. Stand: 22.04.2016 (Erstveröffentlichung: 2007), unter: https://www.rki.de/DE/Content/Infekt/Impfen/Bedeutung/Schutzimpfungen_20_Einwaende.html#doc2378400bodyText19, abgerufen am 12.07.2019

65 Quelle für die Analogie mit dem Fahrradhelm: Kliff, Sarah: »Christie is wrong. Vaccination is not a personal decision. It's a social obligation«, 02.02.2015, unter: https://www.vox.com/2015/1/31/7955947/vaccination-herd-immunity, abgerufen am 12.07.2019

66 Quelle: »1: Die Wirksamkeit von Impfungen wurde niemals belegt«, in: *Antworten des Robert-Koch-Instituts und des Paul-Ehrlich-Instituts zu den 20 häufigsten Einwänden gegen das Impfen*. Stand: 22.04.2016 (Erstveröffentlichung: 2007), unter: https://www.rki.de/DE/Content/Infekt/Impfen/Bedeutung/Schutzimpfungen_20_Einwaende.html#doc2378400bodyText1, abgerufen am 12.07.2019

67 »Anzahl der Mitglieder und Versicherten der gesetzlichen und privaten Krankenversicherung in den Jahren 2012 bis 2018 (in Millionen)«, unter: https://de.statista.com/statistik/daten/studie/155823/umfrage/gkv-pkv-mitglieder-und-versichertenzahl-im-vergleich/, abgerufen am 12.07.2019

68 Die GKV-Kennzahlen für 2017 finden sich unter: https://www.gkv-spitzenverband.de/gkv_spitzenverband/presse/zahlen_und_grafiken/gkv_kennzahlen/gkv_kennzahlen.jsp, abgerufen am 12.07.2019

69 »20: Mit Impfungen will die Pharmaindustrie nur Geschäfte machen«, in: *Antworten des Robert-Koch-Instituts und des Paul-Ehrlich-Instituts zu den 20 häufigsten Einwänden gegen das Impfen*. Stand: 22.04.2016 (Erstveröffentlichung: 2007), unter: https://www.rki.de/DE/Content/Infekt/Impfen/Bedeutung/Schutzimpfungen_20_Einwaende.html#doc2378400bodyText21, abgerufen am 12.07.2019

70 Quelle: Ständige Impfkomission: Selbstauskünfte, 13.11.2018, unter: https://www.rki.de/DE/Content/Kommissionen/STIKO/Mitgliedschaft/Interessenskonflikte/interessenskonflikte_node.html, abgerufen am 12.07.2019

71 Quelle: Interview der Autorin mit Cornelia Betsch, Psychologin und Professorin für Gesundheitskommunikation an der Universität Erfurt, am 03.03.2019, außerdem folgende Studie: Betsch, C., Schmid, P., Heinemeier, D., Korn, L., Holtmann, C., & Böhm, R. (2018): »Beyond confidence. Development of a measure assessing the 5C psychological antecedents of vaccination«, in: *PLOS ONE*, 13(12), e0208601, unter: https://doi.org/10.1371/journal.pone.0208601, abgerufen am 12.07.2019

72 Mercer A.M., Keith, D.W., Sharp, J.D.: »Public understanding of solar radiation management«, 24.10.2011, in: *Environmental Research Letters*, Volume 6, Number 4, unter: https://iopscience.iop.org/article/10.1088/1748-9326/6/4/044006/meta, abgerufen am 12.7.2019; weitere Informationen findet man auch unter: Lorenz, Jörg: »Verteilung der Chemtrail-Gläubigen in Deutschland«, unter: http://chemtrail-fragen.de/index.php?frage=2015-01-08_ossi-chemmies, abgerufen unter 12.07.2019

73 Vgl. hierzu diese Studie: Shearer, Christine, Wets, Mick, Caldeira, Ken, Steven, J Davis: »Quantifying expert consensus against the existence of a secret, large-scale atmospheric spraying program«, 10.08.2016, unter: https://iopscience.iop.org/article/10.1088/1748-9326/11/8/084011/

meta;jsessionid=81C700692BB4F708F0E3F79B15942753.c4.iopscience.cld.iop.org, abgerufen am 12.07.2019

74 Den Artikel findet man hier: http://www.chemtrails.ch/ZERSTOERUNG-DES-HIMMELS.pdf

75 Rickels, W., Klepper, G., Dovern, J., Betz, G., Brachatzek, N., Cacean, S., Güssow, K., Heintzenberg J., Hiller, S., Hoose, C., Leisner, T., Oschlies, A., Platt, U., Proelß, A., Renn, O., Schäfer, S., Zürn, M. (2011): »Gezielte Eingriffe in das Klima? Eine Bestandsaufnahme der Debatte zu Climate Engineering«, Sondierungsstudie für das Bundesministerium für Bildung und Forschung, unter: https://www.kiel-earth-institute.de/sondierungsstudie-climate-engineering.html, abgerufen am 12.07.2019

76 Interview der Autorin mit Jörg Lorenz, geführt am 08.02.2019 und http://chemtrail-fragen.de/cf-bilder/gmacag2015_2016_400.jpg, abgerufen am 12.07.2019

77 Eine ausführliche Erklärung zu Kondensstreifen findet man hier: »Kondensstreifen«, unter: https://www.dlr.de/pa/desktopdefault.aspx/tabid-2554/3836_read-5746/, abgerufen am 12.07.2019

78 »Wie Kondensstreifen das Klima beeinflussen«, unter: https://www.dlr.de/next/desktopdefault.aspx/tabid-6632/10891_read-24729/, abgerufen am 12.07.2019

79 »Kondensstreifen«, unter: https://www.dlr.de/pa/desktopdefault.aspx/tabid-2554/3836_read-5746/, abgerufen am 12.07.2019

80 Zu finden unter: *International Cloud Atlas: Manual on the Observation of Clouds and Other Meteors*, 2017, unter: https://library.wmo.int/index.php?lvl=notice_display&id=5357ICA-New-classifications.html#.XJCpRBPUjR1, abgerufen am 12.07.2019; Wienand, Lars: Chemtrail-Theorie: »Nun ist es offiziell – Kondensstreifen gelten als Wolken«, 28.03.2017, unter: https://www.wp.de/panorama/nun-ist-es-offiziell-kondensstreifen-gelten-als-wolken-id210080469.html, abgerufen am 12.07.2019

81 Interview der Autorin mit Jörg Lorenz, geführt am 08.02.2019. Vgl. zu dem Thema außerdem: Wienand, Lars: Chemtrail-Theorie: »Nun ist es offiziell – Kondensstreifen gelten als Wolken«, 28.03.2017, unter: https://www.wp.de/panorama/nun-ist-es-offiziell-kondensstreifen-gelten-als-wolken-id210080469.html, abgerufen am 12.07.2019

82 Vgl. das Ergebnis dieser Studie: Shearer, Christine, Wets, Mick, Caldeira, Ken, Steven, J Davis: »Quantifying expert consensus against the existence of a secret, large-scale atmospheric spraying program«, 10.08.2016, in: *Environmental Research Letters*, Volume 11, Number 8, unter: https://iopscience.iop.org/article/10.1088/1748-9326/11/8/084011/meta;jsessionid=81C700692BB4F708F0E3F79B15942753.c4.iopscience.cld.iop.org, abgerufen am 12.07.2019

83 »Zur Naturwissenschaft überhaupt«, Band 1 Heft 3, In: *Goethes sämmtliche Werke*, Band 30, J. G. Cotta, 1851.

84 Vgl. zum Begriff auch: Niemeier, U., Schmidt, H., Alterskjær, K., Kristjánsson, J.E.: J.E.:»Solar irradiance reduction via climate engineering – Impact of different techniques on the energy balance and the hydrological cycle«, 16.11.2013, in: *Journal of Geophysical Research-Atmospheres*, Volume118, Issue 21, doi:10.1002/2013JD020445, abgerufen am 12.07.2019; Niemeier, Ulrike: »Was ist Geoengineering«, unter: https://www.mpimet.mpg.de/mitarbeiter/ulrike-niemeier/geoengineering/, abgerufen am 12.07.2019

85 »Der Bundesregierung liegt derzeit kein vollständiges und ausreichend gesichertes Bild zu einzelnen Risikoaspekten von Climate Engineering (CE) vor. Zudem besteht derzeit keine ausreichende Wissensgrundlage, um eine Bewertung hinsichtlich der Erprobung und Anwendung diskutierter Ansätze und Technologien beziehungsweise einer Rolle bei der Bewältigung des Klimawandels vorzunehmen. Die Forschung hat grundlegende Risiken aufgedeckt.« Aus: »Risikobewertung von Climate Engineering: Bildung, Forschung und Technikfolgenabschätzung/Antwort – 12.07.2018«, in: *heute im Bundestag (hib)* 515/2018, unter: https://www.bundestag.de/presse/hib/564188-564188, abgerufen am 12.07.2019

86 Alle Zitate von Hauke Schmidt, Max-Planck-Institut für Meteorologie, stammen aus dem Interview mit der Autorin vom 08.02.2019, wenn nicht anders angegeben.

87 Alle Zitate von Jörg Lorenz, Autor von *Das Chemtrailhandbuch. Was sich wirklich über unseren Köpfen abspielt*, stammen aus dem Interview mit der Autorin vom 08.02.2019, wenn nicht anders angegeben.

88 »Olympische Spiele in Peking: 1104 Raketen für gutes Wetter«, 17.05.2010, unter: https://www.sueddeutsche.de/sport/olympische-spiele-in-peking-raketen-fuer-gutes-wetter-1.572830, abgerufen am 12.07.2019

89 Zum Beispiel: https://keith.seas.harvard.edu/publications/stratospheric-controlled-perturbation-experiment-scopex-small-scale-experiment

Antworten an Menschen, die denken, dass der Islam ihr Abendland zerstöre

1 Decker, Oliver, Brähler, Elmar (Hg.): »Flucht ins Autoritäre: Rechtsextreme Dynamiken in der Mitte der Gesellschaft«, *Die Leipziger Autoritarismus-Studie 2018: Methode, Ergebnisse und Langzeitverlauf*, 07.11.2018, unter: https://www.boell.de/sites/default/files/leipziger_autoritarismus-studie_2018_-_flucht_ins_autoritaere_.pdf?dimension1=ds_leipziger_studie, abgerufen am 12.07.2019

2 Cutts, David, Goodwin, Matthew, Raines, Thomas: »What Do Europeans Think About Muslim Immigration?« 07.02.2017, Chatham House Europe Programme, unter: https://www.chathamhouse.org/expert/comment/what-do-europeans-think-about-muslim-immigration, abgerufen am 12.07.2019

3 Topçu, Özlem: Diskriminierung: »Über 50 Prozent der Deutschen sind anfällig für Islamfeindlichkeit«, 22.03.2019, unter: https://www.zeit.de/gesellschaft/zeitgeschehen/2019-03/diskriminierung-muslime-islamfeindlichkeit-deutsche-kai-hafez, abgerufen am 12.07.2019

4 Ramadan, Dunja: »Wir müssen über den Hass sprechen«, 24.03.2019, unter: https://www.sueddeutsche.de/politik/islam-neuseeland-shooman-1.4380162, abgerufen am 12.07.2019

5 Alle Zitate von Kai Hafez, Professor für Vergleichende Analyse von Mediensystemen und Kommunikationskulturen, Universität Erfurt, stammen aus dem Interview mit der Autorin vom 05.04.2019, wenn nicht anders angegeben.

6 Alle Zitate von Beate Küpper, Professorin für Soziale Arbeit in Gruppen und Konfliktsituationen an der Hochschule Niederrhein, stammen aus dem Interview mit der Autorin vom 29.03.2019, wenn nicht anders angegeben.

7 Alle Zitate von Riem Spielhaus, Professorin für Islamwissenschaft mit dem Schwerpunkt Bildung und Wissenskulturen an der Georg-August-Universität Göttingen, stammen aus dem Interview mit der Autorin vom 29.03.2019, wenn nicht anders angegeben.

8 Traughber-Pfahl, Armin: »Islamfeindlichkeit, Islamophobie, Islamkritik – ein Wegweiser durch den Begriffsdschungel«, 17.06.2019, unter: https://www.bpb.de/politik/extremismus/rechtsextremismus/180774/islamfeindlichkeit-islamophobie-islamkritik-ein-wegweiser-durch-den-begriffsdschungel, abgerufen am 12.07.2019

9 Rohe, Mathias: *Der Islam in Deutschland: Eine Bestandsaufnahme*, Sechster Teil: Perspektiven des

Zusammenlebens, Unterkapitel III, 1, »Islamfeindlichkeit und Islamkritik: Eine Abgrenzung«, München 2018 (E-Book).

10 Zick, Andreas (2013): »Islam- und muslimfeindliche Einstellungen in der Bevölkerung. Ein Bericht über Umfrageergebnisse«, in: Bundesministerium des Innern im Auftrag der Deutschen Islam Konferenz (Hg.): *Muslimfeindlichkeit – Phänomen und Gegenstrategien*. Beiträge der Fachtagung der Deutschen Islam Konferenz am 4. und 5. Dezember 2012 in Berlin, S. 36, unter: http://www.deutsche-islam-konferenz.de/SharedDocs/Anlagen/DIK/DE/Downloads/LenkungsausschussPlenum/2013-tagungsband-muslimfeindlichkeit-dik.pdf?__blob=publicationFile, abgerufen am 12.07.2019

11 Bundesministerium des Innern im Auftrag der Deutschen Islam Konferenz (Hg.): Tagungsband »Muslimfeindlichkeit – Phänomen und Gegenstrategien. Beiträge der Fachtagung der Deutschen Islam Konferenz am 4. und 5. Dezember 2012 in Berlin«, Deutsche Islamkonferenz 2012, S. 57, unter: http://www.deutsche-islam-konferenz.de/SharedDocs/Anlagen/DIK/DE/Downloads/LenkungsausschussPlenum/2013-tagungsband-muslimfeindlichkeit-dik.pdf?__blob=publicationFile, abgerufen am 12.07.2019

12 Attia, Iman: »Privilegien sichern, nationale Identität revitalisieren. Gesellschafts- und handlungstheoretische Dimensionen der Theorie des antimuslimischen Rassismus im Unterschied zu Modellen von Islamophobie und Islamfeindlichkeit«, in: *Journal für Psychologie* 21 (1), 2013, online abrufbar unter: http://www.journal-fuer-psychologie.de/index.php/jfp/article/view/258/297, abgerufen am 12.07.2019

13 Vgl. hierzu: Weichselbaumer, Doris: »Discrimination against Female Migrants Wearing Headscarves«, in: *IZA DP* No. 10217, September 2016, unter: http://ftp.iza.org/dp10217.pdf, abgerufen am 12.07.2019

14 Hafez, Farid: »Wo endet Islamkritik und beginnt Islamfeindlichkeit?«, 17.03.2014, unter: http://www.bpb.de/politik/extremismus/rechtsextremismus/180770/wo-endet-islamkritik-und-beginnt-islamfeindlichkeit, abgerufen am 12.07.2019

15 Rohe, Mathias: *Der Islam in Deutschland: Eine Bestandsaufnahme*, Sechster Teil: Perspektiven des Zusammenlebens, Unterkapitel III, 1, »Islamfeindlichkeit und Islamkritik: Eine Abgrenzung«, München 2018 (E-Book)

16 Zick, Andreas: »Das Vorurteil über Muslime«, in: Antes, P., Ceylan, R. (Hg.): *Muslime in Deutschland. Islam in der Gesellschaft*. Springer VS, Wiesbaden 2017

17 Alle Zitate von Matthias Rohe, Rechts- und Islamwissenschaftler sowie Direktor des Erlanger Zentrums für Islam und Recht in Europa, stammen aus dem Interview mit der Autorin vom 05.04.2019, wenn nicht anders angegeben.

18 Comerford, Milo, Bryson, Rachel: »Struggle Over Scripture: Charting the Rift Between Islamist Extremism and Mainstream Islam«, Tony Blair Institute for Global Change, 06.12.2017, unter: https://institute.global/insight/co-existence/struggle-scripture-islamist-extremism-mainstream-islam, abgerufen am 12.07.2019

19 Vgl. hierzu auch: Rohe, Mathias: *Der Islam in Deutschland: Eine Bestandsaufnahme*, Sechster Teil: Perspektiven des Zusammenlebens, Unterkapitel II, 1, »Geschlechterrollen und Geschlechterbilder«, München 2018 (E-Book)

20 Shooman, Yasemin: »Muslimisch, weiblich, unterdrückt und gefährlich – Stereotype muslimischer Frauen in öffentlichen Diskursen«, 09.01.2012, unter: http://www.deutsche-islam-konferenz.de/DIK/DE/Magazin/IslamGender/StereotypMuslima/stereotypmuslima-inhalt.html, abgerufen am 12.07.2019

21 Vgl. hierzu: https://dejure.org/gesetze/VersG/17a.html

22 Den ganzen Gesetzestext findet man hier: https://www.gesetze-im-internet.de/gg/art_4.html

23 1. Korinther 11,5, in: *Die Bibel: Altes und Neues Testament.* Einheitsübersetzung. Hg. im Auftr. d. Bischöfe Deutschlands, Österreichs, der Schweiz, des Bischofs von Luxemburg, des Bischofs von Lüttich, des Bischofs von Bozen-Brixen, des Rates der Evangelischen Kirche in Deutschland und des Evangelischen Bibelwerks in der Bundesrepublik Deutschland. Stuttgart 1980.

24 Kaddor, Lamya: »Kommentar: Die Kopftuch-Debatte lässt nur Opfer zurück!«, 12.07.2018, unter: https://www.ndr.de/ndrkultur/sendungen/freitagsforum/Die-Kopftuch-Debatte-laesst-nur-Opfer-zurueck,kaddorkopftuchdebatte100.html, abgerufen am 12.07.2019

25 Alle Zitate von Saba-Nur Cheema, Politologin und Pädagogische Leitung der Bildungsstätte Anne Frank in Frankfurt am Main, stammen aus dem Interview mit der Autorin vom 26.03.2019, wenn nicht anders angegeben.

26 Alle Zitate von Manfred Becker-Huberti, Brauchtumsforscher, Theologe und Honorarprofessor an der Katholisch-Theologischen Fakultät der Philosophisch-Theologischen Hochschule Vallendar, stammen aus dem Interview mit der Autorin vom 04.04.2019, wenn nicht anders angegeben.

27 Interview der Autorin mit Irene Götz, Professorin am Institut für Empirische Kulturwissenschaft und Europäische Ethnologie der LMU München, geführt am 08.04.2019

28 Grimm, Jacob: *Deutsche Mythologie*, Göttingen 1844, S. 741 f

29 Siehe dazu auch: Schülbe, Dana: »Christliche Traditionen und Kinderbücher im Visier: Sankt Martin und die Frage politischer Korrektheit«, 05.11.2013, unter: https://rp-online.de/panorama/deutschland/sankt-martin-und-die-frage-politischer-korrektheit_aid-9195211, abgerufen am: 12.07.2019. Rüdiger Sagel bedauerte die Aussage in einer Pressemitteilung später (siehe dazu zum Beispiel: https://www.tagesspiegel.de/gesellschaft/panorama/das-ging-voll-nach-hinten-los-sankt-martin-linke-bedauert-eigentor/9032356.html)

30 Hollstein, Miriam: »Ist das Sankt-Martins-Fest diskriminierend?«, 04.11.2013, unter: https://www.welt.de/politik/deutschland/article121531650/Ist-das-Sankt-Martins-Fest-diskriminierend.html, abgerufen am 12.07.2019

31 Prof. Dr. Biesinger / Prof. Dr. Schweitzer / Dr. Edelbrock : »Interkulturelle und interreligiöse Bildung in Kindertagesstätten. Ergebnisse einer Pilotstudie der Tübinger Forschungsgruppe«, 2007, unter: https://www.ravensburger.net/content/wcm/mediadata/PDF/Stiftung/Pilotstudie.pdf , abgerufen am 12.07.2019

32 Sekretariat der Deutschen Bischofskonferenz und Kirchenamt der Evangelischen Kirche in Deutschland (EKD) (Hg.): »Ökumenischer Bericht zur Religionsfreiheit von Christen weltweit 2017: Das Recht auf Religions- und Weltanschauungsfreiheit: Bedrohungen – Einschränkungen – Verletzungen«, Gemeinsame Texte Nr. 25, Hannover, S. 27, unter: https://www.ekd.de/ekd_de/ds_doc/oekumenischer_bericht_religionsfreiheit2017.pdf?t=2db015ba632e21c67ffac5ee2f350688&tto=9a68ad2f, abgerufen am 12.07.2019

33 Vgl. hierzu auch: Sekretariat der Deutschen Bischofskonferenz (Hg.). »Solidarität: Mit verfolgten und bedrängten Christen unserer Zeit«, in: *Arabische Halbinsel. Arbeitshilfen 290*, unter: http://cibedo.de/wp-content/uploads/2015/12/Arbeitshilfe-290.pdf, abgerufen am 12.07.2019

34 Vgl. hierzu auch den Bericht Religionsfreiheit des pastoralen Hilfswerks »Kirche in Not«, unter: http://www.religionsfreiheit-weltweit.de/

35 Vgl. dazu: Güsten, Susanne: »Christen in der Türkei: Erste Kirche seit 100 Jahren«, 23.01.2019, unter: https://www.deutschlandfunk.de/christen-in-der-tuerkei-erste-kirche-seit-100-jahren.886.de.html?dram:article_id=438565, abgerufen am 12.07.2019

36 Vgl. dazu: »Ägypten eröffnet riesige koptische Kathedrale«, 06.01.2019, unter: https://derstandard.at/2000095526218/Aegypten-eroeffnet-riesige-koptische-Kathedrale, abgerufen am 12.07.2019

37 Vgl. hierzu auch den Bericht Religionsfreiheit des pastoralen Hilfswerks »Kirche in Not«, unter: http://www.religionsfreiheit-weltweit.de/

38 Sekretariat der Deutschen Bischofskonferenz und Kirchenamt der Evangelischen Kirche in Deutschland (EKD) (Hg.): »Ökumenischer Bericht zur Religionsfreiheit von Christen weltweit 2017: Das Recht auf Religions- und Weltanschauungsfreiheit: Bedrohungen – Einschränkungen – Verletzungen«, Gemeinsame Texte Nr. 25, Hannover S. 21, unter: https://www.ekd.de/ekd_de/ds_doc/oekumenischer_bericht_religionsfreiheit2017.pdf?t=2db015ba632e21c67ffac5ee2f350688&tto=9a68ad2f, abgerufen am 12.07.2019

39 Gierke, Sebastian, Ramadan, Dunja: »China und die Uiguren: Wo die Moscheen verschwinden«, 12.04.2019, unter: https://www.sueddeutsche.de/politik/china-und-die-uiguren-wo-die-moscheen-verschwinden-1.4407686, abgerufen am 12.07.2019

40 Heinig, Hans Michael: »Religionsfreiheit: Lieber Recht als rechts«, 02.11.2017, in: *Christ und Welt*, unter: https://www.zeit.de/2017/45/religionsfreiheit-afd-muslime-eid-grundgesetz, abgerufen am 12.07.2019

41 »Moscheebau in Deutschland. Eine Orientierungshilfe der deutschen Bischöfe.« Pressemitteilung der Deutschen Bischofskonferenz, 26.09.2008, S. 2/3, unter: https://www.dbk.de/fileadmin/redaktion/diverse_downloads/presse/2008-050_Anlage_3_Moscheebau.pdf, abgerufen unter 12.07.2019

Antworten an Menschen, die ein Problem mit Frauen oder Gender haben

1 Landeszentrale für politische Bildung BW: »Frauen in den Länderparlamenten«, unter: https://www.lpb-bw.de/frauenanteil_laenderparlamenten.html, abgerufen am 12.07.2019

2 Kobold, Kevin, Schmiedel, Sven: »Wahlverhalten bei der Bundestagswahl 2017 nach Geschlecht und Alter: Ergebnisse der repräsentativen Wahlstatistik«, 2018, unter: https://www.bundeswahlleiter.de/dam/jcr/390abd1b-20da-4317-b321-195b332c884b/btw17_wista_03-2018.pdf, abgerufen am 12.07.2019

3 Vgl. dazu: »Anteil der Frauen an den Mitgliedern der politischen Parteien in Deutschland am 31. Dezember 2018«, unter: https://de.statista.com/statistik/daten/studie/192247/umfrage/frauenanteil-in-den-politischen-parteien/, abgerufen am 12.07.2019

4 Vgl. dazu: Lukoschat, Helga, Belschner, Jana: »Frauen führen Kommunen. Eine Untersuchung zu Bürgermeisterinnen und Bürgermeistern in Ost und West«, EAF Berlin 2014, S. 22/23, unter: https://www.eaf-berlin.de/fileadmin/eaf/Projekte/Dokumente/P_Frauen-Fuehren-Kommunen_Studie.pdf, abgerufen am 12.07.2019

5 Vgl.: ebd., S. 24

6 Ebd., S. 61

7 Behrends, Jenna: *Rabenvater Staat. Warum unsere Familienpolitik einen Neustart braucht.* München 2019, S.72.

8 Forderungspapier: »Mehr Frauen in die Parlamente«, Stellungnahme des Deutschen Juristinnenbundes vom 11.01.2019, unter: https://www.djb.de/verein/Kom-u-AS/K5/st19-02/, abgerufen am 12.07.2019

9 »Frauen vor Gewalt schützen: Häusliche Gewalt«, Meldung auf der Webseite des Bundesministeriums für Familie, Senioren, Frauen und Jugend, 21.11.2018, unter: https://www.bmfsfj.de/bmfsfj/themen/gleichstellung/frauen-vor-gewalt-schuetzen/haeusliche-gewalt/haeusliche-gewalt/80642, abgerufen am 12.07.2019

10 Quelle: https://www.polizei-beratung.de/opferinformationen/haeusliche-gewalt/, abgerufen am 12.07.2019

11 Vgl. dazu: »Hinweise für die Berichterstattung über Gewalt gegen Frauen und Kinder« auf der Webseite des Bundesverbands Frauenberatungsstellen und Frauennotrufe, unter: https://www.frauen-gegen-gewalt.de/de/presse/informationen-fuer-die-presse/das-ist-wichtig-bei-der-berichterstattung-ueber-gewalt-gegen-frauen-und-kinder.html, abgerufen am 12.07.2019

12 Bundesministerium für Familie, Senioren, Frauen und Jugend Referat Öffentlichkeitsarbeit (Hg.): »Zweiter Gleichstellungsbericht der Bundesregierung«, Drucksache 18/12840, 21.06.2017, S. 54, unter: https://www.gleichstellungsbericht.de/zweiter-gleichstellungsbericht.pdf, abgerufen am 12.07.2019

13 Ebd., S. 52

14 Ebd.

15 Zahlen aus: »2017: 29 % der Führungskräfte in Deutschland waren Frauen«, Pressemitteilung des Statistischen Bundesamtes vom 24.09.2018, unter: https://www.destatis.de/DE/Presse/Pressemitteilungen/2018/09/PD18_362_122.html, abgerufen am 12.07.2019

16 AllBright Stiftung gGmbH (Hg.): »Die Macht hinter den Kulissen: Warum Aufsichtsräte keine Frauen in die Vorstände bringen«, *AllBright Bericht*, April 2019, unter: https://static1.squarespace.com/static/56e04212e707ebf17e7d7cd2/t/5caa612fb208fc87634c4dae/1554669894200/AllBrightBericht_April_2019.pdf, abgerufen am 12.07.2019

17 Vgl. dazu: https://www.spiegel.de/karriere/gleichstellung-mehr-frauen-in-aufsichtsraeten-aber-nicht-in-vorstaenden-a-1261563.html, abgerufen am 12.07.2019

18 Global Wealth Report 2018, Research Institute, Credit Suisse AG, Oktober 2018, unter: https://www.credit-suisse.com/corporate/en/research/research-institute/global-wealth-report.html, abgerufen am 12.07.2019

19 Zahlen aus: »2017: 29 % der Führungskräfte in Deutschland waren Frauen«, Pressemitteilung des Statistischen Bundesamtes vom 24.09.2018, unter: https://www.destatis.de/DE/Presse/Pressemitteilungen/2018/09/PD18_362_122.html, abgerufen am 12.07.2019

20 Schmidt, Jörg, Stettes, Oliver: »Frauen in Führungspositionen: Empirische Befunde auf Basis des IW-Personalpanels 2017«, in: *IW-Report* 14, 30.04.2018, unter: https://www.iwkoeln.de/studien/iw-reports/beitrag/joerg-schmidt-oliver-stettes-frauen-in-fuehrungspositionen.html, abgerufen am 12.07.2019

21 Vgl. dazu: »Frauen sind im Job zu selbstkritisch«, in: *Deutsches* Ärzteblatt 2017, 114(7): [4], unter: https://www.aerzteblatt.de/archiv/186353/Studie-Frauen-sind-im-Job-zu-selbstkritisch, abgerufen am 12.07.2019

22 AllBright Stiftung gGmbH (Hg.): »Schlusslicht Deutschland: Konzerne weltweit holen mehr Frauen ins Top-Management«, *AllBright Bericht*, Mai 2018 , unter: https://static1.squarespace.com/static/56e04212e707ebf17e7d7cd2/t/5af88cf62b6a28d7522c910a/1526238462041/AllBright+Bericht_Mai+2018.pdf, abgerufen am 12.07.2019

23 Alle Zitate von Elke Holst, ehem. Forschungsdirektorin Gender Studies und Senior Economist am Deutschen Institut für Wirtschaftsforschung Berlin, stammen aus dem Interview mit der Autorin vom 02.04.2019, wenn nicht anders angegeben.

24 AllBright Stiftung gGmbH (Hg.): »Schlusslicht Deutschland: Konzerne weltweit holen mehr Frauen ins Top-Management«, *AllBright Bericht*, Mai 2018, S. 8, unter: https://static1.squarespace.com/static/56e04212e707ebf17e7d7cd2/t/5af88cf62b6a28d7522c910a/1526238462041/AllBright+Bericht_Mai+2018.pdf, abgerufen am 12.07.2019

25 Vgl. dazu: Moss-Racusin, Corinne A., Dovidio, John F., Brescoll, Victoria L., Graham, Mark J., Handelsman, Jo: »Science faculty's subtle gender biases favor male students«, *PNAS*, 09.10.2012, 109 (41) 16474-16479, unter: https://doi.org/10.1073/pnas.1211286109, abgerufen am 12.07.2019

26 Vgl. dazu: »Gläserne Decke: Chefinnen müssen ›weiblich‹ und ›männlich‹ zugleich auftrete.«, 04.02.2019, unter: https://www.derstandard.de/story/2000097145697/chefinnen-muessen-weiblich-und-maennlich-zugleich-auftreten, abgerufen am 12.07.2019; »Führungspositionen: Frauen benötigen größeres Spektrum an Fähigkeiten«, Pressemitteilung der Universität Salzburg, 23.01.2018, unter: https://www.uni-salzburg.at/index.php?id=52519&newsid=16026&f=5, abgerufen am 12.07.2019

27 Vgl. dazu: http://banbossy.com/

28 Vgl. dazu: http://www.allbright-stiftung.de/floskelbingo

29 Groll, Tina: „Gehaltsunterschiede: Eine nicht erklärbare Lücke bleibt", unter: https://www.zeit.de/wirtschaft/2019-03/gehaltsunterschiede-gender-pay-gap-gleichberechtigung-frauen-maenner, abgerufen am 12.07.2019

30 »2019 Report on equality between women and men in the EU«, Europäische Kommission, Brüssel 2019, S. 23, unter: https://ec.europa.eu/info/sites/info/files/aid_development_cooperation_fundamental_rights/annual_report_ge_2019_en.pdf, abgerufen am 12.07.2019

31 Holst, Elke: »Entgeltgleichheitsgesetz: Mehr Transparenz beim Verdienst?« Kommentar im *DIW Wochenbericht* Nr. 34/2016, 24.08.2016, unter: https://www.diw.de/documents/publikationen/73/diw_01.c.541588.de/16-34-3.pdf, abgerufen am 12.07.2019

32 »Anteil der Akademikerinnen bei 30- bis 34-Jährigen doppelt so hoch wie vor einer Generation«, Pressemitteilung des Statistischen Bundesamtes vom 06.09.2018, unter: https://www.destatis.de/DE/Presse/Pressemitteilungen/2018/09/PD18_332_217.html, abgerufen am 12.07.2019

33 »Mittelstand stemmt größten Teil der Berufsausbildung in Deutschland«, Pressemitteilung vom 28.08.2018, KfW Research, unter: https://www.kfw.de/KfW-Konzern/Newsroom/Aktuelles/Pressemitteilungen-Details_485440.html, abgerufen am 12.07.2019

34 Vgl. dazu: https://index-gute-arbeit.dgb.de/

35 Wetter, Angelika: *Arbeitsteilung und Geschlechterkonstruktion. »Gender at Work« in theoretischer und historischer Perspektive*. Köln 2017, S. 79/80.

36 Murphy, Emily, Oesch, Daniel: »The Feminization of Occupations and Change in Wages: A Panel Analysis of Britain, Germany, and Switzerland«, in: *Social Forces Advance Access*, 17.08.2015, unter: https://serval.unil.ch/resource/serval:BIB_394986C05943.P001/REF, abgerufen am 12.07.2019

37 Hausmann, A.C., Kleinert, C. & Leuze, K.: »Entwertung von Frauenberufen oder Entwertung von Frauen im Beruf?«, in: *Kölner Zeitschrift für Soziologie und Sozialpsychologie* (2015) 67: 217, https://doi.org/10.1007/s11577-015-0304-y, unter: https://link.springer.com/article/10.1007/s11577-015-0304-y, abgerufen am 12.07.2019

38 Ebd.

39 Hausmann, A.C., Kleinert, C. & Leuze, K.: »Entwertung von Frauenberufen oder Entwertung von Frauen im Beruf?«, in: *Kölner Zeitschrift für Soziologie und Sozialpsychologie* (2015) 67: 217, https://doi.org/10.1007/s11577-015-0304-y, unter: https://link.springer.com/article/10.1007/

s11577-015-0304-y, abgerufen am 12.07.2019; Rövekamp, Marie: »Equal Pay Day: Ein Job, zwei Gehälter«, 18.03.2017, unter: https://www.tagesspiegel.de/wirtschaft/equal-pay-day-ein-job-zwei-gehaelter/19529250.html, abgerufen am 12.07.2019

40 »Väter arbeiten häufiger als Männer ohne Kinder: Väter sind auch häufiger in Vollzeit erwerbstätig als Männer ohne Kinder«, Pressemitteilung des Statistischen Bundesamtes vom 20. Februar 2019, unter: https://www.destatis.de/DE/Presse/Pressemitteilungen/2019/02/PD19_061_122.html, abgerufen am 12.07.2019

41 »Frauen im Management: Es gibt viel zu tun! Wer packt es an?«, Studie Frauen im Management 2013, Hochschule Osnabrück, unter: https://www.spitzenfrauen-bw.de/fileadmin/Literatur/Fachbuch/Bisnode_Frauen_im_Management_2013_Studie_kurz-1.pdf, abgerufen am 12.07.2019

42 »Elterngeld: 4 % mehr Empfängerinnen und Empfänger im Jahr 2018«, Pressemitteilung des Statistischen Bundesamtes vom 11. April 2019, unter: https://www.destatis.de/DE/Presse/Pressemitteilungen/2019/04/PD19_145_22922.html, abgerufen am 12.07.2019

43 Behrends, Jenna: *Rabenvater Staat: Warum unsere Familienpolitik einen Neustart braucht*. München 2019, S. 21.

44 Ebd., S. 24/25

45 Samtleben, Claire: »Auch an erwerbsfreien Tagen erledigen Frauen einen Großteil der Hausarbeit und Kinderbetreuung«, in: *DIW Wochenbericht* Nr. 10/2019, unter: https://www.diw.de/documents/publikationen/73/diw_01.c.616021.de/19-10-3.pdf, abgerufen am 12.07.2019

46 »›Gender Pension Gap‹-Frauen bekommen halb so viel Rente«, 14.12.2017, unter: https://www.zdf.de/nachrichten/heute/-gender-pension-gap--frauen-bekommen-halb-so-viel-rente-100.html, abgerufen am 12.07.2019

47 Hecht, Patricia: »Wissenschaftlerin über Altersarmut: ›Frauen ziehen den Kürzeren‹«, 04.03.2019, unter: http://www.taz.de/!5574631/, abgerufen am 12.07.2019

48 Bundesministerium für Familie, Senioren, Frauen und Jugend, Referat Öffentlichkeitsarbeit (Hg.): »Zweiter Gleichstellungsbericht der Bundesregierung«, Drucksache 18/12840, 21.06. 2017, S. 54, unter: https://www.gleichstellungsbericht.de/zweiter-gleichstellungsbericht.pdf, abgerufen am 12.07.2019

49 Bernhardt, Janine, Buenning, Mareike: »Arbeitszeiten von Vätern: Welche Rolle spielen betriebskulturelle und betriebsstrukturelle Rahmenbedingungen?«, *Zeitschrift für Familienforschung*, 29/2017. 49-71. 10.3224/zff.v29i1.03., unter: https://www.researchgate.net/publication/316219237_Arbeitszeiten_von_Vatern_Welche_Rolle_spielen_betriebskulturelle_und_betriebsstrukturelle_Rahmenbedingungen, abgerufen am 12.07.2019

50 Vgl. dazu: Buchhorn, Eva: »Kind und Karriere: Rolle rückwärts«, 25.02.2014, unter: https://www.manager-magazin.de/magazin/artikel/frauen-mutter-und-karriere-a-954204-3.html, abgerufen am 12.07.2019

51 Halter, Katharina: »Gerechtigkeit: Diese Mutter klagt an: Darum kann ein gleichberechtigter Start ins Familienleben nicht funktionieren«, 26.02.2019, unter: https://www.bento.de/politik/jenna-behrends-cdu-ueber-familienpolitik-darum-kann-ein-gleichberechtigter-start-ins-familienleben-nicht-funktionieren-a-be390a76-0647-4f2a-b480-434031946e53, abgerufen am 12.07.2019

52 Alle Zitate von PD Dr. Kerstin Palm, Leiterin der Arbeitsgruppe Gender & Science am Lehrstuhl für Wissenschaftsgeschichte, Institut für Geschichtswissenschaften, Humboldt-Universität zu Berlin, stammen aus dem Interview mit der Autorin vom 18.04.2019, wenn nicht anders angegeben.

53 Alle Zitate von Christina von Braun, Kulturwissenschaftlerin und Genderforscherin, stammen aus dem Interview mit der Autorin vom 09.04.2019, wenn nicht anders angegeben.

54 von Braun, Christina: »Anti-Genderismus«, in: *Kursbuch 192 »Frauen II«* (erschienen in der Kursbuch Kulturstiftung), unter: https://www.gender.hu-berlin.de/de/diverses/2017/171214-cvb-ausschnitt-lri.pdf, abgerufen am 12.07.2019

55 Müller, Ruth (2018): »Biomedizin und Geschlecht: Annäherung an ein Verhältnis aus der Perspektive der Wissenschafts- und Technikforschung«, in: *Gesundheitsforschung. Interdisziplinäre Perspektiven, Band I: Geschlecht und Gesundheit*, S. 92.

56 Ebd., S. 86.

57 Vgl. dazu: Ebd., S. 89 ff.

58 Zitat: Ebd., S. 90 und 91.

59 Zitat: Ebd., S. 92

60 Zitat: Ebd., S. 99

61 Schutzbach, Franziska: *Die Rhetorik der Rechten. Rechtspopulistische Diskursstrategien im Überblick.* Zürich 2018. S. 99.

62 Ebd., S. 99.

63 Vgl. hierzu auch: Ainsworth, Claire: »Sex redefined: The idea of two sexes is simplistic. Biologists now think there is a wider spectrum than that«, in: *Nature*, Volume 518, Issue 7539, 18.02.2015, unter: https://www.nature.com/news/sex-redefined-1.16943, abgerufen am 12.07.2019; »›Gender raus!‹ Zwölf Richtigstellungen zu Antifeminismus und Gender-Kritik«, unter: https://www.gwi-boell.de/sites/default/files/gender_raus_epdf_2.pdf, abgerufen am 12.07.2019

64 Alle Zitate von Heinz-Jürgen Voß, Biologe, Professur für Sexualwissenschaft und Sexuelle Bildung an der Hochschule Merseburg, stammen aus dem Interview mit der Autorin vom 25.04.2019, wenn nicht anders angegeben.

65 Hornes, Bosch, Januschke, Eugen, Koppel, Ulrike: »Häufigkeit normangleichender Operationen› uneindeutiger‹ Genitalien im Kindesalter«. Follow Up-Studie, Ruhr-Universität Bochum 2019, unter: https://omp.ub.rub.de/index.php/RUB/catalog/view/113/99/604-4, abgerufen am 12.07.2019

66 »Trans*«, Antidiskriminierungsstelle des Bundes, unter: https://www.antidiskriminierungsstelle.de/DE/ThemenUndForschung/Geschlecht/Themenjahr_2015/Trans/trans_node.html, abgerufen am 12.07.2019

67 Siehe hierzu auch: https://icd.who.int/browse11/lm/en#/http%3a%2f%2fid.who.int%2ficd%2fentity%2f411470068

68 Ainsworth, Claire: »Sex redefined. The idea of two sexes is simplistic. Biologists now think there is a wider spectrum than that«, in: *Nature*, 18.02.2015, unter: https://www.nature.com/news/sex-redefined-1.16943, abgerufen am 12.07.2019

69 Alle Zitate von Kerstin Palm, Biologin und Professorin für Gender und Science/Naturwissenschafts- und Geschlechterforschung am Institut für Geschichtswissenschaften, Humboldt-Universität zu Berlin, stammen aus dem Interview mit der Autorin vom 18.04.2019, wenn nicht anders angegeben.

70 Vgl. dazu: BVerfG, Beschluss des Ersten Senats vom 10. Oktober 2017 - 1 BvR 2019/16 - Rn. (1-69), unter: http://www.bverfg.de/e/rs20171010_1bvr201916.html, abgerufen am 12.07.2019

71 Vgl. dazu: Kupferschmidt, Kai: »Biologie der Homosexualität. Danke, Mutti«, 22.06.2013, unter: https://www.tagesspiegel.de/wissen/biologie-der-homosexualitaet-danke-mutti/8389226.html, abgerufen am 12.07.2019

Antworten an Menschen, die gegen Geflüchtete hetzen

1 Lebourg, Nicolas: »Attentat islamophobe de Christchurch: retour historique sur le ›grand remplacement‹«, 15.03.2019, unter: https://www.mediapart.fr/journal/international/150319/attentat-islamophobe-de-christchurch-retour-historique-sur-le-grand-remplacement?onglet=full, abgerufen am 12.07.2019; vgl dazu auch: »Rechte Ideologie: Brenton T. und ›Der große Austausch‹ – das ist die Geschichte der Verschwörungstheorie«, 17.03.2019, unter: https://www.stern.de/politik/ausland/verschwoerungstheorie-des-christchurch-moerders---der-grosse-austausch--8623972.html, abgerufen am 12.07.2019

2 Interview der Autorin mit Thomas Niehr, Sprachwissenschaftler und Universitätsprofessor an der RWTH Aachen, geführt am 01.04.2019

3 Vgl. dazu: Niehr, Thomas: »Rechtspopulistische Lexik und die Grenzen des Sagbaren«, 16.01.2017, unter: http://www.bpb.de/politik/extremismus/rechtspopulismus/240831/rechtspopulistische-lexik-und-die-grenzen-des-sagbaren, abgerufen am 12.07.2019

4 Schutzbach, Franziska: *Die Rhetorik der Rechten. Rechtspopulistische Diskursstrategien im Überblick.* Zürich 2018, S. 48.

5 Alle Zitate von Jochen Oltmer, Historiker und Migrationsforscher sowie außerplanmäßiger Professor für Migrationsgeschichte, stammen aus dem Interview mit der Autorin vom 29.03.2019, wenn nicht anders angegeben.

6 Zu finden ist der Original-Artikel als Kopie hier: http://fultonhistory.com/Newspaper%2018/New%20York%20NY%20PM%20%20Daily/New%20York%20NY%20PM%20Daily%201942/New%20York%20NY%20PM%20Daily%201942%20-%208442.pdf, abgerufen am 12.07.2019

7 Huber, Eva-Maria: »Interview: Professor analysiert perfide Taktiken«, 04.12.2018, unter: https://www.schwarzwaelder-bote.de/inhalt.tuebingen-bonn-unter-der-lupe-die-reichsbuerger-szene-page2.21ec8908-40b4-433c-9ef8-bac182879df4.html, abgerufen am 12.07.2019

8 Zu finden ist diese Pressemitteilung hier: http://europa.eu/rapid/press-release_IP-16-2434_de.htm, abgerufen am 12.07.2019

9 Kleist, Olaf: »Was ist Resettlement?«, 04.07.2016, unter: https://www.bpb.de/gesellschaft/migration/kurzdossiers/230491/was-ist-resettlement, abgerufen am 12.07.2019

10 Die Zahlen findet man hier: https://resettlement.de/aktuelle-aufnahmen/, abgerufen am 12.07.2019

11 »Schätzung für 2018: Bevölkerungszahl auf 83,0 Millionen gestiegen«, Pressemitteilung des Statistischen Bundesamtes vom 25.01.2019, unter: https://www.destatis.de/DE/Presse/Pressemitteilungen/2019/01/PD19_029_12411.html, abgerufen am 12.07.2019

12 »Resettlement und humanitäre Aufnahme«, Webseite des Bundesamtes für Migration und Flüchtlinge, unter: http://www.bamf.de/DE/Fluechtlingsschutz/HumAufnahmeResettlement/ResettlementHumanitaereAufnahme/resettlement-node.html, abgerufen am 12.07.2019

13 UNO-Abteilung für Bevölkerungsfragen: »Ohne Einwanderung wird die Bevölkerung in fast allen europäischen Ländern schrumpfen«, *UNRIC*, 17.03.2000, unter: https://www.unric.org/de/pressemitteilungen/4637, abgerufen am 12.07.2019

14 Vgl. hierzu das fünfte Kapitel des Berichts unter: https://www.un.org/en/development/desa/population/publications/pdf/ageing/replacement-chap5.pdf, abgerufen am 21.04.2019, den kompletten Bericht zum Download findet man hier: https://www.un.org/en/development/desa/population/publications/ageing/replacement-migration.asp

15 Das Gesetz ist hier abrufbar: http://www.gesetze-im-internet.de/gg/art_16a.html; siehe dazu auch: Kraft, Julia: »Welche verschiedenen Schutzformen können im Asylverfahren erteilt wer-

den?«, unter: http://www.bpb.de/gesellschaft/migration/kurzdossiers/224699/schutzanspruch-im-deutschen-asylverfahren, abgerufen am 12.07.2019

16 Vgl. hierzu: »Aktuelle Zahlen zu Asyl, Ausgabe: Dezember 2018«, Bundesamt für Migration und Flüchtlinge, S. 11, unter: http://www.bamf.de/SharedDocs/Anlagen/DE/Downloads/Infothek/Statistik/Asyl/aktuelle-zahlen-zu-asyl-dezember-2018.pdf?__blob=publicationFile, abgerufen am 12.07.2019

17 Abkommen über die Rechtsstellung der Flüchtlinge vom 28. Juli 1951 (In Kraft getreten am 22. April 1954), UNHCR (The UN Refugee Agency), S. 7, unter: https://www.unhcr.org/dach/de/fileadmin/rechtsinfos/fluechtlingsrecht/1_international/1_1_voelkerrecht/1_1_1/FR_int_vr_GFK-GFKundProt_GFR.pdf, abgerufen am 12.07.2019

18 Kraft, Julia: »Welche verschiedenen Schutzformen können im Asylverfahren erteilt werden?«. Bpb, 21.04.2016, unter: http://www.bpb.de/gesellschaft/migration/kurzdossiers/224699/schutzanspruch-im-deutschen-asylverfahren?p=all, abgerufen am 12.07.2019; siehe auch: »Ablauf des deutschen Asylverfahrens: Ein Überblick über die einzelnen Verfahrensschritte und rechtlichen Grundlagen«, Bundesamt für Migration und Flüchtlinge, 2/2019, unter: https://www.bamf.de/SharedDocs/Anlagen/DE/Publikationen/Broschueren/das-deutsche-asylverfahren.pdf?__blob=publicationFile, abgerufen am 12.07.2019

19 Zahlen nach: »Aktuelle Zahlen zu Asyl, Ausgabe: Dezember 2018«, Bundesamt für Migration und Flüchtlinge, S. 11, unter: http://www.bamf.de/SharedDocs/Anlagen/DE/Downloads/Infothek/Statistik/Asyl/aktuelle-zahlen-zu-asyl-dezember-2018.pdf?__blob=publicationFile, abgerufen am 12.07.2019

20 Kraft, Julia: »Welche verschiedenen Schutzformen können im Asylverfahren erteilt werden?«. Bpb, 21.04.2016, unter: http://www.bpb.de/gesellschaft/migration/kurzdossiers/224699/schutzanspruch-im-deutschen-asylverfahren?p=all, abgerufen am 12.07.2019

21 Antwort der Bundesregierung auf die Kleine Anfrage der Abgeordneten Ulla Jelpke, Dr. André Hahn, Gökay Akbulut, weiterer Abgeordneter und der Fraktion DIE LINKE – Drucksache 19/7395, 26.02.2019, unter: http://dipbt.bundestag.de/dip21/btd/19/080/1908021.pdf, abgerufen am 12.07.2019

22 Interview der Autorin mit Nora Markard, Juniorprofessorin für Öffentliches Recht, Völkerrecht und Global Constitutionalism an der Universität Hamburg, geführt am 15.03.2019

23 »Climate Change Could Force Over 140 Million to Migrate Within Countries by 2050«, World Bank Report, Press Release, 19.03.2018, unter: https://www.worldbank.org/en/news/press-release/2018/03/19/climate-change-could-force-over-140-million-to-migrate-within-countries-by-2050-world-bank-report, abgerufen am 12.07.2019

24 Vgl. dazu: Reform des Asylbewerberleistungsgesetzes, 17. April 2019, unter: https://www.bmas.de/DE/Presse/Pressemitteilungen/2019/reform-asylbewerberleistungsgesetz.html, abgerufen am 12.07.2019. Unter diesem Link findet sich außerdem ein Überblick über die Änderungen durch das sogenannte Migrationspaket: https://minor-kontor.de/wp-content/uploads/2019/06/Minor_FE_%C3%9Cbersicht-Migrationspaket_2019.pdf

25 Vgl. zu den Zahlen in diesem Kapitel: Ebd.; Classen, Georg: *Ratgeber für Geflüchtete in Berlin*, 2. Auflage, November 2017, unter: http://www.fluechtlingsinfo-berlin.de/fr/pdf/ratgeber.pdf, abgerufen am 12.07.2019

26 »Soziale Grundsicherung: Regelsätze werden angepasst«, Die Bundesregierung, 19.09.2018, unter: https://www.bundesregierung.de/breg-de/aktuelles/regelsaetze-werden-angepasst-1522244, abgerufen am 12.07.2019

27 Strenggenommen besteht auch die Möglichkeit, dass das Bundesamt für Migration und

Flüchtlinge feststellt, dass Deutschland gar nicht für die Durchführung des Asylverfahrens zuständig ist, dann wird der Antrag als unzulässig abgelehnt und die Person in das zuständige EU-Land übergestellt(Dublin-III-Abkommen).

28 Vgl. hierzu auch: »Arbeitsmarktzugang für Flüchtlinge«, 17.12.2018, unter: https://www.bmas.de/DE/Themen/Arbeitsmarkt/Infos-fuer-Asylsuchende/arbeitsmarktzugang-asylbewerber-geduldete.html, abgerufen am 24.06.2019 oder »FAQ: Zugang zum Arbeitsmarkt für geflüchtete Menschen«, unter: http://www.bamf.de/DE/Infothek/FragenAntworten/ZugangArbeitFluechtlinge/zugang-arbeit-fluechtlinge-node.htm, abgerufen am 12.07.2019

29 Als sichere Herkunftsstaaten gelten in Deutschland aktuell folgende Staaten: die Mitgliedstaaten der Europäischen Union, Albanien, Bosnien und Herzegowina, Ghana, Kosovo, Mazedonien, ehemalige jugoslawische Republik, Montenegro, Senegal, Serbien. Vgl. hierzu auch: http://www.bamf.de/DE/Fluechtlingsschutz/Sonderverfahren/SichereHerkunftsstaaten/sichere-herkunftsstaaten-node.html

30 Das Gesetz findet sich hier: https://dip21.bundestag.de/dip21/btd/19/100/1910047.pdf

31 Vgl. dazu: »Fluchtmigration«, in: *Berichte: Arbeitsmarkt kompakt*, Bundesagentur für Arbeit Statistik/Arbeitsmarktberichterstattung, Dezember 2018, unter: https://statistik.arbeitsagentur.de/Statischer-Content/Statistische-Analysen/Statistische-Sonderberichte/Generische-Publikationen/Fluchtmigration.pdf, abgerufen am 12.07.2019

32 Quelle: Artikel 98, Pflicht zur Hilfeleistung: https://www.ris.bka.gv.at/Dokument.wxe?Abfrage=Bundesnormen&Dokumentnummer=NOR12156464, abgerufen am 12.07.2019

33 Alle Zitate von Nele Matz-Lück, Professorin an der Christian-Albrechts-Universität zu Kiel (Lehrstuhl für Öffentliches Recht mit dem Schwerpunkt Völkerrecht, insbesondere Seerecht), stammen aus dem Interview mit der Autorin vom 27.03.2019, wenn nicht anders angegeben.

34 Matz-Lück, Nele (2018): »Seenotrettung als völkerrechtliche Pflicht: Aktuelle Herausforderungen der Massenmigrationsbewegungen über das Mittelmeer«, in: *Fachinformationsdienst für internationale und interdisziplinäre Rechtsforschung*, DOI: https://doi.org/10.17176/20180818-143943-1, abgerufen am 12.07.2019.

35 Ebd.

36 »Seenotrettung und Flüchtlingsschutz: Menschenrechtliche und seerechtliche Pflichten solidarisch erfüllen«, 31.07.2018, unter: https://www.institut-fuer-menschenrechte.de/fileadmin/user_upload/Publikationen/Positionen/Positionspapier_DIMR_Seenotrettung_Fluechtlings schutz_31_Juli_2018.pdf, abgerufen am 12.07.2019

37 Matz-Lück, Nele: »Seenotrettung als völkerrechtliche Pflicht: Aktuelle Herausforderungen der Massenmigrationsbewegungen über das Mittelmeer«. VerfBlog, 2018/8/18, unter: https://verfassungsblog.de/seenotrettung-als-voelkerrechtliche-pflicht-aktuelle-herausforderungen-der-massenmigrationsbewegungen-ueber-das-mittelmeer/, DOI: https://doi.org/10.17176/20180818-143943-1, abgerufen am 12.07.2019.

38 Koloßa, Stefan: Rettungsschiffe: »Gibt es ein Recht auf den sicheren Hafen?«, 14.08.2018, unter: https://www.lto.de/recht/hintergruende/h/aquarius-seenotrettung-fluechtlinge-ausschiffung-nothafenrecht-frontex-verordnung/, abgerufen am 12.07.2019

39 Art. 33, Abkommen über die Rechtsstellung der Flüchtlinge vom 28. Juli 1951 (In Kraft getreten am 22. April 1954) Protokoll über die Rechtsstellung der Flüchtlinge vom 31. Januar 1967 (In Kraft getreten am 4. Oktober 1967), unter: https://www.unhcr.org/dach/wp-content/uploads/sites/27/2017/03/Genfer_Fluechtlingskonvention_und_New_Yorker_Protokoll.pdf, abgerufen am 12.07.2019

40 »Seenotrettung und Flüchtlingsschutz: Menschenrechtliche und seerechtliche Pflichten solidarisch erfüllen«, 31.07.2018, unter: https://www.institut-fuer-menschenrechte.de/fileadmin/user_upload/Publikationen/Positionen/Positionspapier_DIMR_Seenotrettung_Fluechtlingsschutz_31_Juli_2018.pdf, abgerufen am 12.07.2019; Der Fall findet sich hier: https://www.asylumlawdatabase.eu/en/content/ecthr-hirsi-jamaa-and-others-v-italy-gc-application-no-2776509

41 »Der italienische Verhaltenskodex für private Seenotretter im Mittelmeer: Völker-, europa- und strafrechtliche Aspekte«, 31.07.2017, Wissenschaftliche Dienste Deutscher Bundestag, WD 2 – 3000 – 068/17, unter: https://www.bundestag.de/resource/blob/516166/90470cc9ff31524a40522ac738f79fbd/wd-2-068-17-pdf-data.pdf, abgerufen am 12.07.2019

42 »Desperate Journeys: Refugees and migrants arriving in Europe and at Europe's borders. January–December 2018«, UNHCR, Januar 2019, S. 5/6, unter: https://data2.unhcr.org/en/documents/download/67712, abgerufen am 12.07.2019

43 »More Than One Million Pains: Sexual Violence Against Men and Boys on the Central Mediterranean Route to Italy«. Report Summary, Women's Refugee Commission, März 2019, unter: https://www.womensrefugeecommission.org/gbv/resources/1689-more-than-one-million-pains-sexual-violence-against-men-and-boys-on-the-central-mediterranean-route-to-italy, abgerufen am 12.07.2019

44 »Desperate and Dangerous: Report on the human rights situation of migrants and refugees in Libya«. United Nations Support Mission in Libya/Office of the High Commissioner for Human Rights, 20 Dezember 2018, unter: https://www.ohchr.org/Documents/Countries/LY/LibyaMigrationReport.pdf, abgerufen am 12.07.2019

Register